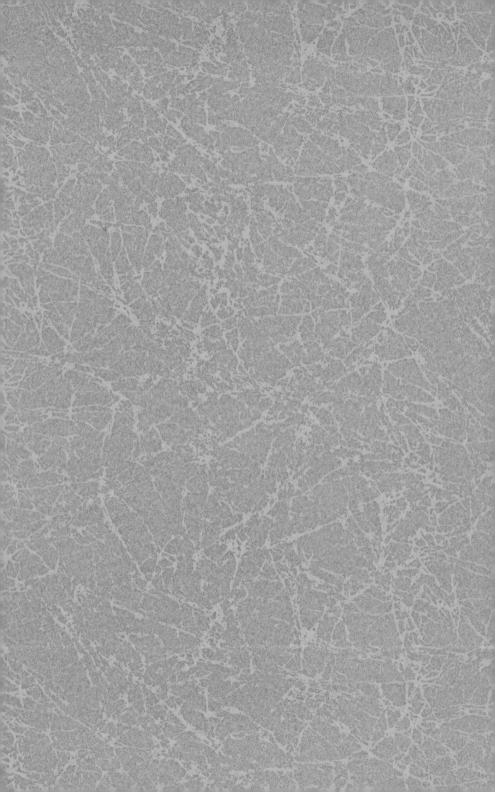

モンゴル帝国期の北東アジア

張　東翼　著

汲古書院

目次

附録

モンゴル帝国期の北東アジア

序章　研究の対象と動向

一　研究の対象

本書は、十三世紀後半から十四世紀後半までの約一世紀における北東アジアの歴史、とりわけ大元モンゴル国と高麗および日本両国の間で行われた政治的・文化的交流に焦点をあて、新しい資料の収拾と分析に重点を置きつつ論述したものである。

この時期は大元モンゴル国がユーラシア東方域を制覇しつつ、韓半島をその支配秩序の下に編入させ、政治的にさまざまな形で強く圧迫を加えた高麗後期に該当する。また、始めはモンゴル族がユーラシア大陸を舞台に世界帝国を建設した後、さらに海洋世界に展開して日本の臣属を要求する時期であり〔杉山正明 二〇〇二年・杉山正明等 二〇〇一年〕、その終わりは日本列島のうち一部武装した人間たち（倭寇）による本格的大陸への侵攻が始まった時期である（いわゆる前期倭寇）。

この時期、韓半島はモンゴル帝国と政治的に緊密な関係を持たざるをえず、重要な対外関係の事案についても独自の自主権を行使できず、モンゴル朝廷と協議しつつ処理することとなった。くわえて、それまでは地方行政機関の次元においてある程度の接触を維持していた日本との関係も断絶され(1)、以後発生した日本人の韓半島への漂流事故さえもモンゴル朝廷に報告をしたうえで処理しなければならなかった。

これに対して、日本はモンゴルの数回にわたる臣属要求を拒絶し、その結果、二回の侵攻を受けたが、幸運もあっていずれも防禦を果たし、以後の国家運営においても外国勢力の影響を受けることはなかった。以後、日本はモンゴル帝国と公式的外交関係を樹立しなかったが、モンゴル側の積極的な貿易政策に即応して［杉山正明 一九九五年］、国際貿易に従事していた様々な出身の貿易商人や求法僧の往来を通じてモンゴル帝国および高麗との接触を非公式的な形式であるものの保持した［榎本渉 二〇〇七年］。

さて、このようなモンゴル帝国の覇権下での北東アジアの関係史は、かねてより諸側面から数多くの研究が営々と行われ、近年になって次第にその全体像を鳥瞰できる程度に至った。しかしながら、その一方これらの研究成果をより深化するためには、なお一層の新資料の発掘と〝国際化時代〟に適合する研究視角の設定が要請されていることも事実である。

この本では、上述の点を念頭に入れながら、資料の収拾と分析（史料論）に重点を置き、従来これまで知られていなかった新出資料をはじめ、戦前には知られていたものの、現時点では所在不明になった資料などの追究を試みる。また、従来の研究では看過されていたが、新資料の発掘と分析を通じて明確となったモンゴル・日本・高麗三国間の数種の事件、およびこれらと関連する人物・展開に対しても考察する。

二　関連研究の主要な動向

大元モンゴル国の膨脹と世界帝国としての存在については、戦前から数多くの研究がおこなわれ、その蓄積された成果も多大である。また、この論文で扱おうとする中・韓・日の関係史についての研究もかなり進められているが、研究の対象が主に政治史的分野に傾いていた側面もなくもない。

韓国学界では、モンゴルの高麗に対する征服活動に関連する高麗人の抵抗と降服、ついでモンゴルの政治支配秩序のもとに編入された以後に展開した高麗社会の諸様相、そして十四世紀後半に成り立った反元自主政策などに対する研究が主に行われてきた。かたや、日本学界では、戦前には主にモンゴルが日本の臣属を要求する過程と後に続いた麗・元連合軍の日本遠征（あるいはモンゴル襲来）などに研究の焦点が合わせられていた。また、モンゴル襲来が日本の社会にいかなる政治・社会的変化をもたらしたかという問題が集中的に扱われ、多大な成果を蓄積した[2]。

さらには、中国学界でもこの分野に関心を持つ研究がある程度進められたが［魏栄吉 一九八五年・陳高華 一九九一年・高栄盛 一九九八年］、率直にいってそれほど活潑ではなく、とくに新しく注目される結果も見当たらない。とはいえ、その一方でこの分野の研究に新しい基盤を提供する典籍に関して広汎な収集と整理が行われ、向後の発展をはかることができるだろう。

このように既往の研究が政治史に焦点を置いて展開したのに比べて、最近十余年間は新しい変化が起きている。すなわち、今まで漢字であらわされた中国正史をはじめ、各種の史書や当時の社会で重要な立場にあった人物の著述を通じた研究から脱却しようとする動きが現れた。これは一九八〇年代以来、モンゴル世界帝国の西半にあたるフレグ・ウルスで作られたペルシャ語資料などを集中的に整理・研究した成果［杉山正明 二〇〇四年］に影響を受けたこともあるであろう。

かたや、従来あまり注目されなかった大元モンゴル国の当時に作られた古文書・石刻などの新資料の発掘と分析が活発化するとともに、大元モンゴル国とのかかわりのあった高麗・日本などの諸地域での各種資料に対する調査も盛んに行われるようになった。これによって中華中央域の典籍資料を通じて政治史を中心に巨視的かつ通時代史的に眺めた従来の研究から、より多様な領域・分野への拡大することとなった。すなわち、韓国・日本における対外関係の各種資料を中華中央域のそれと結合させた関係史、または交流史の側面から接近しようとする試みがそれである。とりわけ、中・韓・日三国の人的・文化的の交流にかかわる諸問題が検討され、従来の皮相的分析からすすんで具体的に深せしめるものであり、一定の意義があると思われる［張東翼 一九九四年、一九九七年・榎本渉 二〇〇七年］。

このような趨勢とともに、もとより大量の漢文の典籍資料についても、より精密な調査も行われた。それは宋・元版を中心として、後代に作られた諸版本および写本などと比較することで、新しい事実を捜し出すというユニークな営みであった［宮紀子 二〇〇六年、二〇〇八年a、b］。

以上のように研究の環境・状況が変化する中で、戦前から日本学界で重要典籍に対する注釈作業も進められ、新しい変化を模索する若い世代にそれなりにものとなっている［京都大学人文科学研究所の諸業績・植松正 二〇〇八年bなど］。さらに韓国史や日本史の立場から対外関係史に関する資料を鳥瞰できるように整理した工具書も出版され［村井章介等編 一九九八年・張東翼 二〇〇九年b］、有益な基礎を提供したと思われるが、なおも補う点が多い(3)。

三　本書の構成

本書の構成と各章の内容について、既往の研究成果と比較しつつ簡単に紹介・整理しておきたい。

第一部「モンゴル・高麗・日本に関連する新しい古文書資料」。大元モンゴル国が北東アジアで強い影響力を及ぼしている時期に、作られた外交関係の古文献について、筆者は近年きわめて有益な幾つかの根本資料を発見ないし再発見したが、それらを集中的に分析する。

第一章「一二六九年「大蒙古国」中書省牒と日本側の対応」は、一二六九年（至元六、元宗十、文永六）六月、「大蒙古国」の中書省が高麗を経由して、日本国王（天皇）に発送した牒の内容とこれに対する日本側の反応を分析したものである。このモンゴル中書省の牒はそれと関連して発給された高麗慶尚道按察使の牒とともに古文書学的に注目されるばかりではなく、モンゴルの日本招諭の過程を理解するのに大きく寄与する資料であろう。この所在を明らかにしてこれに対する古文書学的検討を加え、モンゴルの日本招諭の状況とこれに対する日本側の対応を分析した。以後この資料をめぐってさまざまな側面から数多くの論争が起こると思われる。

第二章「一三六六年高麗国の征東行中書省の咨文についての検討」は、いわゆる「庚寅年の倭寇」と呼ばれる一三五〇年（至正十、忠定王二、観応一）以来、日本の武装した人民〔倭寇〕たちによる本格的な大陸への侵入〔前期倭寇〕に対応した高麗が日本に送った咨文と、これに関連する古文書資料についての分析である。この資料は、醍醐寺の宝聚院に所蔵されていたが、現在その中の一部資料が行方不明になったと思われる。

ところが同じ内容の一部が『太平記』に収録されていて、戦前の古文書整理によってその内容が収拾され、大体の輪廓は明らかになった〔黒板勝美 一八九六年〕。また一九六〇年代にこれに関する研究もあったが〔中村栄孝 一九六五年〕、元文書資料の文字の一部が磨滅した状態だったので、実体の接近には限界があった。これを補完する作業として、新しい資料の発掘を通じてえられた資料の所在と内容の検討、使臣の派遣と行路、そして日本側の対応などについて検討した。

第二部「高麗人と元の文人との交遊」。大元モンゴル国の支配下で行われた高麗人の中華領域への進出と、これを契機に展開した麗・元両国の文人らの交遊に関する諸様相〔張東翼 一九九四年〕について、より具体的に分析した各論である。既往の研究ではほとんど扱いえなかった新資料を発掘し、当該問題についての研究の活性化をはからんとするもの。

第一章「新資料を通じてみた忠宣王の元での活動」は、元世祖クビライの外孫だった忠宣王王璋（一二七五～一三二五）の在元活動をテーマに、中国側の各種資料に収録されているものを抜萃・整理して再照明したものである。忠宣王についての既往の研究成果では、彼による高麗での改革政治［李起男 一九七一年］、元の武宗の擁立［高柄翊 一九七〇年］、瀋陽王（瀋王）の存在のあり方［岡田英弘 一九五九年・北村秀人 一九七三年］、元人との交遊と崇仏［西上実 一九七八年・北村高 一九八五年］、元皇室との血縁関係［周采赫 一九九五年］、そして元の政局の動向と関連する活動［金光哲 一九九六年］などを分析した多様な研究が続いて、多くの成果を蓄積している。

とはいえ、大部分の業績は年代記をはじめとする韓国側の資料にもとづいたものであったため、その実状を解明するには至らなかった。このような限界を克服するために、筆者は中国と日本に所蔵されている各種資料を収拾し、その所在と現況を整理した。ついで、それぞれの資料の内容に対する検討を加え、これを通じて忠宣王の元での活動をより具体的に解明しようと試みた。

第二章「李斉賢および権漢功、そして朱徳潤」は、忠宣王が元に滞在した時の随従臣であった高麗人李斉賢および権漢功と江南人朱徳潤の交遊像を調べたものである。筆者はこれまで学界では全く知られていなかった新資料を紹介し、それに前後して忠宣王の門下に出入りした文人たちの交遊の状況を整理した。さらに、李斉賢、権漢功そして朱徳潤の交遊を分析し、当時おこなわれた高麗と中国文人との交流と、これを契機に展開した韓半島における中国文化の受容について言及した。

第三部「日本遠征の指揮官――金方慶と洪茶丘、そして戦争以後の麗・日関係――」。これは一二七四年（至元十一、忠烈王即位年、文永十一）以来二次にわたるモンゴル襲来（麗・元連合軍の日本遠征）で、韓半島の合浦（現慶尚南道馬山市）から出発した東征軍（第二次遠征時は東路軍）の指揮官に対する分析がある。モンゴル襲来にかかわった日本側の人物に関しては、数多くの研究業績が蓄積されているにもかかわらず、侵攻軍の指揮官についてのアプローチはほとんどなかった。「歴史を研究するためには先に歴史家を研究しなさい」という話もあり、東路軍の指揮官に関する検討もなくてはならないだろう。(4) そこで高麗軍の指揮官たる金方慶と、モンゴルに帰附し帰附高麗軍を率いて参戦した洪茶丘の人間像、およびとその周辺について分析・検討した。

そしてモンゴル襲来の後遺症により十四世紀前半には麗・日両国の関係は完全に断絶され、後に続いた倭寇の本格的の侵入（一三五〇年の庚寅倭寇）により、両国の関係はほとんど敵対的形便に変わってしまった。この関係を解消するためにとられた両国の外交的接触とその過程で成立した両国人の交流について調べようとした。

第一章「金方慶の生涯と行蹟」は、高麗王朝がモンゴル帝国の圧制下に編入された時、栄辱をともにした人物に対する評価をどのようにすべきかについての筆者の所見である。(5) 金方慶に関連する資料を最大限収拾・整理し、特定人物の生涯をさまざまな角度から点検したもので、専門学者にあっても一瞥する価値があると考える。

第二章「モンゴルに投降した洪福源および茶丘の父子」は、東路軍のもうひとりの指揮官・洪茶丘の父である洪福源が、モンゴルに投降して遼陽地域に定着した以後の、洪氏一族の実状を検討したものである。これは歴史上の人物に対する褒貶のために企画された論文であるため、アカデミックではない点はあるが、洪福源を通じてその子の洪茶丘の実状にも接近する。洪氏一族が、他の行省の場合とは違って、遼陽行省の宰相職を世襲していたという特異な点を理解することもできるだろう。

第三章「十四世紀の高麗と日本の接触と交流」では、先に十四世紀に成り立った麗・日両国に関連した記事を整理した。これを土台に十四世紀前半に成り立った両国の接触事例を検討し、ついで後半に成り立った倭寇の侵入に対処した両国の外交関係、両国人の交流、そして文物の交流などについて述べた。

終章「今後の課題」。モンゴル帝国時期の北東アジアの交流史研究をより深めるためには、史料論的立場から新資料への接近とそれにかかわる情報の共有、そして学制間の研究が必須であることを具体的な事例を挙げて述べる。

一方、附録では、筆者が京都大学での研究過程において新たに収拾した資料の紹介・解題、および注目すべき内容について所見を提示した。

第一章「京都大学所蔵の開仙寺址石燈記の拓本」は、一九三三年に建築学科の天沼俊一教授が採拓したものを検討した。九世紀後半になった開仙寺址（現全羅南道潭陽郡位置）の石燈銘文は、韓国古代の金石文および石燈の編年解明などにおいて大きい比重を占めるだけでなく、類似の事例の乏しい土地売買文書の田券ないしその痕迹は類推に大きい困難がある当時の農業技術問題に関して、重要な糸口を提供するだろう。

第二章「一五七五年日本使臣団にかかわる古文書資料の検討――足利学校遺蹟図書館所蔵『続資治通鑑綱目』の褙接紙調査――」は、本論文の主題とはやや離れた時期と内容を扱ったものである。豊臣秀吉による壬辰倭乱（朝鮮侵攻）は、韓半島の歴史上においてモンゴル軍の侵入に続き、二番目に長期の戦争であり、この戦争がはたして誰の意思によって発したかを検定する一つの資料を提示する。すなわち、豊臣秀吉による朝鮮侵攻が、本人の意志よりは彼の旧主だった織田信長の意志を継承したものであったという点を明らかにするものである。またそれは寸簡の古文書資料であっても不実の年代記を補完できるという、一つの事例を提示するものでもある。

最後に、本書の特徴を一言でいえば、既往の研究成果が持つ資料的限界、すなわち該当する時期の北東アジア三国の典籍を全部渉猟しないまま、どちらか一つの部分だけを基盤としたことを、克服しようと努めた点にある。これは「徹底した文献学の基礎に立った原典史料からの歴史把握こそ、東洋史学の最大の特色である」と標榜する所属研究室の学習目標に応じたものでもある。

注

（1）十二世紀後半から十三世紀後半までの約一世紀にかけて、高麗王朝は大宰府またはその管轄下にあった対馬島と、進奉という朝貢体制を樹立した。日本が派遣した船舶を進奉船または貢船と呼び、一年に一回、二〜三艘を限度とする規定を定した。また、金州（現慶尚南道金海市）に日本人のための客館をも設置した［張東翼 二〇〇四年］。

（2）日本と中国で成り立った元代史に対する研究成果を整理した業績もある［櫻井智美 二〇〇二年・劉暁 二〇〇二年］。

（3）その他に逸書と推測されていた『至正条格』の一部が韓国で発見され、大きな注目を受けた。注釈本も作られたが［韓国学中央研究院編 二〇〇七年］、問題点もなくはない［植松正 二〇〇八年ａ、張帆 二〇〇八年］。

（4）東路軍はモンゴル軍と高麗軍の混成部隊として構成されていた。そのうち、前者は東征都元帥府の軍士を動員したもので、これは種族別でモンゴル軍・漢軍（金帰附軍）・高麗帰附軍で構成されていた。各指揮官はそれぞれ忻都・劉復亨・洪茶丘だったが、忻都はよくわからず、劉復亨は金出身で一定の文人的性向を持っていた人物と推定されるが（『元史』列伝三九、劉通。耶律楚材『湛然居士集』十四、送門人劉復亨征蜀）、具体像は不明である。

（5）当時の高麗社会で大きな比重を占めていた人物だが、現在まで学問的にあまり注目されてこなかった。戦後、韓半島が南北に分断されてからは、外国勢力に抵抗した事件と人物は注目されたが、外勢に便乗した人物は否定されたからである。金方慶はモンゴルに抵抗した三別抄の抗争を圧殺した人物であった。

第一部　モンゴル・高麗・日本に関連する新しい古文書資料

第一章　一二六九年「大蒙古国」中書省牒と日本側の対応

はじめに

ユーラシア大陸にまたがる世界帝国を建設した大モンゴル国による日本招諭と、これに続く二次にわたる日本遠征すなわちモンゴル襲来は、それまで「異民族」の侵入をほとんど経験したことがない日本にとって大きな衝撃であった。日本の学界では早い時期からこの事件についての研究が行われ、現在に至るまで数多くの業績の蓄積があり、その研究レベルはきわめて高い。現在では江戸時代以来最近までの研究成果に対する学術史的な研究もなされており(1)、従来の研究が日本中心の一国史的な理解にかたよっていたのではないかとの批判的な見解もみられ注目される(2)。また最近、鷹島の海底から第二次日本侵攻の際、台風によって大きな被害を受けた高麗・元連合軍に関係する多くの遺物が引き上げられ、この分野の研究に新たな活力を注入するものと期待が寄せられている(3)。

モンゴル襲来に関する研究は、日本学界の主導のもと中国および韓国学界においてもある程度なされている。ただし日本の研究が中国および韓国側の資料を比較的幅広く利用しているのに対して、韓・中の場合は主に自国の資料のみを利用しているため研究の視野が自国史の範疇にとどまる嫌いがある(4)。今日のグローバル時代にあって、モンゴル襲来に関する問題は、一国史の範疇を越えてアジア史全体の問題として取り扱う必要がある。また日本の学界の研究成果ならびに批判的見解に基づいて、より次元の高いレベルへと研究の質を向上させることはむろんのこと、そのための新しい認識と新たな資料の発掘が優先的になされるべきであろう。

本章では、従来の研究において見過ごされていた資料に基づいて、モンゴル襲来の前段階としてのモンゴル政権による日本招諭、特に一二六九年（至元六、文永六）、「大蒙古国」中書省が高麗を通じて日本に送った牒、およびそれに関連する高麗国慶尚道按察使の牒を中心に、日本側の対応について考察する。筆者は日本史の専門家ではなく、モンゴル襲来についての知見にも限りがあるため、誤りや不足な点が多いこととおそれる。専家の叱正を希望する次第である。

一　新資料の所在と内容の検討

ここに紹介する一二六九年「大蒙古国」中書省の牒、および高麗国慶尚晋安東道按察使（以下通称である慶尚道按察使で表記する）の牒を収録する『異国出契』は、従来その存在が学界にさほど知られていない資料であった[5]。原本の所在はわからないが、一九三〇年（昭和五）の筆写本が国立公文書館内閣文庫および京都大学文学部図書館に所蔵されている。筆者が確認した京大本は日本楮紙の線装、大きさは一九・八×二七・〇cm、一三八張、二七六面からなっている。著者および成立年代が具体的に示されておらず、まずはその内容を通して大体の成立年代を検討しなければならない。この資料『異国出契』は、中世・近世の百十点余りの対外関係文書を整理したもので、五種類以上の独自性にとむ元資料からつくられており、内容の性格から結果的に五つのグループに分けることができる。

第一のグループは、十三世紀後半、「大蒙古国」の日本招諭にかかわるモンゴル・高麗・日本の間で作成された外交関係の公文書である。すなわち、①一二六六年（至元三、文永三）八月にモンゴル皇帝が日本を招諭するために送った詔書、②一二六七年九月の高麗元宗の啓、③一二六八年一月、高麗の使臣である潘阜が大宰府守護に送った啓、④一二六九年八月、高麗慶尚道按察使が大宰府守護所に送った牒、⑤一二六九年六月、「大蒙古国」中書省が日本国王に送った牒、⑥一二七〇年一月、太政官が「大蒙古国」中書省に送ろうとした牒、⑦一二七〇年二月に大宰府守護が慶尚道按察使に送ろうとした牒など七通である。これらの文書の出処については、「以上七篇 以南都一乗院所蔵之本写之」と記されている。

これらの文書の中で、①〜③は『尊勝院文書』に、⑥〜⑦は『本朝文集』六七に各々収録されており、従来の研究でも綿密に検討されてきた。しかし④と⑤は、従来の研究では知られていなかった新資料である。なお⑥と⑦は一六八六年（貞享三）に完成された『本朝文集』にも「以乗院門主本写之」とその典拠が示されていることからみて、十七世紀後半までこれらの文書の写本が興福寺の一乗院に所蔵されていたことがわかる。また、文書①〜③は一二六八年（文永五）二月東大寺尊勝院の僧侶宗性によって筆写され、そこで保管されてきたという点から見て[6]、尊勝院の近くにあった一乗院にこれらの資料が保管されてきた可能性は十分にあると考えられる[7]。

第二のグループは、十四世紀後半から十七世紀前半にわたって日本が東アジア諸国と外交関係を結ぶ過程で作成された各種文書である。すなわち、⑧〜㉓は十四世紀の後半から一五一二年（永正九）頃までの明と、㉔〜㊶は一五三八年（天文七）から一六三八年（寛永十五）までの朝鮮と、㊷〜㊸は一五八九年以後の琉球国と、㊹〜㊾は一六〇一年から一六〇六年までの安南国（ベトナム）と、㊿〜(55)は一六〇一年から一六〇八年までの呂宋国（フィリピン）と、(56)〜(66)は一六〇三年から一六一〇年までの柬埔寨国（カンボジア）と、(67)〜(69)は一六〇一年から一六一〇年までの暹羅国（シャム）と、(70)〜(72)は一五九九年から一六〇六年までの大泥国（パタン）と、(73)は一六〇九年の阿蘭陀（オランダ）と、(74)は一六〇六年の占城国（チャンパ国）と、(75)は一六〇六年の田弾国と、各々関連するものである[8]。

これら六十七通の文書の末尾には、「右外国往来書一巻、以書肆太右衛門伝借之本写焉。出天龍寺慈済院云。延宝九年辛酉夏四月」と附記されている。これによって、これらの文書が天龍寺慈済院に所蔵されており、それが書肆に流出し、一六八一年（延宝九）四月『異国出契』の編者によって整理されたことがわかる。

第三のグループは、十七世紀初期、日本が東アジアの諸国との外交関係を結んだ過程での各種文書である。すなわち、文書⑯~⑰は一六〇一年および一六〇七年の朝鮮と、⑱~㉒は一六〇三年から一六〇六年までの柬埔寨国と、㉓~㉚は一六〇一年から一六〇六年までの安南国と、㉛は一六〇四年の呂宋国との関わりをもつ外交文書である。[9]

これら十五通の文書を整理した末尾に、「外国往来書一巻 以相国寺心華院所蔵真本写之 延宝八年庚申年冬十一月」と附記されている。これによって、これらの文書が相国寺心華院に所蔵されており、一六八〇年（延宝八）十一月に『異国出契』の編者によって整理されたことがわかる。

第四のグループは、さまざまな場所に分散した諸文書を収集し整理したものである。すなわち、文書㉜は一三六六年（恭愍王五、貞治五）高麗征東行省の劄であり、[10]㉝は一五九五年に朝鮮の礼曹司の名義で豊臣秀吉に送られた書状であるが、偽文書である可能性が高い。[11]㉞は一六〇九年安南国が加藤清正に送った書状である。そして、第五のグループに属する㉟以下の十六通の文書は一六六五年（寛文五）から一六六七年（寛文七）の間に対馬島主が朝鮮の複数の官府に送った書状である。[12]

第四のグループと第五のグループの十九通の文書は、典拠が明確に記されていないが、『異国出契』の編者が特定の資料に基づいて整理したものではなく、各種の資料を渉猟して整理したものと推測される。その中で、一六六五年（寛文五）以来、対馬島主が朝鮮に送った諸文書が集中的に収録されている点が注目されるが、これを通して見ると『異国出契』の編集者は、この時期を前後にして朝・日関係について深い関わりを持った人物である可能性が高いであろう。

以上の諸点を考えると、『異国出契』は、一六八〇年（延宝八）十一月以前のある時点から一六八一年（延宝九）四月以後のある時点までにわたって整理編集された外交関係の文書群であると言える。編者について正確には分からないが、一六六五年（寛文五）～一六六七年前後、朝・日関係に深い関わりを持った人物であろうと推測される。またこの書物に収録されている百十通余りの外交文書の大部分は他の資料集にも収録されているが、この資料だけに収録されているものも数多くあり、将来それらに対する具体的検討が期待される。

本章で検討しようとする対象は、第一グループに属する文書七通の④～⑦の内の四通であるが、この中で当時日本側が答申として作成した書状である⑥と⑦の二通については、すでに存在が知られており、さまざまな側面から分析されてきた。しかしながら④と⑤、すなわち一二六九年六月に発給された日本を招諭するための「大蒙古国」中書省の牒およびこれとの関連で発給された高麗慶尚道按察使の牒については、従来まったく知られておらず、検討もなされていない[13]。したがって以下この二通の文書について重点的に分析することとし、ここではまず文書の内容を紹介する。以下の釈文において、一部の異体字は通行体に改め、原文にない句読点を附した。

資料一：一二六九年の大モンゴル国中書省の牒

大蒙古国皇帝洪福裏、中書省　牒

日本国王殿下

我国家以神武定天下、威徳所及、無思不能。逮

皇帝即位、以四海為家、兼愛生霊、同仁一視。南抵六詔五南、北至于海、西極崑崙、数万里之外、有国有土、莫不畏

威懐徳、奉幣来朝。惟爾日本、国于海隅、漢唐以来、亦嘗通中国。其与高麗、寔為密迩。
皇帝嚮者
勅高麗国王、遣其臣潘阜、持璽書通好。
貴国稽留数月、殊不見答。
皇帝以為将命者不達、尋遣中憲大夫兵部侍郎国信使紇徳・中順大夫礼部侍郎国信副使殷弘等、重持璽書、直詣
貴国。不意纔至彼疆対馬島、堅拒不納、至兵刃相加、我信使勢不獲已、聊用相応、生致塔二郎・彌二郎二人以帰。
皇帝寛仁好生、以天下為度。凡諸国内附者、義雖君臣、歓若父子、初不以遠近小大為間。至于高麗、臣属以来、唯歳
致朝聘、官受方物。而其国官府土民、安堵如故。及其来朝、
皇帝所以眷遇樹慰者、恩至渥也。
貴国隣接、想亦周悉。且兵交、使在其間、寔古今之通義、彼疆場之吏、赴敵舟中、俄害我信使、較之曲直、声罪
致討、義所当然。又慮
貴国有所不知、而典封疆者、以慎守固禦、為常事耳。
皇帝猶謂此将吏之過、二人何罪、今将塔二郎、致
貴国、俾奉牒書以往。其当詳体
聖天子兼容并包、混同無外之意、忻然效順、特命重臣、期以来春、奉表闕下、尽畏天事大之礼、保如高麗国例処之、
必無食言。若猶負固恃険、謂莫我何、杳無来則、
天威赫怒、命将出師、戦舸万艘、径圧王城、則将有噬臍無及之悔矣。利害明甚、敢布之
殿下。唯

殿下、寔重図之、謹牒。
右牒
日本国王殿下
至元六年六月日牒
資政大夫中書左丞
資徳大夫中書右丞
栄禄大夫平章政事
栄禄大夫平章政事
光禄大夫中書右丞相

牒奉 日本国王殿下 中書省　封	至元六年六月日

この資料は、「大蒙古国」の古文書の原形が残されている例がほとんどないことを勘案すれば、古文書学的にも非常に注目される資料ということができる。すなわち「大蒙古国」の詔令をはじめとする各種文書の内容だけが法典・文集・碑文などに伝えられるのみで、多くの場合、発給者と受給者が明確に記される原形が残されていないため、文

書の発給過程についての具体的な事情を知ることができない。この点からこの資料の重要性がさらに浮き彫りになるが、ただこの資料においても文書の筆写過程において牒の原形がそのまま転写されたわけではなく、また本来あったはずの発給者達の姓名が欠けているのは残念である。

次にこの文書の真偽を考えるため、古文書としての側面と、そこに反映された「大蒙古国」中書省の運営様相について考察してみることにする。

まずこの文書の元来の文字の配列がどのようになっていたかは明らかではないが、『異国出契』の編者はこの文書を転写する際、「皇帝」・「聖天子」・「天威」などについては改行をしており、「勅」・「貴国」などは二字をあけて記載した。至元三年に発給された尊勝院所蔵のクビライの国書を参考にこれを再構成してみると、上記のように配列することができる。しかしながら、一行が何字からなっていたかが判らないため、本来の状態に復原するのは難しい。

この資料の外形的な様相を正確に知ることはできないが、この文書形式は唐代以来の牒式をそのまま遵用していることを示している。これはこの牒の冒頭に発給者（大モンゴル国中書省）と受給者（日本国王）を明らかにし、末尾に謹牒を表記したことに加え、発給日付に牒字を付したことなどからわかる。またこの文書を入れた封筒の様式が記録されている点が注目されるが、この様式は後日、朝鮮王朝と日本の間に往来した外交文書の封筒様式のモデルになったものと推測される。

このほか、この文書の文章表記の方式で注目される点がいくつかある。第一に、文書の冒頭で「大蒙古国皇帝洪福裏中書省」という表現を使っていることである。これは「大蒙古国」の各種の書式で使われていた「△△皇帝福蔭裏[△△ qa'an-u su-dur][14]」の別の表現で、モンゴル朝廷にいた人物だけが使用できる文句である。[15]

第二に、第三次使臣団として派遣され対馬島に到着した黒的を「紇徳」と表現している点が注目される。この名前は、現存するモンゴルおよび高麗の漢文資料では、アラビア語の漢字表記である黒的・黒赤・黒的児〔Khizr〕若しくは赫徳〔Haidar, Heider〕などと表記されているに比べ、この資料では紇徳と表記し、美字でない「黒」を避けている。これは当時使用された人名表記の方式と推測される。[16] この二つの点は、この文書の真偽を見分ける上で重要であり、この文書が同時または後世に偽造されたものではない証拠といえよう。

第三に、この文書の受給対象である日本側に対する表記が「日本国王殿下」・「爾日本」・「貴国」などと異なっている点は、文脈上多少不自然な印象を免れない。その具体的な理由は明らかでないが、この文書が正本ではなく転写本であるために生じた問題と見ることもできよう。[17]

次に、この史料の資料に挙げられている職名が、当時の中書省の実態を反映しているかどうか考証することにする。この資料には、文書の発給者である中書省の最高官の右丞相以下宰相五人の文散階および職名が具体的に列挙されており、モンゴル国の最高政務機関である中書省の運営実態が示されている。この資料と比較検討されるべき中書省の牒が見つからないため政令の執行過程を明らかにすることはできないが、この資料にあらわれた内容を通じて、当時の中書省運営の一面を考察することは可能であろう。

この文書の発給者は、中書右丞相一人、平章政事二人、中書右丞一人、中書左丞一人など合計五人となっている。この文書が発給された一二六九年における中書省宰相の職の職窠を『元史』百官志に基づいて整理すると、次の**〈表1〉**のようになる。[18]

〈表1〉によると、一二六九年中書省宰相の職窠は、右丞相および左丞相が五の内、平章政事四、中書右丞二、中書左丞二、参知政事二など合計十五職として構成されていたものと理解できる。しかしこれはあくまでも法制的な規定であっただけで、実際任命された宰相の数は、右丞相一人、左丞相一人、平章政事二人、右丞一人、左丞一人、参

〈**表1**〉　十三世紀後半における大モンゴル国中書省の宰相職窠

時期/宰相職	右丞相	左丞相	平章政事	右丞	左丞	参知政事	典拠
1260年（中統1）	丞相 1		2			1	元史
1261年（中統2）	2	2	4	1	1	2	元史
1263年（中統3）				2	2		元史
1265年（至元2）	丞相 5						元史
1269年（至元6）	**丞相 5**		**4**	**2**	**2**	**2**	**資料綜合**

知政事二人など合計八人だったことが宰相年表によって知ることができる。

ところでこの文書には、中書省の宰相職を構成していた八職のなかで五職だけが示されており、中書省の運営様相をそのまま反映していないものと理解することもできる。したがって、この資料にあらわされた発給者五人が兼帯している宰相職と文散階（位階）が、当時の事実を正確に反映しているか否かを検討してみる必要がある。この文書が発給された当時の文散階を知ることができる人物に、右丞相の安童と平章政事の耶律鋳がいる。安童はこの文書が発給される四年前の一二六五年（至元二）八月に光禄大夫・中書右丞相に任命され[19]、以後続いてこの職階を維持し[20]、一二八四年（至元二十一）十一月に金紫光禄大夫へ昇秩した[21]。またこの文書にあらわれる平章政事の文散階が栄禄大夫であるが、一二六七年（至元四）六月、耶律鋳が栄禄大夫・平章政事に任命された事実がわかった[22]。なお、ここには見られないが当時の左丞相であった耶律鋳が一二六八年（至元五）九月光禄大夫・中書左丞相に任命された資料も見つかった[23]。わずか三つの事例にすぎないが、この文書に記録されている文散階と官職は、当時の宰相達のそれと一致するのである。

このように、この資料にあらわれる宰相職と文散階は、当時の状況を反映していると思われるのであり[24]、これによってもこの文書が後世偽造されたものではないことは明らかであろう。この点を勘案すれば、この文書は当時中書省の運営様相をほぼそのまま反映しているものと理解することができる。

この文書が発給された一二六九年六月頃中書省の宰相を構成していた人物達は、右丞相の安童［Antom］、左丞相の耶律鋳、平章政事の忽都察児［Qutucar］・史天沢、右丞の伯顔［Bayan］、左丞の廉希憲、参知政事の阿里［'Ali］・張文謙などであった[25]。しかしながら、この文書の発給者には左丞相一人および参知政事二人があらわれていない。左丞相の耶律鋳の場合は、文書が発給された当時なんらかの事情で記載されなかったか、もしくは転写の際の書き漏らしの可能性もあろう[26]。また参知政事の場合は、左・右丞を補佐する参謀的な性格であったため[27]、文書の発給者にならなかったとも考えられる。

資料二：一二六九年の高麗国慶尚道按察使の牒

高麗国慶尚晋安東道按察使牒
日本国太宰府守護所
当使契勘
本朝与
貴国、講信修睦、世已久矣。頃者、北朝皇帝欲通好
貴国、発使齎書、道従于我境、抃告以卿(嚮)導前去、方執牢固、責以多端。我国勢不獲已、使々伴行過海。前北朝使介、達於対馬、乃男子二人、偕乃至帝所、二人者即被還、今已於当道管内至訖、惟今装舸備糧、差尚州牧将校一名・晋州牧将校一名、郷通事二人、水手二十人護送。凡其情実、可於比(此)人聴取、知悉。牒具如前、事須謹牒。
至元六年己巳八月日　牒

按察使兼監倉使転輸提点刑獄兵馬公事朝散大夫尚書礼部侍郎太子宮門郎位在判
（以上傍線は誤字と推測される）

この資料は、高麗時代の古文書の資料があまり残されていないことからして、一〇八〇年（文宗三十四、承暦四）十一月に高麗の礼賓省が大宰府に送った牒、(28) 一二〇六年（熙宗二、建永一）金州防禦使が対馬島に送った牒、(29) そして一二二七年（高宗十四、嘉禄三）二月全羅州道按察使が大宰府摠管に送った牒(30)などとともに古文書学的にも注目される。

この資料の書式は、高麗が外国に送った牒式の形態に準ずるもので、大体上記の三つの牒と同一であり、発給者・受給者・発給日付などの表記形式が一致している。またこの資料も唐代以来の牒式をそのまま遵用しており、これはこの牒の冒頭に発給者（慶尚晋安東道按察使）と受給者（大宰府守護所）を示し、末尾に謹牒の表記に継いで発給日付に牒字を付けたことなどによって知ることができる。したがってこの資料は文書の原形をそのまま転写したものと推測されるが、筆写過程における誤りが全くないとはいえない。(31)

この牒が発給された一二六九年（元宗十、至元六）八月の慶尚道按察使は金之卿（?～一二九六）であるが、(32) 彼が受けていた慶尚道按察使の兼帯肩書きである「兼監倉使転輸提点刑獄兵馬公事」は、この四十二年前の一二二七年（高宗十四、嘉禄三）二月、全羅州道按察副使がもっていた肩書きと同じである。このことに比べ、彼の本職（京職）は「朝散大夫・尚書礼部侍郎・太子宮門郎」と示されており、(33) 礼部侍郎（正四品）として按察使に任命されたことになる。これは、高麗前期以来、按察使の品階が大体五～六品であったのに比べて異例のことで、モンゴルの圧制下で地方の重要性が高まり、高位の官職者が按察使に派遣されたものと推測される。

なお日本人送還に際して、尚州牧将校一名、晋州牧将校一名を護送官とした点は注目される。按察使は直接の属官をもたないが、地方軍である州県軍を統率しうる立場にあったため、このような処置が可能となったのであろう。

さらにこの文書の中で、モンゴルを「北朝」と表記し、「北朝皇帝」・「北朝使介」などの用語を用いている点が注目される。[34] このことは、高麗がモンゴルに最終的に屈服した一二五九年（高宗四十六）から十年が経過した時点においても、自らをモンゴルに対する臣属国と認めようとしない高麗人の姿勢を見せている一つの事例といえる。[35]

この点は、一二七一年（文永八）九月、モンゴルに抵抗していた高麗の三別抄軍より送られてきた牒について、日本の朝廷で議論された時にも問題となったことがある。すなわち日本の朝廷の三別抄軍の牒に対する疑問点として、「以前の状」（一二六八年、元宗九、文永五）[36] と「今度状」（一二七一年、元宗十二、文永八）の形式が異なる点がとりあげられた。[37] そのため一二六九年（至元六、文永六）高麗の送った牒（慶尚道按察使の牒）を調査したところ、その牒ではモンゴルを北朝とよんでいるのに対して、三別抄軍はモンゴルを北狄とよんでいたのである。[38]

二　大モンゴル国中書省の日本招諭

一二六九年（至元六、文永六）「大蒙古国」中書省の牒を検討するための前提として、それ以前に行われた三次にわたるモンゴル国の日本招諭の過程について探ってみる必要がある。「大蒙古国」は、南宋を征服する十三年前の一二六六年（至元三、文永三）八月、日本を招諭するため皇帝クビライの名義で日本国王に送る国書を作成し、使臣団を日本に派遣した。このときは、「大蒙古国」がユーラシアの大部分を席巻し、海上へと進出しようとした征服戦争の第三期に当たっており、[39] その初めての対象の一つとして日本が選択されたのである。

この国書の内容は、「大蒙古国」が建国以来、数多くの国を臣属させてきたことを述べ、日本に近い高麗も臣属することで戦禍が終息したことを力説しながら、平和的に日本を招諭しようとする意志を示している。継いで、末尾部分に「軍隊を動員することは誰も望むものではないので、日本国王はよく推し量って欲しい（至用兵、夫孰所好。王其図之）」と付け加えた。これはモンゴルの立場から両国の友好的な通交の締結を通報したものであるが、その実質においては日本の臣属を要求したものである[40]。またこれとともに送られた高麗国王の国書およびこの国書を伝達した潘阜の書状にも同じ趣旨の内容が含まれており、のち一二七一年九月、第五次使臣団の趙良弼がもたらした国書にも同[41]じ趣旨が再度強調されている。

ところで、この国書が日本に伝えられる過程は、国書の内容のように平和的で友好的なものではなかった。すなわち同年八月にクビライは兵部侍郎の黒的（紇徳）・礼部侍郎の殷弘らを高麗に派遣し、高麗を介して国書を日本国王に伝達しようとした。高麗もこれに応えて、十一月枢密院副使の宋君斐・侍御史の金賛らをモンゴルの使臣団とともに日本に派遣した（第一次使臣団[42]）。彼ら使臣団は、翌年一月に巨済島に着いたが激しい風波のため帰還することになり[43]、同年八月クビライは黒的・殷弘らを派遣して高麗国王を譴責すると同時に、再度国書を日本に送るよう命じた[44]。これを中止させようとする高麗の首相（門下侍中）李蔵用の建議もあったが受け入れられず[45]、起居舎人の潘阜・書状官の李仁挺らが派遣されることになった（第二次使臣団）。彼らは九月二十三日高麗から出発し、十一月対馬島を経て翌年一月一日に大宰府に到着した[46]。

このように、この国書は煩雑な過程を経て、発給されてから一年四ヶ月後の一二六八年一月に大宰府守護所に伝達され、また一ヶ月後の閏一月初めに鎌倉幕府に報告され[47]、次いで二月初め京都朝廷にも伝達されたのである[48]。この国書を幕府が朝廷に報告すると、朝廷は左大臣の近衛基平が「称和親之義、委見牒状。此事国家珍事大事也。万人驚歎之外無也[49]」と述べたように、驚きをもって[50]院の評定を開催し対策を講じようとした。これとともに朝廷は将来起りうるモンゴルの侵入を撃退するための祈禱を社寺において行っており、幕府は御家人を動員しようとし、かたや在野の日蓮は「異民族」の侵入に対する自身の予言が適中したことを強調し、民衆の間に大きな波紋を起こした。このように朝野が一大混乱に包まれているなか、朝廷は数次にわたる院の評定を開催した結果、三月末頃に回答しないことに最終決定したものと推測される[51]。

この決定は五月頃大宰府に通報されたようで、すでに五ヶ月そこに滞在していた潘阜ら一行は、返事を受けることなく帰還を余儀なくされた[52]。潘阜ら一行は高麗に帰還して七月十八日に復命をし、次いでにモンゴルに派遣され、その間の事情をクビライに報告した[53]。これに対してモンゴルは、使臣を高麗へ派遣して日本征伐のための準備として戦艦を建造させると同時に、日本への通路を巡視するよう命じた[54]。あわせて第三次として、黒的・殷弘らを高麗に派遣して譴責するとともに、彼らを日本へ案内するよう命じる[55]。これに対して高麗は、十二月四日に知門下省事の申思佺、侍郎の陳子厚、起居舍人の潘阜らをして黒的・殷弘を日本に案内するようにしたが、このとき派遣された一行は合計七十人余りに達した（第三次使臣団[56]）。

第三次使臣団も「大蒙古国」の国書を持って[57]日本側の返事を再度督促するために派遣されたようである。使臣団は、一二六九年二月十六日に対馬島豊岐浦に到着し、この事実が八日後に大宰府に報告され、次いでに三月七日には六波羅に伝達され、六日後に院の評定がなされることになった[58]。

ところで、この使臣団は平和的な通交を要請するための使節としては、前例のないほど多くの人数となっている。日本側の記録によるとモンゴル官人三人、モンゴル従人五人、高麗人六十七人など、合計七十五人が船四隻に分乗していたという[59]。彼らが対馬島でどのような事件に遭遇し、それに対する対応が如何なるものであったか、従来の資料からは具体的に知ることができないが、二月二十四日、対馬島側の拒否によって上陸ができなくなったため、対馬島人の塔二郎・彌二郎ら二人を連行して帰還したという[60]。黒的・殷弘一行は、三月十六日に江都（江華島の臨時首都）に到着し、四月三日にモンゴルに帰還しており、この時連行された塔二郎・彌二郎ら二人は、クビライから優待を受けて七月二十一日、送還のため高麗に到着した。[62]

「大蒙古国」は高麗の金有成に命じて、彼ら二人を送還するようにすると同時に、中書省の牒を日本に伝えるようにした。[63]この牒とともに、慶尚道按察使の牒を持参した金有成・高柔らは同年九月十七日に対馬島伊奈浦に到着、次いで大宰府に至り、守護所に泊った（第四次使臣団）。[64]同月二十四日、大宰府は太政官に解状を奉じて、中書省および按察使の牒を伝達し、[65]それは鎌倉幕府に伝えられた。[66]しかし、彼らもまた日本側の返事を得ることなく帰国したのである。

今回、筆者が発見した前記『異国出契』所収の中書省牒は、まさにこの第四次使臣団が持参したものにほかならない。その内容は便宜上、七つの部分に分けて見ることができる。すなわち、①「大蒙古国」が天下を制覇してからクビライが一視同仁で四方を懐柔するとすべての国が来朝してきたが、②日本は漢・唐以来中原と通好してきており、高麗とも密接な関係を保っていたため高麗を通して通交を要請したが返事がなかった。③ゆえに、紇徳（黒的）・殷弘に国書を持たせ日本へ派遣したが、対馬島に至って入国が拒否され、やがて武力的な衝突が起り、この過程で塔二郎・彌二郎の二人を連行して帰国した。④クビライは諸国が臣属してくる際、遠近大小にかかわらず父子の礼によって待し、特に高麗の場合、特別に寵愛を惜しまなかったことは日本もよく知っているであろう。⑤対馬島の官吏らが「大蒙古国」の使臣団を武力で阻止した行為をよく理解し、連行された塔二郎を帰還させるとともに牒を送付するので、⑥クビライの意を受け入れ、喜んで臣属し、来年春までに重臣を派遣し、表を奉り事大の礼を尽せば高麗のごとく処遇するが、⑦万一、日本側が地形の険しさを恃んで逆らう場合は、軍隊を動員し征伐するとの警告を伝え、その時は後悔しても遅いと締めくくっている。

このように一二六九年の中書省牒は、その三年前にクビライが日本を招諭するため発給した国書の内容にくらべて、さらに具体的なものであった。すなわち同じく日本の来属を要求したものではあるが、日本と隣接した高麗の状況を伝え、日本が臣属をした場合、高麗と同様な待遇を受けられると説得したものである。あわせて同年二月にモンゴルの使臣団の黒的・殷弘らが対馬島に到着したとき、日本側が武力で阻止したことに寛容な理解をしめし、その過程で捕まった日本人二人を送還するとの事実を通告した。その一方、最終的に日本側が臣属を拒否すれば、軍隊が動員され戦争となることを明確に通知している。

ここで特に注目されるのは、この牒が発給されてより六ヶ月後の翌年春までに重臣を派遣して表を奉り、事大の礼を尽すことを要求し、これに応じない場合、軍隊が動員され、京都（王城）が制圧されるだろうとの警告が入っている点である。これは、先の潘阜および趙良弼を通じて送られたクビライの国書で、「軍隊を動員することは誰も望むことではないので、日本国王はよく推し量ってほしい（以至用兵、夫孰所好、王其図之[67]。以至用兵、夫誰所楽為也、王其審之[68]）」と述べられているのとは大きな相違であろう。これは発給者、受給者どちらの立場から見ても、一種の脅迫であると言ってさしつかえないものである[69]。

このようにこの中書省の牒は、表面上は日本の主権と自衛権を認めた上で、両国の友好関係を結ぼうとした勧告であるが、それはあくまでも日本の臣属を前提とする。その提案は平等な関係による独立した国家間の共存ではなく、宗主国と附庸国（附属国）間の通交関係を目指すもので、神国を自負する日本側が受け入れられるものではなかった。モンゴルの命令を受けた高麗によって、このような勧告（武力的な脅しを部分的または全面的に加味した）はその後数次にわたって続けられたが、それらは双方の利害関係を平和的に解決しようとする交渉ではなく、武力を行使するためのひとつの手続きにすぎないと言うべきであろう。

一方、中書省の牒とともに日本に送られた**資料二**は、一二六九年（元宗十）八月、慶尚道按察使が大宰府守護所に送った牒である。その内容は、①高麗と日本は長い間睦まじい関係にあったが[70]、②近年、モンゴル皇帝が日本との通好のために勅書を持つ使臣を派遣し、高麗をして彼らを案内するよう執拗に督促するため、高麗はやむを得ず日本に行くしかなく、③その前、モンゴルの使臣が対馬島に至って連行した男子二人を帰還させることとなり、すでに慶尚道に到着したので、④船舶、案内人を揃えて護送することを通報したものである。

その要点は、同年二月にモンゴルの使臣団（第二次）の黒的・殷弘が対馬島に到着、日本本土に行くことができず帰還する際に連行した倭人二人を送還する旨を通告したことである。これに伴い、高麗が友好的な関係にあった日本にモンゴルの使臣団を案内したのはモンゴルの強制によるもので、やむをえないとの事実を伝えている。モンゴルによる各種の圧力を経験していた慶尚道按察使の金之卿は、モンゴルの日本への通好要請の本質が何であるかをよく知っていたであろう。金之卿は麗・日両国の接触の窓口であった慶尚道按察使として、相手役である大宰府守護にそのことを暗に伝えようとしたと考えられる。

三　日本側の対応

一二六九年の「大蒙古国」中書省牒は、発給されてから三ヶ月後の九月に日本に伝達された。これに対する日本側の反応は、これより一年九ヶ月前のクビライの国書に対する日本側の対応に比べ大きな相違がみられる。すなわちクビライの国書について日本の朝野全体が驚愕し、さまざまな対応が準備されたのに対して、今回の牒に対する反応が如何なるものであったかを示す資料は見いだせないのである。ただモンゴルと高麗の牒が再度もたらされたという記録と、(71)これに対する朝廷の返答の草案として作成されたと推測される二通の牒案を通じて、概略的な状況が知られるだけである。その二通の牒案は、日本の学界で広く知られている資料であり、これを転載すると次の**資料三**、**四**のようになる。(72)

資料三：一二七〇年の日本の太政官牒

日本国太政官　牒　モンゴル国中書省附高麗国使人牒送
牒得太宰府去年九月二十四日解状。去十七日申時、異国船一隻来著対馬嶋伊奈浦。依例令存問来由之処、高麗国使人参来也。仍相副彼国幷モンゴル国牒。言上如件者。就解状案事情、モンゴル之号、于今未聞。尺素無脛初来、寸丹非面僅察。原漢唐以降之蹤、観使介往還之道、緬依内外典籍之通義、雖成風俗融化之好礼、外交中絶、驪遷翰転、奥伝郷信、忽請隣睦。当斯節次、不得根究。然而呈上之命、縁底不容。音問縦雲霧万里之西巡、心夐忘胡越一体之前言。抑
貴国曾無人物之通、本朝何有好悪之便。不顧由緒、欲用凶器。和風再報、疑冰猶厚。聖人之書、釈氏之教、以済生為素懐、以奪命為黒業。何称帝徳仁義之境、還開民庶殺傷之源乎。凡自
天照皇大神耀天統、至
日本今皇帝亀山受日嗣、聖明所覃、莫不属左廟右稷之霊。得一無弐之盟、百王之鎮護孔昭、四夷之脩靖無紊。故以皇土永号神国、非可以知競、非可以力争。難以一二、乞也思量。左大臣藤原家 経宣 奉勅。彼到着之便、定留于対馬嶋。此丹青之信、宜伝自高麗国者。今以状牒到准牒。故牒

文永七年正月日　　菅二品長成卿艸

この資料は、一二七〇年（文永七）一月、日本の太政官がモンゴルの中書省に送ろうとした牒案として起草されたものと推測される。これは草案なので文書の形式を具備しておらず、末尾に発給者が記されていないし、内容も未整理のままであるが、その主な内容は、①高麗の使臣団の到着と両国から送られた牒の内容認知、②最近になって聞いたモンゴルという言葉とこれに対する若干の内容把握、③人物の往来のないモンゴルについては日本が好悪の感情を持っていないこと、④訳知らず凶器を使用しようとすることに対する拒否、⑤皇帝の仁義と称しながら人民を殺傷する措置に対する拒否、⑥今までの日本は百王の助けを借りて四夷を治めてきたため神国と呼ばれていたということ、などを記述したものであるが[73]、抽象的な面があることも否めない。

ここで注目されるのは、臣属を要求してきた中書省の牒についての具体的な対応は見られず、武力の使用については批判的な立場だけを叙述しているという点である[74]。これは十月十七日に開催された院の評定で、通好の意思には詳細に言及しないで、用兵の問題は甚だしく不当であるとの趣旨で返事を作成するようにという後深草上皇の院宣に依拠した結果であったと考えられる[75]。その後、日本の朝廷はこの草案を幕府に伝達したと推測されるが、幕府の反対でこれをモンゴルに伝達できなかったようである[76]。幕府は反対の理由について十分説明せず、牒の内容が無礼だという理由で答書を準備せず、使臣団を帰還させる措置をとった[77]。

資料四：一二七〇年の日本の大宰府守護所牒

日本国太宰府守護所牒　高麗国慶尚晋安東道按察使来牒事

牒　尋彼按察使牒偁、当使□□□

謹牒。着当府守護所就来牒。

凌万里路、先訪柳営之軍令。達九重城、被降芝泥之聖旨。以此去月太政官之牒、宜伝モンゴル中書省之衙所偕返之男子等、艤護送之舟、令至父母之郷、共有胡馬嘶北、越鳥翥南之心。知盟約之不空、感仁義之云露。前頃牒使到着之時、警固之虎卒不来、海濱之漁者先集。以凡外之心、成慮外之煩歟。就有漏聞、恥背前好。早加霜刑、宜為後戒。殊察行李淹留之艱難、聊致旅粮些少之資養。今以状牒到准牒。故牒

文永七年二月日　牒

少弐従五位下藤原朝臣

菅二品長成卿艸

以上七篇以南都一乗院所蔵之本写之

この資料は、一二七〇年二月に大宰府守護所が高麗の慶尚道按察使に送ろうとした牒の草案として作成されたものである。この内容は、①使臣団が持ってきた牒は幕府を経て朝廷に報告されており、その結果できた太政官の牒をモンゴル中書省に伝えることを要請し、②連行されて行った対馬島民二人を送還してくれたことについて感謝の意を伝え、③第三次使臣団である黒的一行が対馬島に到着したとき、攻撃を加えたのは守備軍ではなく漁師であったと述べ、これについて遺憾の意を示したことなどである。

この文面は抽象的な太政官の牒に比べ比較的明快に整理された返事ということができるが、これは大宰府守護と慶尚道按察使の間で以前から友好関係が維持され、特定の事案がある度に文書の往来があったためであろう(78)。しかしながら高麗がモンゴルの使臣団および国書の伝達において、案内者の役割をせざるを得ない立場については全く言及していない。これは日本側が高麗に対して不満を持っていることを暗に示したものではないかと思われる。また、黒的

一行が対馬島で攻撃された事実については、中書省に送る牒に記されるべき性格のものであるが、ここに含まれている。これはモンゴルと直接接触関係を持ちたくないという日本朝廷の意志を間接的に伝えるものと推測される。しかしこの文書案も、上記の**資料三**と同じく鎌倉幕府の反対で発給されることはなかった。

このように中書省の牒に対する日本側、特に朝廷の対応は、それ以前のクビライの国書に対する反応に比べ、可視的な形態または行動として具現されなかった。モンゴル側の牒が時間を限定して臣属を要求し、これに応じない場合、武力行使も辞さないとの意志を表明したにもかかわらず、日本側の対応は比較的落ち着いたものであったと推測される。これは、国内の準備をととのえる一方、相手の外交文書について直接には対応せず、遠回しの返事を作成して事態の推移を探ろうとしたものと思われる。(79)

一方、軍事力を掌握していた幕府側では、牒の末尾に明確に言及されているモンゴル側の一方的な臣属要求および武力的脅威に対処するため、国防をはじめとするある種の対内外政策を講じざるを得ない立場にあったであろう。(80)

おわりに

以上に、考察してきたことを簡単に整理することで結論に代えたい。まず、一二六九年「大蒙古国」中書省および高麗国慶尚道按察使の牒は、韓・中両国に当時の文書の原形が残されている例がほとんどないことを考えると、古文書学的にも非常に注目される資料であるといえる。中書省の牒は、当時の「大蒙古国」の最高政務機関である宰相職運営の一断面をよく示しており、慶尚道按察使の牒は、他の日本の資料に収録されている高麗の外交文書とともに当時の地方官らの職務状況を理解する手助けになる。

さらにこれら牒案には、「大蒙古国」の日本招諭のための提案がより鮮明に収録されており、この時期に緊迫して展開された中・韓・日の三国の外交関係をより具体的に浮き彫りにする資料ということができる。その中で「大蒙古国」中書省の牒は、この時期前後に日本に送られたクビライの国書に近いレベルで穏健な文面になっているが、これより三年前クビライが日本を招諭するために発給した国書の内容に比べ、より具体的でかつ若干の脅迫性を備えている。

その内容は基本的には日本の来属を要求したもので、日本に隣接した高麗の状況を伝え、日本も臣属した場合、高麗のような待遇が受けられると説得したものである。あわせて、同年二月モンゴルの使臣団が対馬島に到着したとき、日本側が武力で応じたことを寛大に受け入れ、この過程で捕まえた日本人二人を送還することを通告した。そして、最終的に日本側が臣属を拒否する場合、軍隊が動員され戦争が起りうることを明らかに示している。これとともに送られた慶尚道按察使の牒は、高麗が友好的な関係にある日本にモンゴルの使臣団を案内することになったのは、モンゴルの圧迫によりやむを得ないとの立場を述べ、黒的・殷弘らによって逮捕された倭人二人を送還するとの事実を通告したのである。

この二通の牒に対する日本側の具体的な対応を見せてくれる資料は見当たらず、返答の草案のみが残されている。その中で、「大蒙古国」中書省に対する太政官の返事は、使臣団の到着、モンゴルとの交渉がなかった点、そして歴代以来の日本の状況などを記述しているが、抽象的との印象は否めない。次いで臣属を要求してきた中書省の牒に対しては如何なる対応も示さず、武力の使用について批判的な立場だけを述べているが、これはモンゴルと直接的な接触関係を結ばないという日本朝廷の意志を示すものと考えられる。これに比べ慶尚道按察使に対する大宰府守護所の返書は、比較的具体的に作成されており、これは両国が一定の外交関係を維持していた結果と思われる。しかし高麗に対して不満がなくはないことを暗示する箇所もみられる。
最後に、早くからモンゴル侵入について多くの関心を持っていた日本の学界が、何故これらの牒の存在に気がつかなかったのかが疑問として残る。さまざまな推測が可能であるが、まず綿密な資料の調査が行われなかった可能性を、その要因の一つとして挙げることができる。あるいは神国を自負する日本の王城〔京都〕を、武力によって踏みつけようとする夷狄「モンゴル」の牒は、江戸時代以来、日本の知識層にとっては決して許すことができないことだった、ということが理由として考えられるかもしれない。

【資料翻訳】

＊大蒙古国　中書省牒
大蒙古国皇帝の福蔭にて中書省が
日本国王殿下に牒す。
わが国は、神武をもって天下を平定し、威徳の及ぶところ何を考えても出来ないことはない。皇帝が即位するにおよび、四海をもって家となし、生霊を兼愛すること一視同仁である。(81) 南は六詔(82)と五南(83)に達し、北は北海に至り、西は崑崙山に至るまで、数万里の外の国家と領土を所有する者で、威厳を恐れ徳を慕い、幣帛を持って来朝しない者はいない。ただなんじら日本は、海の片隅に国を定め、漢・唐以来またかつて中国と通交しており、高麗とも実に密接な関係にあった。
皇帝が先般高麗国王に勅して、その臣下の潘阜を送り、璽書を持たせて貴国と通好しようとしたが、数ヶ月を留めおかれ、まったく返事がない。

皇帝は、命令を受けた者が到達していないものと思い、ついで中憲大夫・兵部侍郎・国信使の紇徳と中順大夫・礼部侍郎・国信副使の殷弘らを送って、再び璽書を持って直ちに貴国へ行かせた。ところが思いもよらず、やっとかの国境の対馬島に着いたところ、堅く拒んで受け入れられず、さらに武器で攻撃されるに至り、わが国信使は形勢上やむなくこれに対応して、塔二郎と彌二郎の二人を捕まえて帰ってきた。

皇帝は、寛大で仁慈な方で生かすことを好み、天下をもって基準とし、およそ諸国が内附するときは、義理は君臣関係であっても父子のごとく喜び、けっして遠近大小によって分け隔てすることはない。高麗が臣属して以来、ただ毎年朝聘をして、官庁で方物を受けとるだけで、その国の官府と人民は、もとどおり安堵している。彼らが来朝すると、皇帝の待遇と慰労するやり方は、恩恵の至極厚いものである。

貴国は高麗と隣接しており、思うにこのような事実を知悉しているであろう。また兵が交戦していても、使臣らはその間に往来することは(84)、実に古今の通義である。かの国境の官吏は、敵の船中に赴き、にわかにわが国信使を害しようとしたので、曲直を比較して、罪を犯した事実を世の中に知らせて罰することは、義として当然なことである。また思うに、貴国ではこのことに気付かず、国境を任された者は慎重に守り堅く防御するのを当然のこととみなしていたのであろう。

皇帝はそれでもなお、それは武将や官吏の過ちであって、二人に何の罪があるだろうかと考え、今、塔二郎を貴国へ還すとともに、彼に牒書を奉じて行かせた。聖天子がすべてをともに包容し、一つにして差別しないという心をつまびらかに体して、喜んで帰順し、特別に重臣に命じて、来年春を期限とし、闕門の下に表文を奉り、天を恐れ大国につかえる礼儀を尽すならば、高麗国の例のように措置することを保証し、必ず食言することはない。万一、なお堅固で険しいことを恃み、自分たちをどうすることもできず、はるばる来ることはないと思うならば、天威が激怒し、将帥に命じて兵士を出動させ、戦艦一万隻で王城（京都）をただちに鎮圧することになる。その時は臍をかんで後悔することになろう[85]。利と害とははなはだ明らかであるが、敢えて殿下に布告するので、殿下は実に重ねてこのことを図るように。謹んで牒す。

右、日本国王殿下に牒す。

至元六年六月　日　牒す。

資政大夫中書左丞（廉希憲）

資徳大夫中書右丞（伯顔）

栄禄大夫平章政事（忽都察児）

栄禄大夫平章政事（史天沢）

光禄大夫中書右丞相（安童）

＊高麗国　慶尚道按察使牒

高麗国の慶尚晋安東道按察使が

日本国の太宰府守護所に牒す。

本使が考えるに、わが国と貴国が信義を講じ和睦を修めてから、世代がすでに久しくなりました。近頃、北朝の皇帝が貴国と通好しようとし、使臣を出発させ国書を持たせて送りましたが、使臣の行く道がわが国の領土を通過するので、併せて嚮導を務めるように告げてきました。しかもその要請に固く固執し、さまざまな方法で責めるので、わが国としては勢いやむをえず、使臣を同行させ海を渡るようにしました。さきに北朝の使臣が対馬島に到着して、男子二人をともなって帝の所に至りましたが、二人はすでに帰され、現在すでに本道の管内に着いております。いま船を準備して食料を備え、尚州牧の将校一人、晋州牧の将校一人、郷通事二人、水手二十人を差し出して護送します。すべての事情は、その者から聴取すれば詳しく知れるでしょう。牒に具えられた内容は前述のようであります。須らく謹んで牒をお送りします。

至元六年己巳八月日　　牒を送る。

按察使兼監倉使・転輸提点刑獄兵馬公事・朝散大夫・尚書礼部侍郎・太子宮門郎（金之卿）判。

注

（1）川添昭二『モンゴル襲来研究史論』（雄山閣出版、一九七七）。この整理以後に出てきた主な業績としては南基鶴『モンゴル襲来と鎌倉幕府』（臨川書店、一九九六）、川添昭二『対外関係の史的展開』（文献出版、一九九六）、村井章介『日本中世の内と外』（筑摩書房、一九九九）などがある。

（2）杉山正明『逆説のユーラシア史』（日本経済新聞社、二〇〇二）。この見解と関連してモンゴル帝国の膨張およびモンゴル襲来に対する全般的な問題点を検討したものとして杉山正明と村井章介の対談もある（「世界史の中でモンゴル襲来を読む」『歴史評論』六一九、二〇〇一）。

（3）長崎県鷹島町教育委員会『鷹島海底遺跡』Ⅱ～Ⅸ、一九九三～二〇〇三。

（4）この要因には、さまざまなことが挙げられるが、最も優先的な事実として、中国および韓国では日本の資料がほとんど所蔵されていない点を挙げることができる。

（5）『国書総目録』一（岩波書店、一九八九）一六六頁。また、学界で指摘されたことはないが、ただ収録される朝鮮関係の外交文書について考察した業績として『対外関係史総合年表』（吉川弘文館、一九九八）、米谷均「文書様式論から見た十六世紀の日朝往復書契」（『九州史学』一三二、一三三）がある。

(6)『尊勝院文書』、「潘阜書状」の追記。

(7) この文書の写本が現在も興福寺の一乗院に保管されているかはわからない。『一乗院古文書』写真本および興福寺に所蔵されている典籍の経函六十函までの調査報告書（奈良国立文化財研究所編『興福寺文書目録』一・二、一九八六・一九九六）には、この文書が見当たらない。

(8) これら文書の大部分は、『策彦和尚入明記』・『異国日記』・『増訂異国日記抄』・『異国所々御書之草案』・『外蕃通書』・『通航一覧』・『徳川実紀』・『近衛家文書』・『善隣国宝後記』・『続善隣国宝記』・『本朝朝鮮往復書』・『異国近年御書草案』などに収録されているが、そうでないものも多数あるため今後綿密な検討が要請される。

(9) これらの文書は、『続善隣国宝記』・『朝鮮通交大紀』・『通航一覧』などに収録されているが、そうでないものも多数ある。

(10) これは醍醐寺文書の第十函五十番の文書であるが、これについての判読作業がさまざまな学者によって数次にわたって行われたが、破損磨滅のためあまり充分な成果を得ら整理されなかった。これらの問題点は、この資料によって大幅に解決補完することができる。

(11) この文書がを偽文書として推測される理由することができるのは、発給者の表記において、①礼曹を礼曹司に表記したこと、②この官署の最高官が判尹となっていること、そして③これを構成する官員らが当時の礼曹の官員としてみるには無理があることという点、などである。またこの文書は、熊本城を拠点としていた加藤清正と関連する熊本県熊本市花園本妙寺に保管されているということから見て、実際には発給されてなかったものと推測される。

(12) これらの資料の中で対馬島主が朝鮮に送った文書の一部は『本邦朝鮮往復書』にも収録されているが、『異国出契』に収録されているものが原文書により近いものと推測される。

(13) これら文書は一八八〇年代以来、日本帝国主義者たちが大陸侵略を目的として国家的な支援を受けモンゴル襲来に関する資料を集めた山田安栄編『伏敵編』附録　靖方溯源（東京築地活版製作所、一八九一）に収録されていない。また一九二〇年代以後モンゴル襲来に関して集中的に研究を行ってきた池内宏は、これらの資料が日本に伝わっていないと言っている（『元寇の新研究』、東洋文庫、一九三一、四二頁）。現在にいたるまで、この資料の存在は知られていない（佐伯弘次『モンゴル襲来の衝撃』〔『日本の中世』九、中央公論新社、二〇〇三、七一頁〕）。

(14) これに関する研究として、杉山正明「元代蒙漢合璧命令文の研究」（『内陸アジア言語の研究』五・六、一九九〇・一九九一）「草堂寺闊端太子令旨碑の訳注」（『史窓』四七、一九九〇）以上『モンゴル帝国と大元ウルス』（京都大学学術出版会、二〇〇四所収）、中村淳・松川節「新発見の蒙漢合璧少林寺聖旨碑」（『内陸アジア言語の研究』八、一九九三）、松川節「大元ウルス命令文の書式」（『待兼山論叢』二九、一九九五）、森安孝夫・オチル『モンゴル国現存遺跡・碑文調査研究報告』（中央ユーラシア学研究会、一九九九）等がある。その他、「皇帝福蔭裏」が使われた文献資料の事例も見当たる（『天下同文』前甲集三、献書、献宝璽書、至元三十一年）。

(15) この影響により高麗がモンゴルの官人たちへ送った書状である「与中山・祢海両官人書」（金敞作）、「答唐古官人書」（朴暄作、以上『東文選』六一・六二所収）においても同じ表記が見られる。これに対する検討としては宮紀子、「モンゴルが遺した翻訳言語」（『内陸アジア言語の研究』一八、二〇〇三）がある。

(16) このような人名表記は中書省の牒が高麗を経て日本に伝えてきたので高麗の影響がある可能性もあろう。

(17) 高麗の使臣団がこの文書を大宰府に伝えてから大宰府→鎌倉幕府→日本朝廷の順に報告されたが、その過程で若干の字句の変改がなされた可能性があるが、その内容の変改はなされなかったと思われる。似た例として、金沢文庫に所蔵されている一二九二年（至元十九）の高麗国書を挙げることが出来るが、これらの字句の改変に対する検討としては、村井章介『アジアの中の中世日本』（校倉書房、一九八八、二一九頁）がある。

(18) 『元史』志三五、百官志一、中書省。

(19) 『元史』列伝十三、安童、「至元二年秋八月　拝光禄大夫中書右丞相　増食邑至四千戸」、『国朝文類』二四、碑文、丞相東平忠憲王（安童）碑、「至元二年　拝光禄大夫中書右丞相　別食四千戸」。

(20) 『元高麗紀事』、至元四年十月、「十月十日 光禄大夫・中書右丞相安童 致書於高麗国王曰……」。

(21)『元史』列伝十三、安童、「(至元二十一年冬十一月)復拝中書右丞相 加金紫光禄大夫」、『国朝文類』二四、碑文、丞相東平忠憲王(安童)碑、「(至元二十一年冬十一月) 拝中書右丞相　進金紫光禄大夫」。

(22)『元史』列伝三三、耶律鋳、「(至元4四年)六月 改栄禄大夫平章政事」、「故中書左丞相耶律公(鋳)墓誌銘」、徳永洋介「耶律鋳夫妻墓誌銘録文と訓読」(『十三・十四世紀東アジア史料通信』一、二〇〇四)。

(23)『元史』列伝三三、耶律鋳、「故中書左丞相耶律公(鋳)墓誌銘」。

(24)この点は、この文書に見られる黒的と殷弘が帯っていた職階である「中憲大夫・兵部侍郎」・「中順大夫・礼部侍郎」なども他の資料と一致していることから明確にすることができる(『元高麗紀事』至元五年九月、「九月　復遣黒的等　使日本命王植導送　詔曰……今朕復遣中憲大夫兵部侍郎国信使黒的・中順大夫礼部侍郎国信副使殷弘等　充使以往期於必達……」)。

(25)『元史』列伝十三、安童、列伝十四、伯顔、列伝三三、耶律鋳、『国朝文類』二四、碑文、丞相東平忠憲王(安童)碑、「故中書左丞相耶律公(鋳)墓誌銘」。しかし、『元史』表六上、宰相年表によると、当時の宰相は右丞相が安童、左丞相が史天沢、平章政事が忽都察児・耶律鋳、右丞が伯顔、左丞が廉希憲、参知政事が阿里別［'Ali Beg］・張恵などと構成されていたといわれるが、これは当時の事実を正確に反映していないことが確認された(汪輝祖『元史本証』一四、宰相年表一)。

(26)かれの墓誌銘によると一二六八年九月にこの職に再び任命された以後在職しつづけたが一二七三年(至元十)十一月に光録大夫平章軍国重事に転任された(「故中書左丞相耶律公(鋳)墓誌銘」)。

(27)『元史』志三五、中書省、「参政二員従二品 副宰相以参大政 而其職亜於右・左丞」。

(28)『朝野群載』二十、異国、『本朝文粋』十一、牒。

(29)平経高『平戸記』、延応二年四月十七日。

(30)『吾妻鏡』、嘉禄三年、五月十四日。

(31)この資料が間違って転載された例として、次の二点を挙げることができる。第一に、この資料の前に収録されている③一二六八年一月高麗の使臣団の潘阜が大宰府守護に送った啓の末尾と、この資料の冒頭が錯綜していることである。二つの資料の錯綜した部分を引用すれば、次のようである。

高麗倍使朝散大夫尚書礼部侍郎知高」麗国慶尚晋安東道按察使牒」日本国太宰府守護所」高麗国慶尚晋安東道按察使
牒」日本国太宰府、当使契勘」

これは、次のように修正されるべきである。

高麗倍[国信]使朝散大夫尚書礼部侍郎知制誥賜紫金魚袋潘阜（以上、③文書の末尾）」、（以下、④文書の冒頭）高麗国慶尚
晋安東道按察使牒」日本国太宰府守護所」当使契勘」

第二に、この資料の末尾に文書の発給者である慶尚道按察使の外職および京職の最後に、印章が押された部分の判読が「位判」となっている。これは、前近代における日本人が印章の表示を御判、在判などと表記したことを示すが、この文書を筆写した『異国出契』の編者は「在判」を「位判」として判読したものと思われる。

(32)『慶尚道按察使先生案』。彼は、行政能力において宰相の職位である副知密直司事に上がり、清廉・忠直だったという（『高麗史』世家三一、忠烈王二十二年六月戊午）。

(33) この官職の中で、兼職の太子宮門郎として按察使に任命された他の例として、一一九七年（明宗二十七）の趙冲がある（金龍善編『高麗墓誌銘集成』、翰林大学出版部、一九九三、三三四頁、趙冲墓誌銘、「明年拝大僕少卿太子宮門郎、出按楊廣忠清等路、輶車所指、皆有威愛」）。

(34) 当時の高麗は、臣属国の位置から公式的にはモンゴルを「上国」・「大国」・「上朝」などと表記する立場にあった。

(35) この点は、これより一年前に作成された潘阜の書状にモンゴルを「彼朝」として表記したことと同じ範疇のものである。高麗人らはモンゴルの侵略に対応して主戦政策と主和政策を併用しながら、モンゴルを達旦・黒狄・胡寇などと表記して蔑視しており、武力による圧迫で主和政策を展開する際、北朝として表記し蕃国としての称臣の礼をしないようにした（張東翼『高麗後期外交史研究』一潮閣、一九九四、二一五頁）。

(36) これは潘阜・李仁挺らが一二六八年（元宗九、至元五、文永五）一月大宰府に着いて伝えてくれたこととして一二六七年九月に発給された元宗の国書である。

(37) 石井正敏、「文永八年来日の高麗使について」『東京大学史料編纂所報』一二、一九七七。

(38) 藤原経長『吉続記』、文永八年九月二十二日・二十三日、「廿二日晴 参内 候御前 仁王会咒願文事 有被仰出事等 モンゴル為北狄事 不審之由申出之 如作者所存者 高麗書ニモンゴルヲ北朝ト書之 仍載之云々 自高麗雖当北 自日本不当北者可背道理歟 経史不詳之上 難決者也 藤翰林候御読漢書伝 北狄事相尋翰林之処 誠不審之由返答之 咒願文尋見之処 如口宣改直了 廿三日 咒願文草合之句 可改直之由被仰下云々 北狄事 先年高麗状ニモンゴルヲ北朝皇帝ト書之之由 奉行職事陳謝云々 猶不可然事也歟歟」。

(39) 杉山正明、前掲書、一八一～一八三頁。

(40) このことについて、従来の日本の学界では、末尾部分に注目してその内容が非常に脅威的なものと理解されてきたが、新しい見解によると、モンゴル帝国が南宋に送った国書に比べてみると比較的穏健な文脈であり、通交を希望しているものとしている（杉山正明、前掲書、一九五～二〇〇頁）。

(41) この国書の内容は、『元史』列伝九五、日本、至元六年十二月に収録されており、これを文書形式で復原してみたものとして、杉山正明、前掲書、二〇一頁がある。

(42) 『高麗史』世家二十六、元宗七年十一月丙辰、『元高麗紀事』、至元三年十二月。

(43) 『高麗史』世家二十六、元宗八年一月。

(44) 『高麗史』世家二十六、元宗八年八月丙辰、『元高麗紀事』至元四年六月十日。同年十月右丞相の安童も高麗に書状を送り日本での案内を勧誘した（『元高麗紀事』、至元四年十月十日）。

(45) 『高麗史』列伝十五、李蔵用。

(46) 『高麗史』世家二十六、元宗九年七月丁卯、『尊勝院文書』、「潘阜書状」、『関東評定伝』、『鎌倉年代記』、『五代帝王物語』。

(47) 中原師守『師守記』貞治六年五月九日、『一代要記』文永五年閏一月五日。

(48) この文書の内容が日本朝廷に知らされたのは、潘阜一行が対馬島に到着した時期の十一月二十五日だった。『新抄』四、文永四年十一月二十五日、「廿五日戊申 高麗牒状到来 モンゴル打取高麗 又打日本之由云々」。

(49) 近衛基平『深心院関白記』、文永五年二月八日。

(50) このような朝廷の雰囲気について、東大寺の僧侶宗性は、「当時天下無双勝事 只有此事歟」と記録している（「調伏異朝怨敵抄」）。
(51) 潘阜書状の末尾の追記、「依諸卿之評定 返牒不被遣遣之云々」（『尊勝院文書』「潘阜書状」）。
(52) 『高麗史』世家二十六、元宗九年七月丁卯。
(53) 『高麗史』世家二十六、元宗九年七月丁卯。
(54) 『高麗史』世家二十六、元宗九年十月庚寅、己亥。
(55) 『高麗史』世家二十六、元宗九年十一月丁卯、『元高麗紀事』至元五年九月、『元史』本紀六、至元五年九月己丑。
(56) 『高麗史』世家二十六、元宗九年十二月庚辰。
(57) 彼らがクビライの国書を持参したことは、中書省の牒に示されるが、これが日本に伝わっていないのみならず、他の資料にもその内容が見つからない。
(58) 「モンゴル来使記録」文永六年二月十六日・二十二日・三月十三日、『帝王編年記』二十六、文永六年三月七日。
(59) 「モンゴル来使記録」文永六年二月十六日。これにくらべ、『帝王編年記』はモンゴル国使八人、高麗国使四人、従人七十人余りで構成されており（巻二十六、文永六年三月七日）、『師守記』にはモンゴル・高麗の使者が上下合計で六十人余りだったと記録されている（貞治六年五月九日）。
(60) 「モンゴル来使記録」文永六年二月二十二日、『五代帝王物語』亀山、文永六年、『元史』列伝九五、日本。ところが、「大蒙古国」中書省の牒によると、対馬島の官吏［将吏］が船舶を動員して使臣団を危害したという。
(61) 『高麗史』世家二十六、元宗十年三月辛酉、四月戊寅、『元高麗紀事』至元六年三月十六日。
(62) 『高麗史』世家二十六、元宗十年七月甲子。
(63) 『元史』列伝九五、日本、「（至元）六年六月 命高麗金有成送還執者 俾中書省牒其国 亦不報 有成留其太宰府守護所者久之」。
(64) 『本朝文集』六十七、「贈モンゴル国中書省牒」（**資料三**）、『元史』列伝九五、日本、至元六年六月。このとき、高柔は霊夢によって所持していた毛冠を安楽寺にささげ、その事由を叙述した詩を作ったという（『関東評定伝』、文永六年九月）。

(65)『本朝文集』六十七、「贈モンゴル国中書省牒」（**資料三**）。ここでは、按察使の牒および中書省の牒を高麗国牒およびモンゴル国牒として表記されている（「高麗国使人参来也 仍相副彼国幷モンゴル国牒」）。
(66)『鎌倉年代記』、文永六年九月。
(67)『元史』本紀六、至元三年八月丁卯、『尊勝院文書』「調伏異朝怨寃敵抄」。
(68)『元史』列伝九五、日本、至元六年十二月。
(69)この文書は、一二六〇年（中統一）四月、開平府から南宋の皇帝に送られたクビライの国書である「和宋書」（『秋澗先生大全文集』九十六、『玉堂嘉話』四）と、内容上では似ている性格のものである。「和宋書」の内容は、南宋との和議を主張しながらも親王および上宰を派遣して事大の礼を尽すか、でもなければ城池を修理し軍備を増強しモンゴルとの決戦に備えるかという二者択一を要求したもので、多分に脅迫性が加味されていた（このことに対する検討としては、杉山正明、前掲書、一九九～二〇〇頁がある）。これに比べ、翌年五月南宋の三省に送られた中書省牒（『秋澗先生大全文集』六十七、翰林遺藁、中書省牒宋三省文、『元史』本紀四、中統二年五月乙丑）の内容は、比較的に穏健な文脈になっており、両国間の国境衝突について異議を提起する一方、信使として派遣された郝経を帰還させるように要求した。このように、モンゴルが南宋を圧迫しながら硬軟の両面政策を駆使したように日本を招諭しようとしたものと推測される。
(70)これは高麗王朝が十二世紀後半から十三世紀後半までのおよそ一世紀間大宰府あるいはその管轄下にあった対馬島と進奉といわれる朝貢体制を樹立したことを示すと思われる（『高麗史』世家二十五、元宗四年四月甲寅、『平戸記』延応二年四月十二日・十七日、『吾妻鏡』四、文治一年六月十四日、『聖一国師年譜』文暦一年、張東翼『日本古中世高麗資料研究』ソウル大学出版部、二〇〇四、五一頁）。
(71)『関東評定伝』文永六年九月、『鎌倉年代記』文永六年九月、『武家年代記』文永六年十二月、『五代帝王物語』亀山、文永六年。
(72)これは、『本朝文集』六十七にも収録されており、これもまた一乗院の資料を利用したという（「以一乗院御門主本写之」）。以下の資料三・四は『異国出契』の内容を転写した。

(73) 三浦周行『日本史の研究』新集一（岩波書店、一九八二、三一三頁）、近藤成一『モンゴルの襲来』（日本の時代史9、吉川弘文館、二〇〇三、三八頁）、佐伯弘次、前掲書、七一〜七二頁。

(74) 相田二郎『モンゴル襲来の研究』増補版（吉川弘文館、一九八二、一〇頁）、南基鶴『モンゴル襲来と鎌倉幕府』（臨川書店、一九九六、一二頁）。

(75)「モンゴル来使記録」、「文永六年十月十七日、モンゴル牒一通、高麗牒一通持之、牒使二人、今着対馬嶋之由申之云々、彼至元六年六月一日、而如院宣者、通好之義、准唐漢之例、不可及子細、但彼国与我国、自昔無宿意、用兵之條、甚以不義之旨、可被遣反牒也、且草者可長成卿之由、諸卿評定之由云々、而関東評定了、先度牒使来朝之時、不可返牒之由」。

(76) 中原師守『師守記』、貞治六年五月九日、「モンゴル来使記録」文永六年十月十七日、「異国牒状記」文永六年十二月。

(77)『五代帝王物語』亀山、文永三年、「返牒あるべきかと沙汰有て、菅宰相長成卿草して、経朝卿清書して、関東へつかばされたりしかども、武家子細を申て遣遣はさず、所詮牒状の体無礼なるによりて、返牒に及ばぬよし、牒使に仰含て返却せらる」（『群書類従』三七、諸王部九　所収）。この記事は文永三年に収録されているが、繋年の間違いがあり、異なる資料と比較すると文永六年の記事と判断される。そしてこの資料に対する説明としては南基鶴、前掲書、一三〜一四頁がある。

(78) これは、「以前の友好を守らないことを恥じて［恥背前好］」との内容から知ることができる。近藤成一も、この牒が韓・日両国の交誼関係の存在を前提にして作成されたものであるため、中書省に送る牒とは姿勢を区別しているとみていた（『モンゴルの襲来』日本の時代史9、吉川弘文館、二〇〇三、三九頁）。そしてこの資料にあらわれる両国の「盟約」および「前好」は十二世紀後半以来およそ一世紀にわたって高麗王朝と大宰府あるいはその管轄下にあった対馬島の間に締結された朝貢体制を指し示すものことである（注70と同じ）。

(79) これより一年九ヶ月ほど以前のクビライの国書に対して回答をしなかった日本朝廷が今度は返事を送ると決定したことは、外交的に一歩進んだ姿勢であるが、その事由は明らかではない（南基鶴はそのとき日本朝廷が答書を送るように決めたのは戦争という事態を事前を防止するため外交政策の転換の結果として推測した。これについては南基鶴、前掲書、一二〜一三頁）。クビライが皇帝の格で日本国王を自分より低い位置付けをしながら臣属を要求してきたことについて、中原と対等な国家の格を持つこととして自負している日本国王の名で返事を作成するには難しさがあったであろう。これに比べ、中書省の牒については、格式の問題を意識する必要がなかったため対等な官府である太政官の名で返事を作成しようとしたことものであろう。

(80) この中書省の牒が知られなかった、今までの諸研究では、クビライの国書に示された文脈上友好的な言辞の分析を通じて、幕府が過剰反応を示したとか、これを政略的に利用したとかいうさまざまな批判がありうるが、今このような点は再考されなければならない。この中書省の牒は、モンゴルが征服戦争を推進しながら各国に送った書状と比較して検討する必要があり、またもっともらしい外交的修辞の裏腹にあった無理な要求と使臣団の横暴を見過してはならない。

(81) 唐代、韓愈の「原人」に「是故、聖人一視同仁、篤近而挙遠」とあるが、これは平等に待遇し厚薄を区分しないことを意味する。

(82) 六詔は、中国の西南部に居住していた少数民族をいうが、彼らは国王を詔と呼んでいた。今の雲南省と四川省の西南部を指す。

(83) 五南は、中国と交阯、合浦の境界にある五嶺、すなわち大庾、始安、臨賀、桂陽、掲陽の南部地域を指す。

(84) 『春秋左氏伝』、成王九年条に「兵交、使在其間、可也」とある。

(85) 秦滄浪、『左伝校本』巻三、荘王六年に、「或云、猟者、捕麝以取其臍、麝急、自噬破其臍、則人不之取、若既就縶、雖欲噬臍、亦無及矣」という文章がある。これと類似した記事に劉基『郁離子』巻二、賄亡、「東南之美、有荊山之麝臍焉、荊人有逐麝者、麝急、則抉其臍投諸莽、逐者趨焉、麝因得以逸」がある。

【付記】 本論文は、二〇〇四年一月京都大学大学院文学研究科東洋史研究室の主催によって行われた国際シンポジウム「一極と多極の間――十三～十九世紀の東アジア」で報告した内容を加筆、修正したものである。京都大学大学院文学研究科の杉山正明教授および参加者の皆様からは、有益なアドバイスとコメントを頂いた。また、本章の和訳に際しては、宋彙栄氏（京都大学外国人共同研究者）に翻訳の労を頂いた。これらの方々に対してお礼を申し述べる。

【追記】　この論文が発表された一年六ヶ月後、植松正教授の「モンゴル国国書の周辺」（『史窓』六四、二〇〇七）が発表されて、筆者の不足した点をさまざまな面で補完した。この論文で筆者と差異を見せた部分は、中書省牒の日本語での翻訳で雅化された文章、本文の五南を安南で理解したこと（注83）、そして慶尚道按察使牒で二個の誤字（使价、卿《嚮》導）を指摘したところである。

第二章　一三六六年高麗国征東行中書省の咨文についての検討

はじめに

十二世紀後半以来作成された日本の各種資料には、高麗王朝に関連した具体的な記事数例が収録されており、韓・日両国の外交的な接触を調べるのに重要な資料となっている。その中の一つとして、京都市に位置する醍醐寺宝聚院に所蔵されている一三六六年（恭愍王十五）高麗国征東行中書省の咨文およびこれに関連する古文書資料が注目される。これらの古文書資料は、各種資料集に収録されているのみでなく[1]、一九六四年十一月に中村栄孝によって再調査され論文として発表されたので[2]、学界に広く知られている。

にもかかわらず、この資料をさらに検討しようとするのは、十七世紀後半に整理された『異国出契』にこれらの古文書資料が転写されていることを筆者が最初に確認し、先行研究で判読不能として処理されていた文字を補充できたためである。これに基づき、先行研究で見過ごされていたいくつかの問題点を考察するとともに、文書発給と関連した従来の不備を是正し、その性格を明らかにしたい。また、これと関連する新たな資料を収集し、今まで検討されたことのない高麗使臣団派遣の時代背景、日本への行路、そして日本の朝廷および足利幕府の対応などについても考える。

一　資料の所在と内容の検討

京都市伏見区醍醐伽藍町に位置する真言宗系の巨刹である醍醐寺には、十余万点の古文書が所蔵されており、三宝院が管理している。これらの文書は醍醐寺文書または三宝院（報恩院）文書と呼ばれ、一九一〇年に黒板勝美（一八七四〜一九四六）によって調査されて以来、現在でも文書の整理が継続している。一九五五年より『大日本古文書　家わけ十九・醍醐寺文書』として刊行されているが、かならずしも順調に刊行されてはいないようである。また、これとは別に醍醐寺が中心となり、所蔵文書の目録を整理して、『醍醐寺文書聖教目録』一〜三を公刊した。

これらの文書は、現在までの整理によると、主に醍醐寺の寺務、法務に関するもので、寺院内の諸般の業務および経済的基盤を理解するのに重要な資料となっている。日本のほとんどの寺院は政治・社会に緊密に連結しており、こうした資料が多く所蔵されているのが普通だが、醍醐寺文書にはそのような例が多くは見られず、朝鮮半島に関連する文書も本章で検討する高麗の使臣団が日本に伝えた征東行中書省の咨文とこれに関連した古文書資料のみである。

筆者は、いくつかのルートを通じて醍醐寺に所蔵されている資料の実物、または東京大学史料編纂所に保管されている写真資料を調べようとしたが、諸般の困難があり、所期の目的を達成できなかった。本章では、一九六四年十一月に中村栄孝によって調査された結果と、それによって提示された写真版をもとにして、文書についての筆者の所見を提示する。中村栄孝によると、これらの文書は、醍醐寺文書第十函の五十号（番）で、元来は「元国牒状及高麗使節事三通」と記載されているように三通あったが、後日の整理では「元国牒状及高麗使節事写二通」とあり、現在は二通のみ残っていると考えられる。その二通は「元国牒状」で、以下に転載する**資料A**と**B**であり、現存しないものはC以下の「高麗使節事」、すなわち資料C～D（中村栄孝はC～Eとした）に該当する。[3]

この事実は、二〇〇〇年に発刊された目録に二通の文書のみ竹紙で書かれ、その大きさはそれぞれ四二・八×三一・八cmで同一であると紹介されている点と符合しており、[4] 東京大学史料編纂所に保管されている写真版にも資料C以下は存在しないという事実とも合致する。[5] 現在、これらの古文書は『徴古文書』、『大日本史料』、『日鮮関係史の研究』、『日本古典文学大系』などにそれぞれ全文が収録されており、『大日本古文書』には資料A、Bのみが収録されている。

いま、中村栄孝によって提示された写真版をもとに、判読しにくい部分については全文が転載されている『異国出契』[6]、もしくは一部分が転載されている『太平記』[7]の内容を通じて補完してみると、次のように整理できる（□は摩耗した文字、△は脱落した文字である）。

□使万戸将軍□□□軍□下□□□

貞治六二□□□

□□□皇帝聖旨裏、征□東行中△書省、照得、日本与本省所轄高麗地境、水路相接、凡遇

□貴国飄風人物、往々依理護送不期、自至正十年庚寅、有賊船数多、出自

□貴国地面前来、本省合浦等処、焼毀官廨、搔擾百姓、甚至殺多、出自害、経及

□□一十余年、海船不通、辺界居民、不能寧処、蓋是嶋嶼居民、不懼官

法、専務貪婪、潜地出海劫奪、尚慮

貴国之広、豈能周知、若便発兵勦捕、恐非交隣之道、除已移文

日本国照験、煩為行下槩管地面海嶋、厳加禁治、毋使似前出境作耗
外、省府今差本職等、一同馳駅、恭詣
国主前啓稟、仍守収取
日本国回文、還省、合下仰照験、依上施行、須議剳付者、
一、□実起正馬弐□疋、従馬伍疋、乗駕過海船壱隻、
苟□□□□（四字）
□□□右剳付差去、万戸　　金凡乙貴、千戸　　金龍等、□□准之

（＝以上、A）

皇帝□聖旨裏、征東行中書省照得、日本与本省所轄高麗地面、水路相接、凡遇
貴国飄風人物、往々依理護送、不期、自至正十年庚寅、有賊船数多、出自
貴国地面前来、本省合浦等処、焼毀官廨、掻擾百姓、甚至殺害、経及
一十余年、海舶不通、辺界居民、不能寧処、蓋是嶋嶼居民、不懼官
法、専務貪婪、潜地出海劫奪、尚慮
貴国之広、豈能周知、若便発兵勦捕、恐非交隣之道、除已差
万戸金凡乙貴・千戸金龍等馳駅、恭詣
国主前啓稟外、為此、本省合行移文、請
照験、煩為行下槩管地面海嶋、厳加禁治、毋使似前出境作耗、仍希

公文日回示、須至咨者、

右□《咨》

日本国、伏請　　礼物白苧布拾疋

照験謹咨　　綿紬拾疋

□

□□　□　□　豹皮参領

□　虎皮弐張

（＝以上、B）

高麗国投拝使左《佐》

万戸左右衛保勝中郎将金龍

□□検校左右衛保勝中郎将於《権》重二人

別将朴之

別将李長寿

別将沖釖

別将金大

散員金哲

散員祁《邦》之用

散員金寿
散員金玉
伍尉金能文　伍尉朴天震
伍尉金千　伍尉権成
伍尉□崔弁玉
伍尉□□金英
禅雲寺長老延□銅
（＝以上、C）

高麗国使□佐、我国
皇帝説言、日本国皇帝□□之意、交親隣国、故事奉上宝物綿紬十疋・苧布十疋・豹□皮三領・虎皮二張
（中村栄孝は以上をDとした）
大□□将軍大□官前□上
金□□□□□□□□□□□□金線衣二・紵布衣二・綿細布一、持来也、遇悪□不到杵築、□□□□過去隠岐国、
□□去年九月□十六日□到　月　□留隠□岐、十二月十六日、渡海伯耆国、
正□□□□□□□月山雪多、路悪、故留在、今京□□上也、□丁未二月十三日
日本国皇帝兄　□□□高麗国皇帝弟之意也
（中村栄孝は以上をEとした）（＝以上、D）

上掲の古文書資料は、一三六六年（恭愍王十五、貞治五）十一月、高麗の征東行中書省が万戸金乙貴、千戸金龍らを日本へ送り、倭寇の禁止を要請する時に作られたものである。このうち、A・Bは、当時作られた文書の写本であるが、原本の筆写過程で元来の文書を正確に判読できず、若干の脱落があったようである。これを最初に検討した中村栄孝はA～Eの五つの部分にわけ、次のように簡略に整理した。Aは『太平記』に収録されている文書と同じもので大元モンゴル国征東行中書省の箚符であり、Bは日本国へ送られた征東行中書省の咨文であり、末尾の下段に礼物の目録が記載されていると考えた。Cは高麗使臣団の名簿であり、Dには礼物の品目や員数（数量）が見えており、Eは高麗使臣団が出雲に到着して入京するまでの日程を記録したものと推測した。また、C以下を高麗使臣団が京都へ到着したのち、渡来の事情などを聞いて作成したもので、大宰府旧例の存問記と同様の性格の文書と考えた(8)。

中村栄孝の見解は、この資料についての理解の最初の試みとして大きな成果を収めたが、資料の内容についてより綿密な検討が必要なだけでなく、文書が作成された当時の高麗の政治的な事情を勘案していないという限界がある。この点を補完するために、中村栄孝が行った具体的な分析内容を基礎として順次再検討してみたい。

まず、彼は**資料A**を大元モンゴル国によって高麗に設置された征東行中書省が、日本に派遣させる高麗使臣団にあってくだした指令の箚付と理解した。すなわち、箚付を「いわゆる照会の公文で、上司より所属衙門または下級者へ送った文書」と把握した(9)。かつそれは、高麗使臣団の金乙貴と金龍が受信したもので、彼らの使命が明記されており、末尾に指定された馬匹数、乗船隻数が記載されていると理解し、また署押の痕跡はあるが、日付は見えないとした。

さて、このような説明は、文書の外形を理解するという意味では首肯できる点があるが、内容にあっては間違いを犯している。すなわち、この文書の内容を解析すると、高麗使臣団の金乙貴と金龍が日本に到着した後に、日本のある官府に提出した箚付で、征東行中書省の命令によって日本へ派遣された理由と該当の官府に自身ら（本職等）が日本国王のもとへ出向いて稟議し、日本の答書（回文）を受けたうえで、帰国（還省）できるようにしてくれることを願い、一行の馬匹数、乗船隻数を通告したものである。それゆえ、この文書は「征東行中書省の箚付」ではなく、高麗使臣団が征東行中書省の咨文に依拠して日本のある官府に提出した箚付、すなわち「高麗使臣団の箚付」と命名するのが理にかなっている。(10) また、判読不明の文字は、大元モンゴル国の文書書式と比較してみると、日付や文書発給者の署押と推定される。

資料Bは、中村栄孝が指摘したように、征東行中書省が日本に対等な関係（敵礼対等）で送った咨文で、元代の咨文形式をそのまま反映している。それゆえ、改行・擡頭をはじめ、冒頭の「皇帝聖旨裏、征東行中書省照得」、末尾の「須至咨者」、「右咨　日本国、伏請」、「照験謹咨」といった語句の駆使および署押など、元代咨文の書式にのっとている。(11) ところが、この資料の記載型式では、大元モンゴル国の皇帝を指す「皇帝聖旨」、「日本国」、日本国王を指す「国王」などを擡頭させたが、元々の文書には「皇帝聖旨」以外は擡頭させなかった。これは、日本でこの文書を筆写する時、書き改められたものと推測される。そして、中村栄孝は「右咨」を「右呈」と間違って判読し、礼物品目の位置が末端または別紙に記載されていた可能性があると推測した。この点は、元代の咨文やこれを準用した明、朝鮮王朝の咨文で簡単な品目を記載する時はこの位置に、多くの品目を記載する時は別紙（別幅）に記載していた点を勘案すると、原文書をそのまま転写したものである。

この文書の発給主体が誰であったのかについては、検討の対象となるだろう。咨文の内容から考えてみると、征東行中書省が日本のある官府に発送したものであるが、末尾に記録されている署押が判読できず、当時の征東行中書省の事情を勘案してみる必要がある。一三五六年（恭愍王五）五月、高麗の反元自主政策の推進によって、元の高麗に対する監視・監督機関であった征東行中書省の位相と役割は大幅に弱まった。すなわち、理問所を始めとした諸属司が廃止され、以後行省の組織は大きく縮小して左右司だけが存続し、元および江南の群雄に対する外交関係事務を専担する高麗政府隷下の機構へ転落した[12]。以後、元との外交関係を再開・中断するのにあわせて、征東行中書省の官員を設置、もしくは廃止したりした[13]。またこの長官は従前と同様に高麗国王恭愍王、禑王であったが、征東行中書省を通じて国家を運営することはなかった。左右司には郎中・員外郎・都事などが設置されており、高麗が滅亡する時まで存続して外国使臣の接待・送迎のような外交を担当し、吏文に通じた漢人が官員に任命された。このため、文書に見えている三人の署押は、郎中一人、員外郎二人の署押と推定される[14]。

以上のことから、この文書は元の征東行中書省によって発給されたものではなく、この時期に高麗の対外関係を担当する官署で改編された征東行中書省が日本のある官府へ発給した咨文であると考えられる。日本側の答聘使であった天龍寺の僧侶梵盪・梵鏐などが金龍一行とともに高麗へ到着した時、征東行中書省で奉迎の儀礼が行われた[15]。そのさい、受給対象の官府はどこであったか、という問題が生じるが、推測するに以前高麗側が日本側の接触窓口として利用していた大宰府、もしくは九州に近接する周防、長門のある武将の管轄地域である可能性が高い[16]。

また、**資料C**以下は、現在資料の所在を知ることができないので、文字の大きさや配列がどのようになっているか知ることができない。それでも、この文書を最初に調査した黒板勝美による『徵古文書』によってある程度復元でき[17]、また判読不明の文字も『異国出契』によって大部分の内容が復元できる。その結果、中村栄孝が**D**と**E**の二つの部分にわけたものは、『大日本史料』のように一連のものと理解できる。内容は、使臣団の構成、日本国王や幕府の将軍に奉った礼物、行路などについて記録したもので、この資料を整理した人物によって作成されたものであることがわかる。

まず、**資料C**は、「高麗国投拝使左[佐]」の名目で、高麗の使臣団が万戸左右衛保勝中郎将金龍、検校左右衛保勝中郎将権重[18]を始めとして十五人の下級武官を含めた十七人と、僧侶である禅雲寺の長老延銅[19]で構成されていることを記録したものである。[20] **資料D**は、この資料を整理した人物[21]が使臣団に会った時に聴取した内容を記録したもので、使臣団が「我国皇帝」と言ったのは、「日本国皇帝は兄であり、高麗国皇帝は弟」であるという意味と自身の見解を明らかにしたものである。[22] これによって、日本国皇帝には宝物、綿紬十疋、苧布十疋、豹皮三領、虎皮二張を納め、大将軍[23]に伝達するために金線衣二、紵布衣二、綿細布一を持ってきたと解釈した。使臣団の行路については、次章で言及する。

二　使臣団の派遣と行路

ひるがえって、高麗が一三六六年（恭愍王十五）十一月に日本に使臣を派遣した時代的背景を調べる必要がある。高麗は、国初以来、数度にわたって日本へ使臣を派遣し、通交を要請したが、日本の朝廷の反対で成立しなかった。十一世紀中葉より十二世紀中葉には、日本の商人が高麗へ進出して、「進奉」、「進奉船」と表現される一種の朝貢貿易を行った。これはさらに発展し、十二世紀後半より十三世紀後半までの約一世紀の間、高麗は大宰府またはその管轄下にあった対馬との間に進奉と呼ばれる朝貢体制を樹立した。以後、政府次元でなくても、地方官府の間に非公式的ではあるものの、外交関係を樹立していた。[24]

しかし、十三世紀後半、麗・元連合軍による日本遠征（あるいはモンゴル襲来）が推進されていた中で、一二七二年

（元宗十三、文永九）に金州（現慶尚南道金海市）へ到着した倭船を慶尚道按撫使曹子一が追い返し、このことを秘密に付して、モンゴル軍指揮官の洪茶丘によってひどく処罰されたことがあった。(25) 以後、元の圧迫によって日本との関係は途絶えるようになり、日本人の漂流者さえも逮捕して元へ押送したり、報告して許諾を受けて帰還させねばならないほどであった。(26) これによって、一三二六年（忠粛王十三、嘉暦一）には日本人僧侶遠上人ら七十余人が元より帰還して済州島で難破し、その中の一部は殺され、生存者五十余人だけが帰還させられるという不幸な事態も発生した。(27)

このような関係断絶も、一三五六年（恭愍王五）五月以来、恭愍王による反元自主政策の推進で元の圧制より免れ、日本との関係でも自由な状況になったようである。それゆえ、一三五九年（恭愍王八、延文四）に中国へ入ろうとして、風浪によって高麗へ到着した日本僧侶中菴守允（一三三三～？）が逮捕・拘禁されず開京に滞在し、李穡を始めとした官僚たちと交遊することができた。(28) このような雰囲気のもとで、一三六三年（恭愍王十二、貞治二）三月九日（己酉）「倭国」と表現される日本が被虜人三十余口を送り帰したことがあった。(29) 絶え間ない倭寇の侵入で、政治・経済に大きな混乱を経験していた高麗には大きな朗報であった。

被虜人を刷還させた「倭国」という名の日本側の正体は、具体的に知ることはできないが、日本の室町幕府、あるいは幕府の指揮下にあった西国の武将勢力であった可能性が高い。また、高麗で自由に官僚たちと交遊していた僧侶中菴守允が帰国した後、高麗の事情を日本側に伝達していた結果であった可能性もあり、高麗が日本へ使臣を派遣した一つの要因として作用したことを否定することはできない。

次に、高麗が日本へ使臣を派遣した時期の高麗の政治的状況を考慮する必要がある。この時期は、恭愍王による第二次改革が推進中で辛旽が執権していた時期（恭愍王十四年、一三六五～二十年、一三七一）に該当するが、この時に高麗の外交政策に大きな変化があったようである。すなわち、元との外交関係は継続維持していたが、辛旽の執権一年後に日本へ使臣団を派遣したことや、三年後に明へ使臣団を派遣したことは注目される。かたや、日本に対しては、従来の倭寇の侵入に対して、武力的討伐を主としていた方式から、外交的に解決するための懐柔策を駆使する方式への変化と理解される。また、明に関しては、朱元璋が国を樹てた翌年、中国の隣接国家の中で最初に使臣団を派遣して祝賀しつつ、外交関係を樹立しようとしたものと推測される[30]。これを通じてみると、辛禑は東アジアの国際情勢をよく把握しており、これに対応する外交政策を駆使しようとしていたことがわかる。

辛禑が執権していた時期になされた対明・対日外交推進の基本方針の中で、大陸の情勢および高麗王朝の内部的な要因によって対明外交は持続・中断を繰り返した。しかし、対日外交は倭寇の禁止を目的として、高麗王朝が滅亡する時まで推進されたのみならず、朝鮮王朝開国以後も継続された。高麗からの使臣団が室町幕府、九州探題今川了俊、大内義弘、対馬などに継続して派遣され、これに対応して日本側も高麗の使臣を手厚くもてなして、また使臣を高麗へ派遣して被虜人を送還しつつ通交に努力していた。

さて、高麗の合浦を侵略して官衙に火をつけ、人を殺傷した倭寇の行為を伝えるとともに、日本の沿海地方を厳しく警護することを要求した征東行中書省の咨文を持って、日本へ派遣された高麗使臣団の構成と行路について調べてみよう。まず、使臣団の構成を調べてみると、資料A・Bでは万戸金乙貴[31]と千戸金龍[32]となっているが、日本に到着した使臣団の頭は金龍であることから見て、金乙貴はどのような理由であるかわからないが、中途で職責を完遂できなかったものと推測される[33]。

金龍一行の行路は、**資料D**を通じてわかるが、既往の研究では判読不能の文字が多く、使臣団の行路を記録したものと推測していた。この点は、『異国出契』を通じて補完することができる。一三六六年（恭愍王十五、貞治五）八月十三日[34]に高麗を出発した金龍の一行は、海上で盗賊に会い、出雲国杵築（現島根県出雲市大社町[35]）に上陸できず[36]、再び海に出て九月十六日に隠岐国に到着したとする。[37] ここで二ヶ月間留まり、十二月十六日に海を渡って伯耆国（現鳥取県西部地域）に至り、翌年一月、雪が多く道が険しかったためここに滞在し、二月十四日に摂津国福原の兵庫島（現兵庫県神戸市）に到着した。ようするに、陸路の山陰道を利用したのである。続いて、二月頃には京都の天龍寺へ移された。[38]

使臣団は、過去の例のように、大宰府または九州に近接する周防ないし長門のどこかには到着せず、出雲国杵築に到着した。それは、どんな理由であるかは明らかでないが、二つの想定が可能である。一つは、当時横行した倭寇が対馬・五島列島・九州の倭人であったので、これを避けるために古代の海路であった蔚山柳浦より出雲国への路線を取っていたことである。もう一つは、合浦または金海より出発して大宰府へ向かい、そこから海流に流されて出雲国へ到着した可能性である。[39] **資料A**の劄付の内容を通じて類推してみると、後者の可能性が高い。

さて、使臣団は、すべて武官職で構成されている。ふつうこの時期の使臣団が文筆に通じた文官を中心とし、それに扈従する武官で構成されていたこととは、あきらかに差異を示している。後日金龍が定遼衛へ使臣として派遣されたことから見て、彼は一定の文筆能力を持つ人物であり、訳官（舌人）として武官職に任命された可能性もある。とはいえ、文官が含まれていないことは、この時の使臣団は外交的な力量を発揮する役割より、倭寇禁止要請の咨文を伝達する程度の役割であったと推測される。

一方、三月二十七日、中正大夫・前典儀令金逸[40]一行三十余人も兵庫島へ到着し、四月の初めにやはり京都の天龍寺へ移されたのであるが、[41] 彼は金龍一行が隠岐国にとどまっていた十一月十四日（壬辰）に開城より出発した。[42] 彼の官職は高麗側の資料によると検校中郎将（正五品待遇）となっているが、日本側の資料には中正大夫（従三品）・前典儀令（従三品）となっている。これは使臣として派遣される時の借職と推測される。彼が同年に再び派遣されたことは、金龍一行の行方がわからなかった高麗側の日本側に対する倭寇禁止の要望が切実であったことを示す。また、彼が日本にもたらした書状については、記録が残っておらず、どんなものであるかわからない。しかし、恐らく金龍が持参した咨文と同一内容の倭寇禁止を要請したものであろう。

三　日本側の対応

二度にわたって派遣された高麗使臣団は、一二九二年（忠烈王十八、正応五）十月、元の日本招諭のための第三次宣諭使の太僕尹（大僕尹）金有成や供駅署令の郭麟が派遣された後、約七十余年ぶりに派遣されたものであった。当時、これに対し室町幕府は、彼らが最初に迎えられた外国使臣団であったにも拘わらず、先例の通り京都へは入れず、郊外の天龍寺雲居庵に宿所を設け、公家および一般人との接触を遮断した。その結果、当時の公家を始めとした知識層さえ、これらの人々が元の使臣であるか高麗の使臣であるかも知らず[43]、高麗人が高麗および元の牒状を一緒に持参したことで[44]、モンゴルおよび高麗使臣がともに牒状を持参したと理解した記録[45]も見られる。

三月十六日に幕府より高麗の使臣団が到着した事実を報告された日本の朝廷（公家）[46]は、今までの外交の事例を検討し、五月二十三日に最終的に答書を作成しないと決定しており[47]、幕府（武家）にこれを作成させた。以後も、これについての論議が六月二十六日に使臣団が帰国のために出発する時まで一ヶ月近くなされていたことが、『師守記』よりわかる[48]。

一方、幕府は、兵庫に到着した高麗使臣団をただちに天龍寺へ移し、これについて議論し約一ヶ月の期間が経過した後、対策を最終的に協議していたようである。以後、四月十八日に征夷大将軍足利義詮（一三三〇～六七）は使臣団を接見したり、奈良を観光させたりした[49]。ついで、天龍寺の僧侶春屋妙葩に僧録の称号を使用して、幕府に代わって答書を作成させたが[50]、この時幕府将軍（征夷大将軍）が倭寇を禁止すると約束したと考えられる[51]。六月二十六日、金逸・金龍一行は、将軍家より答書や礼物を受け[52]、日本が派遣した天龍寺の僧侶梵盪・梵鏐らとともに高麗へ向かって出発し、翌年一三六八年一月十七日（戊子）に開京へ到着して復命した[53]。

続いて、同年七月七日（乙亥）、日本が使臣を高麗へ送り聘問しており[54]、また十一日（己卯）には対馬の万戸が使臣を送り、土物を納めたりした[55]。これに対応して、高麗は閏七月に講究使李夏生を対馬へ派遣し、十一月九日に対馬万戸崇宗慶が派遣した使臣が高麗に到着すると、崇宗慶に米千石を下賜した[56]。以後、高麗と日本は、持続的に相互に使臣を派遣して、倭寇禁止および被虜人の刷還に努力した。

このように、高麗の倭寇禁止を要請した使臣団に対し、幕府が対応するようになったことは、長期間閉鎖的な対外関係を維持してきた日本の立場よりみれば、画期的な措置であった[57]。すなわち、この時期以前に日本側が高麗側の通交ないしは協商要求に対してとっていた無対応、拒絶の外交方針から離れ、対応および報聘の姿勢へ転換していたことを示してくれる。以後、幕府は高麗との通交に積極的な立場を取り、継続して日本へ派遣された高麗の使臣団の接待や往来に所用される各種経費の捻出のための伝令を発布したり[58]、倭寇禁止のための命令を配下の武将へ下したりし[59]、それにともなって命令が武将によって実際に執行されたりした[60]。このような幕府の方針は、以後朝鮮時代に日本と朝鮮が公式的な外交関係を締結するようになる端緒となったのであろう。

おわりに

以上、簡単に整理して結論としよう。

まず醍醐寺に所蔵されている一三六六年に日本へ送った高麗国行中書省咨文とこれに関連した古文書資料は、当時の文書の原形が残っている例がほとんどないことを勘案すると、古文書学的にも非常に注目される資料の一つである。

従来この文書についての検討では、判読不明の文字があり不完全であったが、文書が転写されている『異国出契』を通じて補完できた。その結果、文書は四つの部分で構成されており、その中の**資料A**は「征東行中書省の箚付」ではなく、高麗使臣団が日本のある官府に提出した箚付、すなわち「高麗使臣団の箚付」であることが確認された。また、**資料B**は、元の征東行中書省によって発給されたものでなく、高麗の征東行中書省が日本のある官府に発給した咨文であり、**資料D**は二通の文書ではなく、一通の文書であることが確認された。その中の**資料D**は、この資料を整理した人物によって作成されたもので、使臣団が日本国王や幕府の将軍に呈上した礼物、行路などについて記録したものである。

また、高麗が使臣を派遣した時代背景は、恭愍王による反元自主政策の推進の結果であり、それも辛禑の執権以後になされた外交政策の変化による措置であった。すなわち、高麗は従来倭寇の侵入に対して武力討伐を主としていた方式を、外交的に解決するための懐柔策を駆使した方式へ変化したと理解される。

これについての日本側の対応は、公家（朝廷）は従来の外交政策を踏襲し、対応しないようにしたのに比して、幕府は使臣団が到着した後一ヶ月で回答することと決定し、将軍足利義詮が使臣団を接見した後、僧侶春屋妙葩に幕府に代わって答書を作成させ、倭寇に対する禁圧の方策を採った。このことは、それまで日本側が高麗側の通交ないしは協商要求に対してとっていた無対応・拒絶の外交方針を離れ、対応および報聘の姿勢へ転換したことを示している。以後、幕府は高麗との通交に積極的な立場を取り、使臣団の往来にともなう各種経費の捻出のための伝令を発布したり、倭寇禁止のための命令を配下の武将に下したりした。このような幕府の方針は、以後、朝鮮時代に日本と朝鮮が公式的な外交関係を締結するようになる端緒となったのであろう。

【資料Aの翻訳】

〔麗使万戸将軍が大将軍の幕下へ至る（麗使万戸将軍来大将軍幕下：筆者推定）〕
〔貞治六年二月（筆者推定）〕

皇帝の聖旨にて、征東行中書省が調査して知らせたことによると（照得）、日本と本省の管轄する高麗の地域は、水路がたがいに接しており、およそ貴国の漂流人物がいると、往々情理によって護送していた。しかし、意外なことに、一三五〇年（至正十、庚寅）より賊船相当数が貴国の地域より出発し、本省の合浦等へ至り、役所を燃やし破壊し、人々を驚かせ、はなはだしくは殺人も犯しました。このような害を受けてから十余年を経過して、海で船舶が通行できず、辺方の住民が無事に暮らすこともできませんでした。思うに、これは島嶼の住民が法律を恐れず、ひたすら欲望のみを追求し、ひそかに陸地より海へ出て強奪するからです。しかし、貴国は広々としているので、周知できるかどうか心配です。万一不意に軍隊を発動して逮捕するならば、交隣の道に反するのではないかと恐れ、日本国へ文書を送り証拠とします。煩わしいかと思いますが、管轄地域や海島へ公文を下し、厳禁して事態を収拾し、彼らを以前のように国境から離して混乱を起こさないようにされますよう。省府は、私たち（本職）を派遣し、駅伝で駆けつけ、恭しく国主の前へ出て申し上げます。ですので、日本国の回答を受け、征東行中書省へ帰れるようになされますよう。関係官庁に下して閤下（合下）は証拠を調べ（照験）、上記の事実に基づいて施行し、すべからく議論して劄付されますよう。

一、正馬二匹、従馬五匹、乗駕過海船一隻。

〔日付・署押〕

右の劄付を送付（差去）します。万戸金乙貴、千戸金龍らが証憑します（准之）。

注

（1）黒板勝美編『徴古文書』甲集（一八九六）、一〇～一四頁。『大日本史料』六～二十七、八二〇～八二四。『大日本古文書』家わけ十九、醍醐寺文書六、二七〇～二七三頁。『日本古典文学大系』三十六（岩波書店）、五二七～五二八頁。

（2）中村栄孝「太平記に見える高麗人の来朝」（『日鮮関係史の研究』上、吉川弘文館、一九六五）。

（3）中村栄孝前掲書、二二六頁。

（4）総本山醍醐寺編『醍醐寺文書聖教目録』一（勉誠出版、二〇〇〇）三三二頁。これには、文書の内容が紹介されておらず、形態のみが整理されている。

（5）『東大史料編纂所写真帳目録』三・「醍醐寺文書」六一七一、六二一—四五、三〇（一〇函坤）、一四六頁、第十函五十番文書。この写真版でさえ醍醐寺の許可を得てはじめて閲覧が可能であり、他人に依頼してC以下がないという事実を知ることができた。

（6）『異国出契』外国書。この資料にも、醍醐寺所蔵の古文書資料で脱落した文字がそのまま脱落している点を勘案すると、これもやはり醍醐寺のそれを転写したものと推測される。ただし、この本は、十七世紀後半に転写されたため、摩耗した文字を復元するのに大きな助けになる。『異国出契』については張東翼「一二六九年大モンゴル国中書省の牒と日本側の対応」(『史学雑誌』一一四—八、二〇〇五)を参照のこと。

(7)『太平記』四十(あるいは三十九)「高麗人来朝事」。

(8) 中村栄孝前掲書、二〇八頁。

(9) 箚付は、官衙の長官が委員を派遣し事務を判別する時に支給した文書という意味を持つ(『六部成語』吏部・箚付「上官派委員弁事、皆付箚文、箚文即名箚付」)。しかし、元代の箚付の用例をみると、通常下級官署が上級官署の咨文に依拠して政令の伝達、施行などに使用した文書書式である。

(10) 一二六八年(元宗九、文永五)一月に大宰府へ到着した高麗使臣潘阜が守護少弐(武藤)資能に送った書状(尊勝院文書)、一二七一年九月に大元モンゴル国の使臣趙良弼が日本に提出した書状(東福寺文書)と同じ範疇のものである。

(11) これと類似した咨文として、一三一二年(皇慶一)の「集賢学士趙孟頫咨」(宮紀子『モンゴル時代の出版文化』二〇〇六、三三一頁・三五〇〜三五一頁)、一三四六年(至正六)の「中書省の咨文」(万暦二十八年刊宋史目録)等がある。

(12)『高麗史』世家三十九・恭愍王五年五月十八日(丁酉)・十月十二日(戊午)。張東翼「後期征東行省の存在形態と運営実態」(『高麗後期外交史研究』一潮閣、一九九四年)三五〜一〇二頁。

(13)『高麗史』世家三十九・恭愍王十年九月二十五日(癸酉)。

(14) この署押について、中村栄孝はモンゴル文字が混在しているようにみえるとしたが、文字を原形のまま転写した黒板勝美編『徴古文書』甲集(一八九六)一二頁によると漢字草書の署押である。

(15)『高麗史』列伝四十五・辛禑。

(16) 一〇八〇年(文宗三十四、承暦四)に高麗の礼賓省が、一二二七年(高宗十四、安貞一)に全羅道按察使が、一二六九年(元宗十、文永六)に慶尚道按察使がそれぞれ日本の大宰府と接触した事実から類推できる。

(17) その後に刊行された『大日本史料』の内容は、『徴古文書』に依拠して判読を追加したものと推測される。

(18) **資料C**では判読がしにくく、『異国出契』では「於重二人」、『徴古文書』では「□権重二人」、『大日本史料』では「於重文」、『日鮮関係史の研究』では「□権重二文人」と判読されている。また、瑞渓周鳳『善隣国宝記』上・後光厳院貞治六年丁未によると「検校左右衛保勝中郎将、於重文」となっている。中村栄孝が判読したように「権重文人」と考え（前掲書二〇九頁）、文人は注記で権重が武官職を帯びているが文人であることを表記したものと理解できる。

(19) 僧侶が日本へ派遣された使臣団に合流したのは、一二五九年（元宗即位年、正元一）韓景胤、洪貯らが日本へ派遣され、倭寇の禁止を要請する時に一緒に参加していた僧侶（道人）法行の例がある（『高麗史』世家二十五・元宗即位年七月二十八日庚午。『法華霊験伝』下・深敬弁山人之精書）。

(20) この時の使臣団が二十五人という記録も見られる。『智覚普明国師語録』八・宝幢開山智覚普明国師行業実録「丁未春、高麗国特遣朝臣来請通好、公府館之於西山、師憐其遠来、待遇甚厚、千戸金龍等二十五員、仰師仁慈、皆受衣盂、執弟子礼」。これからみると、「高麗国投拝使左佐」という表記は「春屋妙葩に帰依した高麗使臣やその補佐官」という意味で解釈できる。

(21) 明らかにはわからないが、天龍寺で使臣団を接待した春屋妙葩、または彼の側近の人物と推測される。中村栄孝は、この文書が醍醐寺に保管されたのは使臣団が滞在した伯耆に醍醐寺の寺領・国延保があったためと把握した。しかし、この文書は使臣団が天龍寺に到着した以後に作成されたものと推測される。

(22) 末行の「日本国皇帝兄、高麗国皇帝弟之意也」は、間違って転写された二行の「日本国皇帝□□□□之意」を訂正したものである。

(23) 大将軍を改行したのは、当時幕府が占めていた位相を考慮したものと推測される。

(24) 張東翼『日本古中世高麗資料研究』（ソウル大学校出版部、二〇〇四）四八〜五二頁。

(25) 『高麗史』世家二十七、元宗十三年七月八日（甲子）。

(26) 『高麗史』世家三十、忠烈王十二年八月十七日（辛亥）、九月十一日（乙亥）、十八年十月二日（庚寅）、世家三十五・忠粛王十一年七月二十九日（癸丑）、『延宝伝燈録』七「加州鳳凰山祇陀寺祖継大智禅師」、『日本洞上聯燈録』二、大智。

(27) 乾峰士曇『乾峰和尚語録』二「悼高麗闘死僧軸序」。

(28) 李穡『牧隠文藁』十二「跋黄蘗語録」。
(29) 『高麗史』世家四十、恭愍王十二年三月九日（己酉）。
(30) 辛禑が親明策をとっていたことは、一年前に元が彼に与えた官職について満足しなかった点、元の使臣団の乞徹が辛禑を「臨時に政務を掌握する王」という意味の「権王」と比喩して不満であった点を通じてうかがえる。
(31) 金乙貴は、一三九二年（恭譲王四）六月十九日（己巳）に密直副使に任命された人物である（『高麗史』世家四十六）。
(32) 金龍は、一三六三年（恭愍王十二）に中郎将として扈従一等功臣に冊封された後、一三七六年（禑王二）に判事として定遼衛へ派遣された人物である。彼が一三六六年（恭愍王十五）万戸として倭寇の禁止を要請するために日本へ派遣された事実も見える（『高麗史』世家四十、恭愍王十二年閏三月乙酉。列伝四十六、辛禑二年三月、六月、三年六月乙卯）。
(33) しかし、**資料A**、すなわち高麗使臣団が日本のある官府へ提出した箚付に金乙貴が記載されていることは、この資料が出発以前に高麗で作成されたためである。また、『師守記』貞治六年六月二十六日に高麗国牒使万戸金乙および千戸金龍が帰国するために天龍寺を出発したという記事も見られる。この金乙は、金乙貴を指すと見ることもできるが、金龍とは別に日本に到着した金逸を誤記したものと推測される。
(34) 『太平記』四十「高麗人来朝事」。『高麗史』には、彼が派遣した日付についての言及がない。
(35) 長谷川博史「中世都市杵築の発展と地域社会」（『史学研究』二二〇、一九九八）、関周一『中世日朝海域史の研究』（吉川弘文館、二〇〇二）一六〇頁。
(36) 『太平記』四十「高麗人来朝事」には、この人々が九月二十三日に出雲国へ到着したとし、この資料と差異を見せている（「高麗国ノ王ヨリ、元朝皇帝ノ勅宣ヲ受テ、牒使十七人、吾国ニ来朝ス。此使、異国ノ至正二十三六年八月十三日ニ高麗ヲ立テ、日本国貞治五年九月二十三日出雲ニ着岸ス。道駅ヲ重テ、無程京都ニ着シカバ、洛中ヘハ不被入シテ、天龍寺ニゾ被置レケル」）。上記の内容中、高麗の使臣団が一三六三年（恭愍王十二、至正二十三）に高麗より出発したというのは誤りであり、その他の内容はほかの資料と比較してみるとおおよそ符合するとする成果もある（青山公亮『日麗交渉史の研究』（明治大学文学部文学研究所、一九五五）九二頁、中村栄孝前掲書二〇五頁）。

(37)『太平記』の内容のように、九月二十三日に出雲国に着岸したとすると、この資料による十六日は二十六日の間違いの可能性がある（中村栄孝前掲書、二一〇頁）。

(38) これについての簡単な説明として、中村栄孝前掲書二一〇頁、川添昭二「今川了俊の対外交渉」『九州史学』（七五、一九八二）があるが、資料判読の限界で具体的でない。

(39) これらの人々は、東シナ海を北上する黒潮の支流である対馬暖流に便乗して、出雲に到着した可能性がある。これは、現在、この地域の海岸に釜山地域で捨てられた物が漂流してきている点、一三六九年（恭愍王十八、応安二）以前まで出雲にとどまっていた夢巖祖応が漂流してきた高麗人を保護していた点（『旱霖集』「高麗人十首。高麗漁人糊口於吾数月矣。告辞帰国、余戯作小詩、令其舎故業自新云」）を通じてわかる。

(40) 金逸は一三六六年（恭愍王十五）十一月に検校中郎将として、倭寇の禁止のために日本へ派遣され、二年後に日本使臣団の僧侶梵盪・梵鏐らとともに帰国した（『高麗史』世家四十一、恭愍王十五年十一月壬辰、十七年一月戊子）。

(41) ＊同年二月十四日に金龍一行三十余名が摂津国福原に到着し、二十七日に金逸が日本に到着した（『善隣国宝記』上、後光巖院貞治六年丁未「古記曰、二月十四日、高麗使万戸左右衛保勝中郎将金龍・検校左右衛保勝中郎将於重文、到着摂津国福原兵庫島通書、其略曰、海賊数多出自貴国地、来侵本省合浦等、焼官解擾百姓、甚至殺害、于今十有余歳、海船不通、辺民不得寧処云、同廿七日、重請中正大夫・典義儀令相公金一逸来朝、四月十八日、於天龍寺雲居菴、延接高麗使、為之有伶人舞楽、六月廿六日、将軍家以高麗回書授使者」）。その中、金逸一行は、日本の海域に到着した後、海路で瀬戸内海を通過して二十七日に兵庫島に到着したものと推測される。

＊中原師守『師守記』貞治六年四月六日「六日、壬子、天晴……□今？日聞、高麗人三十余人重付嵯峨天龍寺云々、凡大勢付筑紫云々、実否（以下欠）」。

(42)『高麗史』世家四十一、恭愍王十五年十一月壬辰。

＊三条公忠『後愚昧記』貞治六年三月二十四日、『愚管記』貞治六年三月二十日、『太平記』四十「高麗人来朝事」。

(43) 近衛道嗣『愚管記』貞治六年三月二十日「廿日丙申、晴、異国或人云、高麗人云々使者来朝、有牒状云々」。

(44)『鳩嶺雑事記』「(貞治六年三月)同月、高麗人以牒状来朝、太元牒同相具来了」(『群書類従』十六、雑部十、巻四五五所収)。

(45)三条公忠『後愚昧記』貞治六年三月二十四日「廿四日、自去月之比、蒙古并高麗使持牒状来朝之由有其聞、不経日数而即上洛、嵯峨天龍寺ニ居住云々、牒状案流布之由聞之、仍乞取按察三条実継写留了、蒙古状献方物、即彼目録載牒状奥者也、但件物等、於雲州為賊被掠取云々、糺出而可献之由、武家称之旨、有其聞、然而不及其沙汰歟、如何」、貞治六年五月九日「九日、霽陰不定、毘沙門堂僧正実尊、来臨、数刻閑談、南方和談事、南方勅使葉室中納言光資、上洛、大樹足利義詮及対面了、然而自南方被仰条々、違当方所存事等有之、仍和睦之段破了云々、又語曰、今度異国人ハ皆高麗人也、非蒙古人云々」。

(46)近衛道嗣『愚管記』貞治六年三月二十日。

(47)近衛道嗣『愚管記』貞治六年五月二十三日。

(48)そのような過程で、前田家所蔵の「異国牒状事」が作られたものと推測されている(和田英松「異国牒状事」(『弘安文禄征戦偉績』史学会、一九〇五)、中村栄孝前掲書二一一頁、張東翼前掲『日本古中世高麗資料研究』三八二〜三八三頁)。

(49)＊『師守記』貞治六年四月十八日・五月十九日、『善隣国宝記』上・貞治六年。

＊『京都将軍家譜』上、義詮治世十年「貞治五年……高麗人来朝、著岸出雲、遂赴洛、不納之於洛中、使居天龍寺、其牒状謂、近年倭人侵奪彼地云云、義詮謂、是九州海賊之所為也、所不及加刑罰也、故不贈返簡、贈鞍馬十匹・鎧二領・白太刀三振・綾十段・綵絹百段・扇子三百本於使者」。

(50)『鹿王院文書』「先日、高麗消息上処、為外国披見、不足覚候、僧禄録二字、可添給候也、恐々敬白」貞治六年六月七日　足利義詮　手決」天龍寺東堂妙葩」。

(51)『高麗史』列伝一三三、禑王三年六月。

(52)三条公忠『後愚昧記』貞治六年六月二十六日、『師守記』貞治六年六月二十六日、『愚管記』応安元年閏六月二日、『太平記』四十「高麗人来朝事」、『善隣国宝記』上、貞治六年。この高麗の使臣団一行の帰国時に、春屋妙葩が作った詩文として『智覚普明国師語録』六「送高麗使万戸金龍帰」などの四首がある。

(53)『高麗史』世家四十一、恭愍王十七年一月十七日(戊子)。

(54)『高麗史』世家四十一、恭愍王十七年七月七日（乙亥）。この使臣団の目的が何であるかわからないが、同年五月に京都へモンゴルの侵入があるという風聞があったというので、これとの関連も考慮することができる（『愚管記』応安元年五月十六日・二十五日、『後愚昧記』応安元年五月二十一日）。

(55)『高麗史』世家四十一、恭愍王十七年七月十一日（己卯）。

(56)『高麗史』世家四十一、恭愍王十七年閏七月、十一月九日（丙午）。

(57) 中村栄孝前掲書二二三〜二二四頁。

(58)『東寺百合文書』「播磨矢野荘人夫役等催促状案」、「播磨国矢野荘学衆方年貢幷雑穀等算用状」、「播磨国矢野荘学衆方年貢等算用状」、「播磨国矢野荘学衆方年貢幷雑穀等算用状」。

(59)『禰寝文書』「京都御教書案」。

(60)「大内氏奉行人連署奉書」（「長門忌宮神社文書」）。

【追記】この論文を関西大学で発表した際には、安田純也博士が通訳と翻訳をして下さった。紙面を借りて感謝のあいさつを申し上げる。

第二部　高麗人と元の文人との交遊

第一章　新資料を通じてみた忠宣王の元での活動

はじめに

十三世紀後半以来、高麗王朝の支配層は大元蒙古国の強い政治的圧力をうけつつも独立国としての位置を維持するために努力した。その中で最も目立つ人物の一人が忠宣王（益智礼普化、亦只里不花、一二七五～一三二五）である。彼はクビライの外孫であり麗・元両国において政治・社会的地位が非常に高かった。彼は一生の大部分を元で送ったため、二度にわたって高麗王位についたものの、国王として高麗を直接統治したのは都合一年程度に過ぎなかった。そのため、彼の活動は高麗側の年代記を始めとする各種資料には具体的に反影されなかった。

彼は一三〇七年（忠烈王三十三、大徳十一）に元の武宗カイシャン［Qaisan］の擁立に参与して以来、武宗・仁宗年間（一三〇七～一九）に元帝国の重要政策の立案と執行に関与するなど政治上の地位はきわめて高かった。それにもかかわらず、中国側の記録には、武宗擁立への参与、瀋陽王（瀋王）への冊封、そして麗・元両国間の政治的関係について簡略に記述されるのみである。こうした記録のすくなさは、『元史』の編纂にくわわった江南出身漢人らの高麗王朝および元朝治下高麗人に対する否定的認識がそのまま投影された結果と思われる。

だが、高麗側の資料や忠宣王に随従しつつ元で活躍した高麗人の文集をみると、忠宣王は政治的に旺盛な活動を展開する一方で、疲弊した文運の復興のため、数多くの漢人出身の文人・学者らを牽いて当時の思想界を主導する位置にあったことがわかる。また、江南地域を遊歴しながら当地域に隠居し学問研究に努めていた文人・学者らとも交流していた。彼が江南地域を巡歴した事実は『行録』一巻に見えると忠宣王世家の末尾に述べられているが、この書物は現存せず、残念ながら詳しい事情は分からない。

このような点を勘案すると、忠宣王が交遊した元の文人・学者らの文集・各種官撰書・古文書・金石文などを渉猟して、彼に関わる資料を抜萃・収集すれば、予想外の成果をおさめることができるはずである。すなわち、当時の韓・中両国の文人らの交遊が活発に展開する過程で、高麗王朝および高麗人についての情報が元人の文集および各種資料にさまざまに記録された可能性が高く、それらを通じて忠宣王に対する新資料の発掘も十分可能であろう。

一方、韓国学界ではこれまで忠宣王に関する多くの研究が行われており、それらの研究では彼の生涯・政治的立場・改革政治の推進・元の文人との交遊・瀋王としての存在様態などさまざまな側面が検討され、豊かな成果が蓄積されてきた[1]。とはいうものの、研究はほとんど年代記を中心に行われ、より踏み込んだ研究はまれである。もとより従来の研究でも、彼にかかわる中国史料が部分的に利用されてはきたが、それはあくまでも韓国側の史書を補うための手段にすぎなかった。

本章では、まず忠宣王に関わる新資料の発掘に努め、そのかたわらで忠宣王の在元活動中の重要な事績について新見解を述べることによって、この分野の研究に新たな素材と視角を提供したい。

一　資料の所在と現況

忠宣王に関わる新資料としてこれまで韓国学界にあまり知られていないもので、現在までに筆者が中国側の各種文献から抽出した資料は次の通りである。[2]

1、『元典章』三三　礼部六「白蓮教」

2、善住『谷響集』二、七言律詩、「偶読中峰和尚和瀋王王璋留題真際亭詩 因而有感 遂次其韻二首」

3、趙孟頫『松雪斎文集』五、律詩七言、「留別瀋王」

4、王惲『秋澗先生大全文集』二二、七言律詩、「呈高麗世子」

5、王惲『秋澗先生大全文集』二二、七言律詩、「高麗国王謝事詔世子嗣位東還詩以送之」

6、姚燧『牧庵集』三、序、「高麗瀋王詩序」

7、程文海『楚国文憲公雪楼程先生文集』一八、「大慶寿寺大蔵経碑」

8、程文海『楚国文憲公雪楼程先生文集』三〇、「太常引 寿高麗王」

9、黄溍『金華黄先生文集』四一、塔銘、「栄禄大夫大司空大都大慶寿禅寺住持長老仏心普慧大禅師北渓延公塔銘」

10、黄溍『金華黄先生文集』四二、塔銘、「四明乾符寺観主容公塔銘」

11、果満編『廬山蓮宗復教集』下、「高麗国王開宗念仏発願文」（忠宣王 作）

12、果満編『廬山蓮宗復教集』下、「高麗国王勧国人念仏疏」（忠宣王 作）

13、『解節経』（南禅寺所蔵普寧寺板『解節経』所収）「解節経序文」（忠宣王 作）[3]

14、明本『天目中峰和尚広録』一上、「示衆」

15、明本『天目中峰和尚広録』五上、法語、「示海印居士瀋王王璋」

16、明本『天目中峰和尚広録』六、書問、「答瀋王書来書附」

17、明本『天目中峰和尚広録』二五、説、「真際説」
18、明本『天目中峰和尚広録』二九、偈頌、「次韻瀋王題真際亭」
19、慈寂 編『天目中峰和尚行録』「元故天目山仏慈円照広慧禅師中峰和尚行録」（祖順 作）
20、王均 編『十二硯斎金石過眼録』一八（『石刻史料新編』一～十）「大報国圜通寺記」(4)
21、朱徳潤『存復斎文集』一、「銘」
22、周伯琦「有元儒学提挙朱府君墓誌銘」（『存復斎文集』附録）
23、朱徳潤『存復斎文集』七、祭文、「祭太尉瀋王文」
24、宋濂『宋学士文集』五八、「仏心慈済妙辯大師別峯同公塔銘」
25、志磐『仏祖統紀』四八、法運通塞志一七～一五、武宗　至大一年、「題名なし」
26、念常『仏祖歴代通録』二二　大元　延祐一年一月「題名なし」
27、李穡『玉岑山慧因高麗華厳教寺志』七、「大功徳主瀋王請疏」
28、李穡『玉岑山慧因高麗華厳教寺志』一〇、「高麗衆檀越布施増置常住田土碑」

［追記］

1、『永楽大典』二、八一三（影印本三六冊）、十二A、梅（字）、僧盤谷遊山詩集「高麗世子墨梅詩索和 次韻」
2、鄧琛『黄州府志』三九、「勅賜重建五祖禅師碑」（『石刻史料新編』三～一三所収）
3、如惺『大明高僧伝』一、解義篇一、「杭州慧因寺釈盤谷伝」
4、恕中無慍、『山菴雑録』上、「題名なし」
5、清欲『了菴清欲禅師語録』九、題跋、「幻住禅師贈高麗瀋王十偈」

6、『秘書監志』九、禄秩、「忙古歹養老俸」

以上のように忠宣王に関わる新資料は合計二十八件で、これは元代に編まれた各種文献に現れる高麗王朝に関わる記事（約二百余件）の一〇%以上を占めており、二十余人に達する高麗人に関わる記事（八十余件）の三〇%に及ぶ[5]。このように、忠宣王に関連する資料が高い比率を占めているのは、もとより忠宣王が元で重要な役割を果たし、その活動もそれだけ旺盛であったことを意味する。

忠宣王に関連する資料を文体別に分類すると次の〈表2〉のようになる。

〈表2〉 元代の資料に収録された忠宣王関係記事の文体別区分

資料名	詩			文									
	五言	七言	其他	序跋	奏議	詔令	贈序	伝状	碑誌	叙事	箴銘	頌賛	哀祭
元典章						1							
谷響集		律1											
松雪斎文集		律1											
秋澗先生大全文集		律2											
牧庵集							1						
楚国文憲公雪楼程先生文集	1								1				

金華黄先生文集									2				
廬山蓮宗復教集										2			
解節経				1									
天目中峯和尚広録		偈頌1								4			
天目中峯和尚行録								1					
仏祖統紀										1			
仏祖歴代通録										1			
存復斎文集			銘1						1				1
宋学士文集									1				
十二硯斎金石過眼録									1				
高麗慧因寺誌									1	1			
計（28）	1	5	1	1		1	1	1	7	9			1

右の〈**表2**〉を通覧すると、元代の各種資料に収録されている忠宣王に関連する記事は詩が七件、文が二十一件であり、文の中でも碑誌類が七件、雑記類が九件と、大きな比率を占めていることがわかる。また、この中には忠宣王が直接撰した願文一件、疏一件、そして碑文に篆額した一件が含まれている。これら資料の中でも、特に詩は麗・元両国人の交遊上で重要な意味を持つが、これを以って当時の社会の具体相を理解するのは容易ではない。これに比べて、多くの比率を占めている碑誌・雑記などは忠宣王の元での活動の具体像を理解するのに大いに役立つ。

二　資料の内容と検討

以上のように忠宣王にかかわる新資料群は、当代の事情をより具体的に反影するのみならず、中国側で作成された一次史料でもあるので、韓国側資料の欠乏を補うのにきわめて有効である。これら資料の内容と性格を時代順に整理すれば、次のようになる（以下の本文での資料利用はこの番号に依拠する）。

1　「呈高麗世子」　王惲『秋澗先生大全文集』二二、七言律詩

忠宣王が世子である時、王惲が贈与した詩で、忠宣王が最初に即位した一二九八年（忠烈王二十四、大徳二）一月頃に作られたと思われる。

2　「高麗国王謝事詔世子嗣位東還詩以送之」　王惲『秋澗先生大全文集』二二、七言律詩

一二九八年（忠烈王二十四、大徳二）一月、忠宣王が忠烈王から王位を譲られ帰国した時、[6]王が餞別詩として作ったものである。

3　「題名なし」　志磐『仏祖統紀』四八、法運通塞志一七～一五、武宗至大一年

一三〇八年（至大一）、忠宣王が鳳山子儀を武宗に謁見させた。その際に、子儀への三蔵という法号や試鴻卿の官爵などの下賜を奏請するとともに、皇太子の令旨をもって瞻巴金剛上師の行業を撰述せしめ、それを大蔵経に入蔵させた。

4　「高麗瀋王詩序」　姚燧『牧庵集』三、序

一三一〇年（忠宣王二、至大三）四月、忠宣王が武宗を擁立した功で功臣号を賜わり、従来の瀋陽王から瀋王に改封された際に、(7)姚燧が賀詩の序文として作ったものである。(8)この中でとくに注目される点は、元帝国の支配秩序の下に編入されていた高麗王朝の独自性が強調されている点である。すなわち高麗王朝は元と婚姻関係で結ばれつつ独立国家としての体制を保持しており、元の他の属国とは違って、国家体制の整備、官人の選抜および充員、刑賞、号令、そして征賦などの面で独自の国家経営が可能であることを強調している。

5　「太常引　寿高麗王」　程文海『楚国文憲公雪楼程先生文集』三〇

一三一〇年（忠宣王二、至大三）前後の時期に、太常引（曲名）を以って忠宣王の祝寿を祈願した際に作られた詩である。

6　「栄禄大夫大司空大都大慶寿禅寺住持長老仏心普慧大禅師北渓延公塔銘」　黄溍『金華黄先生文集』四一、塔銘

智延（一二五七～一三三五）の塔銘で、武宗在位期（一三〇七～一一）に忠宣王が智延を呼奴山にある弘福寺に居処させることを奏請し、それが許されたという記録がみえる。

7　「高麗国王開宗念仏発願文」　果満 編『廬山蓮宗復教集』下（忠宣王 作）

一三一一年（忠宣王三、至大四）十月に、忠宣王が元の大都法王寺で挙行された浄土宗系の一派である白蓮宗の復教行事に参加した際に作成された願文である。忠宣王が白蓮宗の復教に積極的に参与して、民衆仏教の浄土宗系列の仏教に関与している点が注目される。

8　「高麗国王勧国人念仏疏」　果満 編『廬山蓮宗復教集』下（忠宣王 作）

忠宣王が高麗に阿弥陀仏を本尊とする寿光寺白蓮堂を建立し、高麗国人に念仏を勧めるとともに、自らも阿弥陀浄土に帰依しようとしたことを示す資料である。

9
「大慶寿寺大蔵経碑」　程文海『楚国文憲公雪楼程先生文集』一八
元代の仏教の隆盛、金字経製作の流行、元帝国内での高麗王室の特殊な地位などを物語るとともに、一三〇五年（忠烈王三十一、大徳九）に忠宣王が禅宗第一刹の大慶寿寺へクビライ妃裕聖皇太后のために大蔵経一部を施納したこと、一三一二年（忠宣王復位四）に程文海に碑文を撰させたこと、さらに王の好仏傾向、大徳末年の皇位継承戦にあたって忠宣王が武宗を擁立したことなどが記述されている。

10
「白蓮教」『元典章』三三、礼部六
一三一三年（忠粛王即位年、皇慶二）九月、仁宗が江浙行省建路後山に位置する報恩万寿堂に経済的支援をしたことを物語る資料である。この資料から忠宣王が成宗（簫覚貴皇帝）の即位以前に報恩万寿堂と関係を持っていたことが分かる。

11
「解節経序文」『解節経』（南禅寺所蔵普寧寺板『解節経』所収）『仏本行集経』三一、「刊記」（忠宣王作）
一三一二年（忠宣王四、皇慶一）九月に忠宣王が元の大都瀋王府に滞在し、南山普寧寺板大蔵経五十部を印出して、元国内の諸寺刹に寄進したときの願文である。

12
「大功徳主瀋王請疏」李翥『玉岑山慧因高麗華厳教寺志』七
一三一三年（忠宣王五、皇慶二）三月、忠宣王が大覚国師義天ゆかりの江浙行省杭州にある慧因寺で、義天と元の仁宗のために呈上した祝疏である。

13
「仏心慈済妙辯大師別峯同公塔銘」　宋濂『宋学士文集』五八
華厳宗門の十六代孫の大同（一二九〇～一三七〇）の塔銘で、一三一三年（忠宣王五、皇慶二）頃に忠宣王が洪瀹を通じて江浙地方の寺院へ大蔵経を寄進させたとする記事、および大同を燕都に招聘したとする記事がみえる。

14
「題名なし」　念常『仏祖歴代通録』二二、大元延祐一年一月
一三一四年（忠粛王一、延祐一）、忠宣王が帝師八思巴の弟子の弘仏三蔵法師実喇卜袞楚克（一二五九〜一三一四）を問病した際の資料である。

15
「高麗衆檀越布施増置常住田土碑」　李翥『玉岑山慧因高麗華厳教寺志』一〇
忠宣王が一三一五年（忠粛王二、延祐二）頃に江浙行省杭州路にある高麗慧因寺に土地を寄贈した際の疏文であり、それを趙孟頫が碑文に書いたという。(9)

16
「四明乾符寺観主容公塔銘」　黄溍『金華黄先生文集』四二、塔銘
乾符寺の観主の普容（一二五一〜一三二〇）の塔銘で、一三一九年（忠粛王六、延祐六）三月以降の忠宣王の江浙地域遊歴中に、王が宝山に参拝して普容を訪問し、弟子の礼を以って彼を敬ったという内容が記されている。

17
「示衆」　明本『天目中峰和尚広録』一上
一三一九年（忠粛王六、延祐六）三月以降、忠宣王が江浙地域を遊歴した際に、当時杭州路於潜県の西天目山幻住庵に居住していた中峰明本（一二六三〜一三二三）を訪問したことが記録されている。忠宣王はこの訪問を権漢功・李斉賢などの随従臣に命じて「行録」一巻の中に記録させたが、(10)この書物は現在残っていないため、これまでその具体的な経緯は分からなかった。しかし、この資料を通じてその細部をある程度理解することができるのである。

18
「示海印居士瀋王王璋」　明本『天目中峰和尚広録』五上、法語
中峰明本が忠宣王に与えた法語であり、一八五〇余字に達する長文である。その主な内容は、人性と仏性、仏法、生死、参禅などに関する説法である。

19 「答瀋王書来書附」　明本『天目中峰和尚広録』六、書問
忠宣王が一三一九年（忠粛王六、延祐六）三月以前のある時期に中峰明本に書信と礼物を送り面会を約したもので、王が中峰明本に送った書信［鈞旨］とこれに対する明本の答申で構成されている。

20 「真際説」　明本『天目中峰和尚広録』二五、説
一三一九年（忠粛王六、延祐六）九月二日、忠宣王が中峰明本に法名と法号の付与を請うたのに対して、中峰明本が勝光の法名と真際法号を与え、その法号の意味を説いたものである。二〇四六字に達する長文で、その内容は真字と際字の意味を仏教の立場から解きながら忠宣王の事跡をたたえたものである。

21 「次韻瀋王題真際亭」　明本『天目中峰和尚広録』二九、偈頌
忠宣王が師子巌の下に真際亭という亭子を建立した際に、作成した「題真際亭」に中峰明本が次韻した詩である。[11]

22 「元故天目山仏慈円照広慧禅師中峰和尚行録」　慈寂 編『天目中峰和尚行録』（祖順 作）
中峰明本の行録であり、忠宣王と中峰明本の出会った状況が記録されている。

23 「大報国圜通寺記」　王均 編『十二硯斎金石過眼録』一八（『石刻史料新編』一～一〇）　江蘇通志局編『江蘇金石志』二一（『石刻史料新編』一～一三）
一三一九年（忠粛王六、延祐六）十月に建立された江浙行省平江路嘉定州の大報国通寺の寺記を記録した碑文の一部である。この碑文では同年に趙孟頫が文を撰して忠宣王が篆額を作ったとするが、これは忠宣王が同年六月以後に江南地域を遊歴した際に、この寺院を訪問して篆額を作ったことを記していると推測される。

24 「留別瀋王」　趙孟頫『松雪斎文集』五、七言律詩
一三一九年（延祐六、忠粛王六）、趙孟頫が帰郷するにあたって、忠宣王に贈った詩文であり、ここから二人の親

交が非常に深かったことが分かる。

25 「銘」　朱徳潤『存復斎文集』一

一三一九年（忠粛王六、延祐六）冬、朱徳潤（一二九四～一三六五）が忠宣王の徴召に応じて上京した際に、河南江北行省淮安路で瑞石硯を得て作った硯銘詩である。

26 「有元儒学提挙朱府君墓誌銘」　周伯琦（『存復斎文集』附録）

朱徳潤の墓誌銘であり、ここに朱徳潤と忠宣王の関係が比較的詳細に記されている。

27 「祭太尉瀋王文」　朱徳潤『存復斎文集』七、祭文

一三二五年（忠粛王十二、泰定二）五月、朱徳潤が作った祭文であり、朱徳潤を始めとする忠宣王の門下で従遊した多くの儒士官僚たちが祭りの支度を調え祭る際、作成されたものである。

28 「偶読中峰和尚和瀋王王璋留題真際亭詩 因而有感 遂次其韻二首」　善住『谷響集』二、七言律詩

上記**資料21**の忠宣王と中峰明本の唱和詩を善住が読み、これに次韻して詠じた詩である。

［追記］

1 「高麗世子墨梅詩索和次韻」『永楽大典』二、八一三（影印本三六冊）、十二A、梅（字）、僧盤谷遊山詩集

一二九八年（大徳二）、忠宣王が王惲に詩文を求めた時に盤谷にも詩文を付託して得たものである。

2 「勅賜重建五祖禅師碑」（虞集 撰）　鄧琛『黄州府志』三九（『石刻史料新編』三～一三所収）

一三一三年（皇慶二）、万奇上人が忠宣王の命を受けて、南宋末の戦乱により河南江北行省黄梅県（現湖北省黄梅）の城内に移された禅宗第五祖宏忍の遺骨を東山寺にふたたび奉安した事実を記録している。

3 「杭州慧因寺釈盤谷伝」　如惺『大明高僧伝』一、解義篇二

一三一九年（延祐六）三月以降、忠宣王が江浙地域を遊歴中に盤谷（生没年不詳）を杭州の慧因寺に招聘して華厳大意を講読せしめたことを記録する。

4
「題名なし」　恕中無慍『山菴雑録』上
一三一九年（延祐六）、忠宣王が杭州の明慶寺で諸山の住持らのために斎を施した時、江浙行省が忠宣王と行省官僚らを上座に、諸山の住持らを末席に按配しようとしたが、下天竺寺の鳳山子儀がこれを変更させたことが記録されている。

5
「幻住禅師贈高麗瀋王十偈」　清欲『了菴清欲禅師語録』九、題跋
了菴清欲（一二八八～一三六三）が、忠宣王のために中峰明本が作った十偈を読んで作った題跋である。ここでは隠棲した中峰明本を趙州になぞらえて称頌しながら、忠宣王に贈呈した中峰明本の十偈には深奥な教えが内包されていると述べている。

6
「忙古歹養老俸」『秘書監志』九、禄秩
忠宣王（亦只里不花王）が、一三一二年（皇慶元年）十一月十七日に、嘉禧殿で武宗や知枢密院事速古児赤月魯帖木児などと共に忙古歹の養老俸禄に関して議論をおこなったことが記録されている。

三　忠宣王の在元活動

忠宣王は一二七五年（忠烈王一、至元十二）に高麗で生まれ、一三二五年（忠粛王十二、泰定二）に五十一歳で没したが、彼の人生は他の高麗王朝の君主たちに比べてはるかに波瀾万丈であった。そのような彼の生涯をより詳細に明ら

かにするうえで、とくに注目すべき諸資料を提示すると、次の〈表3〉のようになる。

〈表3〉 忠宣王の生涯と在元活動[12]

時期・年齢	在元活動〔典拠〕	
一二七四年（元宗十五、至元十一）	一月	忠烈王がクビライの女の忽都魯掲里迷失公主と婚姻。
一二七五年（忠烈一、至元十二）一歳	九月	高麗で出生。
一二七七年（忠烈三、至元十四）三歳	一月	世子として冊封し、世子府の官僚を任命する。
一二七八年（忠烈四、至元十五）四歳	六月	入元しクビライ内外に謁見、皇太子妃に益智礼普化という名前をつけてもらう。
	十二月	入元し、翌年二月に帰国。
一二八三年（忠烈九、至元二十）九歳	八月	衣冠子弟を選んで世子府の宿衛に任命。
一二八四年（忠烈十、至元二十一）	四月	入元し、九月に帰国。

十歳
一二八六年（忠烈十二、至元二十三）　七月　国学に入学し、六経を講ずる。
十二歳
一二八七年（忠烈十三、至元二十四）　十月　王命によって、入元したが、乃顔の乱のため帰国。
十三歳
一二八九年（忠烈十五、至元二十六）　二月　冠礼を行って成人し、西原侯の娘を世子妃に迎える。
十五歳　十一月　入元し、翌年三月に帰国。
一二九〇年（忠烈十六、至元二十七）　八月　洪文系の娘を世子妃に迎える。
十六歳　十一月　王命によって入元する。輔徳鄭可臣・閔漬の随従、以後クビライがしばしば引見し、世子に経書の講習をさせて問う。〔忠憲王世家〕
一二九一年（忠烈十七、至元二十八）　一月　哈丹の侵入でクビライに謁見して兵を要請する。
十七歳　二月　将軍呉仁永に命じて高麗の戦況をクビライに報告させる。
九月　クビライによって特進上柱国・高麗国世子に任命される。
十二月　高麗が世子の帰国を要請。
一二九二年（忠烈十八、至元二十九）　五月　帰国。

十八歳	閏六月	趙仁規の娘を世子妃に迎える。
	七月	聖節使として入元する。
	八月・九月	クビライに謁見、クビライが高麗の事情を問う。
	十月	クビライが世子に経書を講習させ、中国歴代の帝王と自身の比較などを問う。
一二九四年（忠烈二十、至元三十一）頃 二十歳	是年	世子が忠烈王と元で会い、共に上都に行こうとすると、司徒撒里蛮が世子の帰国を慫慂したが応じない。〔列伝三六、印侯〕
一二九五年（忠烈二十一、元貞一） 二十一歳	五月	世子の婚姻を要請したが受け入れられない。
	八月	帰国しようとするとき、成宗に儀同三司・上柱国・高麗国王世子・領都僉議使司に任命され、帰国後判都僉議・密直・監察事に任命される。
	九月	判中軍事に任命される。
	十二月	入元する。
一二九六年（忠烈二十二、元貞二） 二十二歳	一月	世子の婚姻を要請。
	十一月	晋王甘麻剌の娘宝塔実憐と婚姻。

一二九七年（忠烈二十三、大徳一）	六月	母后の崩御で帰国。
二十三歳	十月	忠烈王が伝位を要請。
一二九八年（忠烈二十四、大徳二）	一月	公主とともに帰国しようとすると、成宗が征東行省左丞相・高麗国王に冊封される。
二十四歳		この時期を前後にして王惲が詩二首を贈呈。
		即位後七ヶ月間改革政治を推進。
	七月	成宗が入朝を命じる。
	八月	再度入朝を命じて退位させる、以後十年間元に居住しながら武宗・仁宗兄弟と親密に過ごす。〔資料1、2〕
一二九九年（忠烈二十五、大徳三）	一月	忠宣王に関わる印侯・金忻・元卿と韓希愈・李英柱の間に対立が発生。
二十五歳		
一三〇〇年（忠烈二十六、大徳四）	六月	上都で開催される宴会に忠烈王と忠宣王が共に参席。
二十六歳		
一三〇一年（忠烈二十七、大徳五）	五月	忠烈王が忠宣王派の印侯・金忻の経済的基盤を剝奪し、宝塔実憐公主を改嫁させようとする。
二十七歳		

一三〇三年（忠烈二十九、大徳七）
二十九歳

九月　忠烈王が忠宣王の帰国を阻止し、および公主改嫁のために元に行次しようとする。
十一月　成宗が忠烈王の入朝を許可せずに、父子の対立を撫摩させる。

一三〇四年（忠烈三十、大徳八）
三十歳

一月　元に忠宣王の帰国を要請。
四月　再び帰国を要請したが、中書省が拒絶。
八月　金儒・高汝舟が忠宣王に関連して治罪される。

一三〇五年（忠烈三十一、大徳九）
三十一歳

十二月　忠烈王が忠宣王の大都の邸宅に留宿。
是年　忠宣王が大都大慶寿寺に大蔵経一部を施納。〔**資料9**〕

一三〇六年（忠烈三十二、大徳十）
三十二歳

是年　王惟紹・宋邦英などが王の父子を離間させるとともに、元に讒訴して忠宣王を祝髪させ、公主を改嫁させせようとする。

一三〇七年（忠烈三十三、大徳十一）
三十三歳

一月　成宗が崩御すると、忠宣王が仁宗と共に武宗擁立に参加。
三月　忠宣王が太子の許諾を受けて忠烈王を慶寿寺に幽閉させて五月に帰国させる。
是年　姚燧・王構などを推薦して抜擢。〔忠憲王世家、**資料9**〕

一三〇八年（忠烈三十四、至大一）

四月　征東行省官の増置を撤廃するよう要請。〔武宗本紀〕

三十四歳	六月	武宗を擁立した功で瀋陽王に冊封される。	〔武宗本紀〕
	八月	帰国して、高麗王に即位。	
	十一月	入元する。	
	是年	鳳山子儀を武宗に謁見させ、王垚を抜擢。	〔資料3〕
一三〇九年（忠宣一、至大二）三十五歳	三月	太后を扈従して、五台山に行次。	
	四月	政丞崔有が還国を要請したが不許可。	
一三一〇年（忠宣二、至大三）三十六歳	一月	世子に伝位しようとしたが従臣らの反対で中止。	
	四月	瀋王に改封されると、この時、姚燧が「高麗瀋王詩序」を作る。	〔武宗本紀、資料4〕
一三一一年（忠宣三、至大四）三十七歳	十月	大都法王寺で開催された白蓮宗の復交行使に参与し発願文を作る。またこの時期に寿光寺白蓮堂を建立し高麗人に念仏させる一方、阿弥陀浄土に帰依しようとする発願文を作る。	〔資料7、8〕
一三一二年（忠宣四、皇慶一）三十八歳	一月	仁宗と太后が帰国を慫慂したが、延期を要請して許諾を受け取る。	
	六月	洪重喜の立省策動を中止させる。	
	六月	程文海が王命によって「大慶寿寺大蔵経碑」を作る。	〔資料9〕

九月　普寧寺板の大蔵経五十部を印出して、元のさまざまな寺刹に寄進し願文を書く。〔資料11〕

一三一三年（忠宣五、皇慶二）　三十九歳

三月　高麗王位を世子に譲り、養子〔姪〕である暠を瀋王世子に冊封。

三月　大蔵経五十部の刊行が出来上がると、杭州一帯の十一の寺刹に寄進し、慧因寺を重建する。この時期に華厳宗門十六代孫大同を大都に招請。〔資料11、12〕

四月　元の勧誘で帰国。

九月　建寧路後山の白蓮報恩万寿堂の経済的基盤造成に参与。〔資料10〕

十月頃　姚燧の建議を受けて科挙制の実施を請い、許諾を受け取る。

一三一四年（忠粛一、延祐一）　四十歳

一月　入元してから継続して滞在。

閏三月頃　万巻堂を開設して閻復・姚燧・趙孟頫・虞集などと学問を討論。この時期に前後して梁安普が八思巴の祠廟建立を請うと、これに反対する。仁宗による右丞相任命の提議を辞譲。

是年　仁宗の命を受けて、チベット出身の僧侶の弘教仏智三蔵法師の病を見舞う。〔資料14〕

一三一五年（忠粛二、延祐二）

九月　杭州慧因寺に土地を寄贈し願文を書く。〔資料12〕

四十一歳

一三一六年（忠粛三、延祐三）

三月　瀋王位を世子暠に伝位。

四十二歳

一三一九年（忠粛六、延祐六）

三月　御香下を請い、江浙地域を巡歴し、補陀山の文殊菩薩を参拝する。
この時、従臣権漢功・李斉賢が行録一巻を作る。

三月以後　慶元路鄞県の乾符寺を訪問し、普容に弟子の礼をして仕える。〔資料16〕

四十五歳

四月　趙孟頫が病気で帰郷したとき、「留別瀋王」を作る。〔資料24〕

九月　定海県に位置する補陀山の十二面観音を拝謁した後、西天目山の明本を訪問し、弟子の礼をして仕える。〔資料17~22〕

六月~十月の間　平江路に位置する大報国通寺碑の篆額を書く。〔資料23〕

九月十五日　杭州に、十月蘇州に、十一月鎮江路に滞在。

冬　崑山人朱徳潤を大都に徴召。〔資料26〕

一三二〇年（忠粛七、延祐七）

四十六歳

三月　英宗が即位し、宦官の策略によって辺境へ逐出されることになったが、太皇太后によって、鄞県の天童寺に身を避けさせられる。〔資料26〕

	四月	時勢の変化を避して、御香下を請い、江南地域に行く。
	六月	鎮江路金山寺に至ったとき、逮捕される。
	九月	大都に帰ったが、帝命の帰国措置を履行しない。
	十月	刑部に収監され、石仏寺に安置される。
	十二月	吐蕃撒思結に流配される。
一三二一年（忠粛八、至治一）四十七歳	七月	西蕃独知里で百官に鈞旨を送る。
	十月	撒結思に到着して百官に鈞旨を送る。
一三二三年（忠粛十、至治三）四十九歳	二月	朶思麻に量移される。
	九月	晋宗の即位後、大赦により召還される。
	十一月	大都に帰還。
一三二五年（忠粛十二、泰定二）五十一歳	一月	立省論の中止を忠烈王内外の陵に告げるようにする。
	五月	燕邸で薨去、門士である朱徳潤が祭文を作る。〔資料27〕
	七月	梓宮、高麗に到着。
	十一月	徳陵に安葬。

このような忠宣王の生涯は、出生から一二九八年（忠烈王二十四）一月の高麗王位への即位まで（二十三年間）、同年八月の退位から一三〇八年（忠烈王三十四）八月の再即位まで（十年間）、再即位から一三二五年の薨去まで（十七年

間）の三つの時期に大きく分けることができる。このような区分は忠宣王の生涯をおもに政治的状況と聯関させながら分けたものだが、同時に、出生から二十代前半の青年期まで、二十代前半から三十年代前半の青年期、そして青年期から壮年期までに対応する区分でもある。

このような彼の生涯に関する記録も、他の人々の記録と同じように、人生において最も活発な活動を展開した壮年期のものが大部分を占める。しかし、彼は壮年期のほとんどを元で送ったので、高麗側資料においてはそれの以前の時期に比べて壮年期の資料が少ない。反対に元側資料には彼の青年期までの記録は一～二の事例を除いてほとんど見当らず、大多数が一三〇八年（忠烈王三十四）の再即位以後の十余年間のものである。

＊成長と学問的基盤

二十代前半の青年期までの忠宣王の履歴は、上述のように元側資料にはほとんど見られないので、高麗側資料に基づいて理解せざるを得ない。忠宣王は成長過程で父母についてしばしば元に赴いたが、記録に現れるのは四歳の時に二回、十歳の時に一回、十三歳の時の行次途中の帰還、十五歳の時に一回などで、大部分が短期間の滞在であった。この時期、高麗での成長過程は明らかではないが、忠烈王妃が王についてしばしば狩猟をしており、世子（後日の忠宣王）も十歳以後にはともに参加することがあったと思われる。

十六歳の時の一二九〇年（忠烈王十六、至元二十七）十一月、入元して一年六ヶ月程滞在し、二ヶ月後にまた元にもどった（十八歳）。以後、彼は五十二歳で薨去するまで、高麗の世子、国王としての役割を遂行しながら、元にさらに頻繁に滞在居住した。ようするに忠宣王は、十五歳までの少年期を高麗で過ごしたが、青年期以後はおもに元に居住し、高麗人としてよりはモンゴル人としての人生をより長く送ったと言えよう。

ひるがえって、忠宣王は出生後二年に満たない一二七七年（忠烈王三）一月に世子として冊封され、翌二月には世子府の官僚である東宮官が任命され、彼を輔弼することになった。東宮官の任命は、彼が初めて王位につく一年前の一二九七年（忠烈王二十三）八月まで続く。東宮官たちは、当時の高位官僚として、学問的訓導というよりはむしろ世子の政治的立場を補完する役割を担っていたものと推測される。というのも東宮官に任命された人物たちのなかには科挙出身で一定の学問的力量を持つ人物も一部いたが、それよりは武将・訳官（舌人）・怯憐口（怯伶口）などのように学問とは関係ない者が多く、世子の学問的輔弼という点で期待できない人々であったと思われるからである。

したがって、忠宣王の学問的基盤はおもに、幼い時からの輔徳であった鄭可臣・閔漬などとの関係のもとで形成されたと推測される。王は彼らから孝経・論語・孟子・資治通鑑などを学習しているが、これらを通じて幼い時から儒教的素養をある程度体得していたものと思われる。このような学問的基盤にもとづき、彼は中国の歴代王朝の興亡に関して深く理解しており[13]、このために中国の史書を講読するのを好んだことが分かる。その一つの例として、次の資料にみえるように、瀋王の位にある時、宋の故事を好んで従臣に『東都事略』を講論させ、宋代のさまざまな人物に対して評価をくだしたという。

毎度儒士を呼び集めて前古の興亡と君臣の得失を論評する時は勤勉で怠らなかった。大宋の故事が好きで、かつて僚佐に『東都事略』を読ませた時、王旦・李沆・富弼・韓琦・范仲淹・欧陽修・司馬光などのさまざまの名臣伝を聞いた。そのときは必ず手をあげ額に付けて景慕の意を表した。一方、丁謂・蔡京・章惇など奸臣伝に及んでは歯を嚙み締めてくやしく思わないことがなかった[14]。

忠宣王が読んだ『東都事略』は王称（生没年不詳、南宋、高宗・孝宗代の人物）が著した『東都事略』であろう[15]。彼がその書を読んで好悪の態度を示したという人物たちは、名臣伝あるいは奸臣伝に分類されて収録された人々ではなく、諸臣伝に収録されていた北宋代の官僚たちである。忠宣王は、彼らが持つ儒教を含めた学問的な性向を基準に彼らの行蹟を品評したのではなく、王称による人物叙述および品評に基づいて彼らの官僚としての政治的行為の当否を判断したようである。彼が敬慕の意を表した人物は、官僚として急進的な改革よりは慎重な政策を駆使した人物であり、逆に彼が嫌悪した人物は智謀にあふれ機敏な政策を推進した人物であった。

ここには、忠宣王の儒教に対する姿勢とは別に、彼が政治行為に臨む際の理想の一面が伺える。つまり、王自身が高麗で行った各種の政治改革は急進的で現実と懸け離れたものであったが、じつは王が理想としたのは、自身の政治的行為とは逆の方向性であったことがわかるのである。一方、彼は仏教に対しても非常に篤い信仰を示した。彼は元での長期滞在に先立つ十六歳以前、父母について高麗の各種仏教行事に参与したり各処の寺院を巡幸したりするなど、仏教と親密な雰囲気の中で成長した。このような彼の仏教に対する敦篤な姿勢はさまざまな側面に現れ、一三一三年（皇慶二、忠粛王二）四月に高麗に帰国した後、過度といってよいほどに様々な寺刹を巡礼しつつ、各種の仏教行事を開催し、数多くの僧侶らを招集して供養した。ただし、仏教的呪術による疾病治療といった神秘的な要素に対しては、否定的姿勢を持っていたと思われる。このことは、彼が十五歳の時に、高麗で忠烈王のために燃頭燃臂を行う前博士だった康煦の行為を批判した記録からも知ることができる。

これに対して、道教に対しては無関心であったと思われる。道教は元では盛行したが、忠宣王が道教の教団およびそれとかかわる人物と接触した例はいまのところ見当たらない[16]。

＊一二九八年（忠烈王二十四、大徳二）の即位前後の活動

一二九〇年、忠宣王は十六歳で元に入って、政治的活動を始めた。同年高麗に侵入した哈丹［カダアン、Qada᾿an］

を退けるために、王はクビライに謁見し、まず軍隊の派遣を要請し、後に官僚を派遣して戦況を報告させた。また、クビライの側からも世子に、高麗出身の附元叛逆の輩である韓慎を赦すことを依頼するというようなこともあった。

元側の資料において忠宣王の活動が初めて現れるのは、一二九八年（忠烈王二十四、大徳二）一月以前のある時期に、金の官僚の後裔である翰林学士王惲（一二二七～一三〇四）が世子（忠宣王）に詩を送ったという記録である（**資料1**）。その内容は、世子の英邁、周制に似る高麗の制度、駙馬国化、そして燕京行省で会った記憶などである。その叙述のうち、忠宣王の英邁をたたえた部分は常套的修飾語として見ることもできるが、高麗側の資料にみえる忠宣王の青少年期の記録に近似する点は注意される。

そしてこれとほとんど同じ時期に、忠宣王は忠烈王から王位を譲られて帰国するが、その帰国にあたって王惲は餞別詩を作って忠宣王に送った（**資料2**）。その内容は王位の継承・元の藩屏としての高麗の存在などについてである。また、同じ時期に忠宣王は翰林学士姚燧（一二三八～一三一三）に詩文を求めたが、姚燧はその求めを拒否し、さらにこのできごとを隣人らに貶諭したという逸話も残されている。[17]このように、その成果はともかく、忠宣王は高麗王となる前から、王惲・姚燧などの元の士大夫らと積極的に交遊しようとしていたことがわかる。

忠宣王は即位後約七ヶ月間、高麗国内で内政改革を推進し内外の抵抗を受ける。その結果、元から一方的に退位を求められ、一二九八年（忠烈王二十四、大徳二）八月以降十余年にわたって元に居住することになった。以後、彼の行蹟は忠烈王との対立だけが高麗側の資料に収録されているが、実際には彼は政治的劣勢を挽回するために努力する一方で、仏教界でも一定の重要な役割を果たした。すなわち、成宗代（一二九四～一三〇七在位）に、江南の仏教教団である白蓮宗が復興に努めている時、忠宣王はこれと密接な関係を結ぶかたわらで（**資料10**）、元皇室と密接につながる大都の大慶寿寺とも関係を保ち、一三〇五年（忠烈王三十一、大徳九）には大慶寿寺に大蔵経一部を寄進するのである

〈資料9〉。

こうしたことは、忠宣王が政治的に忠烈王に対抗していくために、元皇室に繋がる仏教教団および儒教界と連結して自身の立場を高め、それらからの側面的支援を受けることを狙ったものと理解するべきであろう。

＊一三〇七年（忠烈王三十三、大徳十一）武宗擁立前後の活動

〔武宗擁立への参与〕

一三〇七年（忠烈王三十三、大徳十一）一月、元の成宗テムル［Temur］の死後の帝位継承を巡って、成宗妃の卜魯罕（フルカン）・左丞相の阿忽台（アクダイ）などの宮中を中心にした勢力が安西王阿難答（アーナダ）を擁立しようとしたが、成宗の兄の答剌麻八剌（ダルマバラ、後日順宗として追尊）の妃であり成宗妃卜魯罕によって懐州に出居させられた答己（ダキ、興聖皇后）と彼の次子愛育黎抜力八達（アーユルバルワダ、後日の仁宗）はこれを阻止しようとした。以後約二ヶ月にわたる両勢力の暗闘の中で、アーユルバルワダ（愛育黎抜力八達）が彼の師傅の李孟の積極的な周旋を背景に、右丞相哈剌哈孫（ハルガスン）と連携し、素早く先制攻撃をしかけることで敵対勢力を粛清し、帝位継承争いの主導権を握ることになった。

ところが興聖王后答己（ダキ）とアーユルバルワダは西北面で強力な軍事力を握っていた海山（カイシャン、武宗）の帝位への野心を阻止することができず、以後アーユルバルワダとカイシャンの兄弟の間に微妙な葛藤が起こるようになる。しかし、双方の妥協によってカイシャンが即位すると、アーユルバルワダは次期の帝位継承権を持つ皇太子に冊封された(18)。

カイシャン（武宗）の即位後、帝位継承の過程で功を成した人物らに褒賞が行われるとともに、功臣の冊封もあっ

た。またこの時期の政局の運営では、アーユルバルワダおよびカイシャンの双方の支持層が共に要職に起用されたが、政治的なバランスの結果、アーユルバルワダの支持勢力であるハルガスン・李孟・張珪などは漸次権力の核心から押し出されたり、自らの保身のために官職から退かざるをえなかった。

このような状況で、皇太子アーユルバルワダは独自の政治・軍事的支持基盤を確保出来なかったので、儒学者を東宮官に抜擢するなど儒教・仏教という思想界と結合して漸進的に自身の基盤を構築していた。彼は武宗とは違って、軍事経験がなかったばかりでなく、軍権を掌握していた武将勢力の特別な支援を受けることもできなかった。そこで、太子太師の忠宣王を通じて姚燧・王構・王垚などを招聘して東宮官や各種文翰官に抜擢し[19]、また仏教界で一定な影響力を持っていた忠宣王を前面に出して各種仏教行事に参与するなど、思想界の後援の獲得を企図したのである。

このような武宗の帝位継承過程で一定の功をたてた忠宣王は、後に功臣に冊封され、さらに瀋陽王、瀋王などに封ぜられた。忠宣王が帝位継承前でカイシャン・アーユルバルワダの兄弟を支援したのは、高麗側の資料によれば幼い時から彼らと同じ家で起居するほど親しい間柄（忠宣王の甥姪）であったためであるという[20]。

さらに忠宣王は、帝位継承過程でカイシャン・アーユルバルワダの兄弟に友好的だった右丞相哈剌哈孫とも、一二九九年（忠烈王二十五、大徳三）以来続いた忠烈王との対立を背景に、一定の関係を持っていた。この時期以後、忠烈王と忠宣王の父子間の不和によってそれぞれを支持する官僚間の対立を利用し、忠烈王による忠宣王妃の改嫁の策動が起きた時、忠宣王は丞相の哈剌哈孫の後援を受け、これを阻止しようとした。そして実際に、彼の後援を受けてこの問題を解決することができたのである[21]。

このような両者の緊密な関係に対抗して、忠烈王は一三〇一年（忠烈王二十七、大徳五）一月以降、安西王阿難答と結んで忠宣王を牽制しようとした。すなわち、相互に使臣を派遣して童女・宦官を要請したり、膳物をやりとりして友好関係を維持していた。(22) また一三〇六年（忠烈王三十二、大徳十）には、忠烈王の側近勢力の王惟紹・宋邦英などが成宗妃卜魯罕・左丞相阿忽台・平章政事八都馬辛（バトマシン）などに忠宣王を讒訴し、(23) 忠宣王を出家させ、忠宣王妃を改嫁させるべく策動した。(24)

以上のような事実を通じてみると、忠宣王が帝位継承過程でカイシャン・アーユルバルワダの兄弟を支援した理由は、まずこの兄弟との親密な関係にもとづいたものだが、それ以外にこの時期の直前に起きた忠烈王との対立や、元の帝位継承に関与した核心勢力との対抗関係もあったと解釈できる。また、自身の地位が悲惨な状態に落ちうる切迫した状況から逃れるために、帝位継承戦に積極的に参与せざるを得なかったという点も考えられる。

武宗の擁立過程における忠宣王の役割が具体的にどのようなものであったのか、その詳細は分からないが、彼が以後カイシャン・アーユルバルワダ兄弟の寵愛を受けて瀋陽王に冊封され、中書省に入って国政を議論できる宰相の位置に上ったことからみて、一定の功をたてたことは確かであろう。(25) ただし、高麗側の各種資料が示唆するように、忠宣王の功が第一等であり、以後政治的立場が非常に強かったと断定するのは困難である。この点は、仁宗が帝位に上るまで、功績を立てて高位官職に上がった者が数百名に達したという記録があり、(26) またこの時期以後つねに彼を困らせた遼陽の洪君祥・洪重喜などもこれに参与して武宗の徴召を受け側近として活躍しながら昇進していたことなどからも推測できる。(27) さらに、忠宣王は駙馬として諸王のひとりではあったが、当時元では数多くの諸王・駙馬がおり、ひとりの駙馬が何人かの公主をめとっていた場合さえあったので、駙馬の地位を通じて彼のみが高位にあったと考えることはできない。

武宗・仁宗代において忠宣王の政治的立場がさほど強いものではなかったことを伺わせる他の事例として、一三一二年（忠宣王四、皇慶一）前後に起きた立省の策動に積極的に対応できなかったことを挙げることができる。このような政治的状況の結果、忠宣王は一三一四年（忠粛王一、延祐一）頃、仁宗による右丞相就任要請も受諾できない状況であり[29]、また武宗代に皇太子アーユルバルワダが行ったように、儒教および仏教界に活動の場を求めることしかできなかったと考えられる。

〔科挙制の実施建議と儒教界での活動〕

武宗が在位した四年間、彼を擁立した勢力が漸次政界の主導権を掌握していくにしたがって、アーユルバルワダを支持した右丞相哈剌哈孫は外職に押し出され、師傅李孟も政治中枢から姿を消した。このような状況で、皇太子アーユルバルワダは政治活動を自粛して隠棲しながら、儒教界および仏教界の人士らと接触し、将来にむけた基盤の保持に努めた。この時、忠宣王は太子太師として姚燧・閻復・洪革・趙孟頫・元明善・張養浩らの華北系・南宋系の儒学者を召集して、東宮官に充てながら、アーユルバルワダを側面から支援していた。

武宗の在位は短期間で終わり、新たに仁宗が即位したが、彼は自分の側近勢力ばかりでなく武宗代以来の官僚たちも重用した。これは恐らく彼の弱点である軍事的基盤を確固たるものにしたかったためであろう。ところが時間の経過とともに、政界の要職は仁宗の追従勢力によって握られていった。皇太子の時から彼を支持した忠宣王の起用も当然予想されたが、結果的にその抜擢はなかった。これは、先述のように仁宗の即位後、仁宗からの右丞相職への就任要請を忠宣王が辞退したことからもわかるように、忠宣王自身に仕官の意志がなかったことにその原因をもとめることができる。

こうした過程で忠宣王は、仁宗に科挙制の設置を建議して実現されたという[30]。この事蹟は忠宣王の努力だけではなく、彼の下に従遊していた程文海・姚燧、および仁宗を支持してきた李孟らと共同推進の結果として理解することができる。すなわち、元代の儒治を推し進めた程文海ははやくクビライの知遇をえ、一二八五年（至元二十三）以来江南出身儒学者の登用のために努力するなど文風の振作に大きく寄与するとともに、一三一三年（皇慶二）の科挙制実施の論議では李孟・許師敬などと共に実務を担当した。

またこの時期には、柏鉄木爾（伯帖木児、ベク・テムル）・仁宗の宿衛出身の陳顥なども科挙制の実施を建議したという記録がみられることから[31]、元代における科挙制の施行は忠宣王一人の建議という以上に、当時の儒学者らをはじめとする支配層の共通の関心事であったことがわかる。つまり、儒学者らをひきいて仁宗の深い信任を得ていた忠宣王が彼らの意見を代弁して仁宗に建議し、これを実施させたというのが真相であろう。

一方、この時期に忠宣王は燕都で「済美基徳」という額を揚げ、万巻堂を開設し、多くの儒学者を呼び集めて儒風の振興に努力していた。このことは高麗における儒学の活潑化にも一定の寄与をしたと思われる。この忠宣王の事績について、一部の論者は元代儒学発展の基礎を用意した一大快挙だったという意見を述べているが、他の多くの論者はその学問的な役割に否定的な認識を示す[33]。後者の場合、「門を閉じ鍵をかけ、香をあげて終日座って酒を飲んだ[34]」という李斉賢が記録した忠宣王の万巻堂での態度などに注目し、これは仏堂と同じ様相であったと理解する。また、当時忠宣王は仏教にのめりこんでおり、儒学者との交遊は積極的であったとはいえないという見解も示されている。

万巻堂の所在地は、一三〇八年（忠烈王三十四、至大一）六月、忠宣王が瀋陽王に冊封されたことにともなって開設された王府である瀋陽王府・瀋王府であった。ここには統治組織・家政機関として、王傅（王の師傅）・断事官などの官僚が任命されていたが[35]、その顔触れとしては瀋陽王傅府断事官蕭均衡[36]、瀋王府事白応丘[37]などがいる。高麗人はそこを王所・元邸・行邸・燕邸などと呼んでいた[38]。

瀋王府の万巻堂においては日常的に、程文海の記録にみえるように（**資料9**）、多くの僧侶が列坐してとなえる梵唄の声が家中に満ちており、訪問客を接待する部屋では僧侶一人が法華経を読んでいたという。ここで忠宣王は、仏名・菩薩名がとなえられるたびに手を額に付けて尊敬の意を示し、客との対話においても仏経の教理をはみ出さないなど、仏教に対する篤い信仰を見せたという。

このような忠宣王の日常をみると、王は基本的に仏教に傾倒しており、儒学にはそれほど関心がなかったと理解するべきであろうが、程文海は同じ資料で王が「好賢楽善、有徳有文」であったとも述べている。また、元の文宗（トク・テムル）や奇皇后の息子である皇太子アユールシリダラ（元の昭宗）が経筵・書筵で僧侶らと共に聴講していた事実を考えると、忠宣王が僧侶を帯同しつつ儒学者らに会い、彼らと学問を討論した可能性も十分にある。この記録で手を額に付けて仏および菩薩に対する尊敬の意を現わしたとされている点は、さきに言及した『東都事略』の聴講時に、「名臣伝を聞くたびに必ず手をあげ額に付けて景慕の意を現わした」ということと通じる態度であろう。したがって、忠宣王についての李斉賢・程文海の描写はたしかに、王の好仏を反影する記事ではあるが、だからといってそれが王の儒教に対する消極的な姿勢や儒学者との不活発な交遊という結論には繫がらないと考える。

このことは、王が従臣に『東都事略』を講読させた事実や、万巻堂で「学問研究することを楽しみにした」という李斉賢の墓誌銘の記述からも裏付けられる。万巻堂という堂号[39]は中国歴代を通じて数多く見られるが、これは文字どおり大量の書籍を保持しながら学問研究をおこなう場所という意味であり、忠宣王がそこに掲げた「済美基徳」の扁額についても同様な記述が散見する。[40] また、彼と交遊していた程文海も数千巻の書籍を集めて京師附近に「遠斎」（あるいは程氏山房）という書斎を構えており[41]、これが忠宣王の万巻堂の開設に影響を与えた可能性もある。

忠宣王はまさに、万巻堂という書斎の名前にふさわしい書籍の収集に努め、江南から各種の書籍を購入したり儒書を印刷したりした。その事業にかかわった具体的な関係者については十分にはわからないが、太子府参軍洪子衆・洪子深らを江南へ派遣して書籍の購入・印刷を行い、これを万巻堂が所在する瀋王邸に取り寄せる一方で、そのうちの一部が高麗へ送られたことがわかる。

また、忠宣王がこの時期の前後に、元の儒学者らを呼び集めて学問を討論したという点については、李斉賢の記録ばかりでなく、現存する各種資料からも確認できる。すなわち、忠宣王関連の諸文献から姚燧・程文海・趙孟頫らとの交遊が確認されており、また彼の生涯中に征東行省儒学提挙を歴任したと推測される周長孺・敖止善・安成周・張淵・黄可任らの江南儒学者[43]も彼のもとで従遊した可能性が高い。くわえて、一三一九年（忠粛王六、延祐六）三月以降、王が江浙地方を遊歴した際に、李斉賢が出会った許謙・陳樵・湯炳龍といった江南の儒学者ら[44]も、忠宣王と接触した可能性が高い。当時の忠宣王は失勢する前であり、一三二〇年（忠粛王七、延祐七）ころ、すなわち仁宗の在位期間の最後の時期まで、江南の儒学者らを文翰官に抜擢させるほどの影響力を持っていた（**資料26**）。

このような忠宣王の儒教に対する積極的な姿勢が、帝師八思巴（パクスパ）を孔子のような位置にまでもちあげようとする動きに対して、王を反対の意思を開陳せざるをえない結果にむかわせたといえよう[45]。

〔仏教界での活動〕

ひるがえって、武宗カイシャンの即位後、緊密な関係を持っていた皇太子アーユルバルワダが隠棲している時期、忠宣王は皇太子の命を受けて各種仏教行事に参加しながら、仏教関係者らと幅広い交流をおこなっていた。すなわち、一三〇八年（忠宣王復位年、至大一）、忠宣王は鳳山子儀の道行の高さを知り、彼を武宗カイシャンに謁見させた（**資料3**）。この時期の前後、王は皇太子の命を受けて臨済宗系の僧侶智延（一二五七～一三三五）[46]を彰徳路の天寧寺に居住させたり、大都にある大慶寿寺へ招聘して説法をおこなわせたという。その際忠宣王は、諮問の便のために、彼に呼奴山にある弘福寺に居住するよう要請したという。

また、忠宣王は一三一一年（忠宣王三、至大四）十月に、大都の法王寺で挙行された浄土宗系の白蓮宗の復教行事に参加して願文を作成した[47]。この時復教の許可を得たのは、普度[48]を中心とする江西行省江州路所在の廬山東林山系の白蓮宗であった。普度は宗風を回復するために弟子十余名をひきいて京師に上って復教を請願し、皇太子アーユルバルワダがこのことをカイシャンに上奏して復教が認められたという[49]。忠宣王が民衆仏教である浄土宗系の白蓮宗の復教にも積極的に参与したとみられる。

一三一四年（忠粛王一、延祐一）、かねてより帝師の弟子として訳経に努め、元皇室の知遇をえていたチベット出身の僧侶弘教仏智三蔵法師が入寂する直前には、仁宗が忠宣王に問病させたという[50]。忠宣王が元皇室の関係者として仏教界にも影響力をもっていたことを物語る事例である。このように忠宣王は武宗カイシャン以来、武宗・仁宗兄弟の知遇をえ、大都で仏教界の各種行事に参加し、仏僧らと交流するとともに、皇室と仏教界の架橋的役割を遂行していたともいえよう。

このような忠宣王の役割は、仁宗アーユルバルワダの即位後にも維持されており、一三一三年（忠粛王即位年、皇慶二）九月に仁宗が詔書をくだして江浙行省建寧路後山の報恩万寿堂に多大な寄進をした際、忠宣王も名を連ねていた。これより二年前、大都での白蓮教団の復教にも参与した忠宣王は、白蓮教団の根拠地である江南で行われた寄進の要請にも協力したのであった。これは彼が大都で江南人〔南人〕出身の官僚らと活発に交遊するとともに、江南の仏教勢力とも直接的な関係を築いていたことを意味する。

忠宣王と江南仏教勢力とのかかわりは、一三一二年（忠宣王四、皇慶一）九月から見え始める。すなわち同年九月、王は大都の瀋王府にあって、南山普寧寺板大蔵経五十部を印出し、それを元国内のさまざまな寺刹に寄進する旨の願文を作った。同年十二月には、王は太子府参軍の洪瀹らに命じて、大蔵経五十部を杭州一帯の上竺・下竺・集慶・慧因など十一の寺刹に寄進した[51]。さらに、一三一三年（忠宣王五、皇慶二）三月には、大覚国師義天（一〇五五～一一〇一）ゆかりの杭州慧因寺において義天と元の仁宗のために祝疏を奉呈した[52]。

こうした過程で、江浙行省紹興路にあった華厳宗門十六代孫の大同（一二九〇～一三七〇）とえにしをもち、彼を大都に招聘したが、大同は平江路呉県までやってきたところで、疾病を理由に帰還したという[53]。大同が帰還した本当の理由は明らかではないが、この事例もまた忠宣王が江南地域の仏教勢力と多面的なかかわりをもっていたことの一証左である[54]。

以上のような忠宣王と江南仏教界との結びつきは、一三一九年（忠粛王六、延祐六）三月、王が仁宗の許可をえて江浙地方の名所を遊歴したさいにより本格化した[55]。すなわち、同年夏に杭州に到着し、そこから足をのばして定海県の海中にある観音菩薩道場の補陀山に赴き、十一面観音を拝した。さらにその途次、慶元路鄞県四明山にある乾符寺の普容（一二五一～一三二〇）を訪問し、弟子の礼を行った[56]。これもまた、忠宣王が江南地域の諸寺院と紐帯を持とうとした一つの事例ということができる。

ついで忠宣王は、九月二日に杭州路於潜県の西天目山幻住庵に居住していた中峰明本（一二六三～一三二三）を訪問した[57]。この時、忠宣王は宣政院使・平章相国・王子・宰相・尚書・侍郎・宣使らを帯同したという。これらのうち宣政院使や平章相国が具体的に誰だったのかは定かではないが[58]、王子は彼の養子（姪）である瀋王暠と推測される。また従官は、忠宣王の随従臣として高麗側の資料に現れる権漢功・李斉賢のほか、太子府参軍洪瀹・奇長老[59]・白尚書らであった。

これに先立つこと六年前の一三一三年（皇慶二、忠粛王即位年）、忠宣王は中峰明本に書信と礼物を送って会うことを約していたという。そして、そのとおり訪問して弟子の礼を行ったので、明本はいたく感激し、王の請をうけて法名「勝光」と法号「真際」を与えるとともに、万余言に達する内容の説法をしたという。かたや忠宣王も、中峰明本から優待を受けたことを感謝して、師子巖の下に「真際亭」というあずまやをたて、「題真際亭」と題する詩を作り、明本もこれに次韻したという。

さらに王は、十月には趙孟頫が江浙行省平江路嘉定州の大報国通寺の寺記を撰するにあたって、その篆額を書いたという。おそらくは同寺も訪問したのであろう。この寺を創建した明了（生没年不詳）は、かつて武宗と仁宗の知遇を得て、法号を賜った。また、彼が創建したこの寺院は武宗および仁宗から賜額を授けられた。おそらくは忠宣王もまた、明了と、密接な関係を持っていたと推測される。

このように忠宣王は、大都の仏教界ばかりでなく、江南地域の仏教界とも広範な結びつきを保持したが、それはあくまでも一時的なことである。以上の諸事についていては、彼自身の仏教への傾倒に起因することでもあるが、大局的には元皇室の仏教界統治と無縁ではありえない。

＊一三二〇年（忠肅王七、延祐七）の被禍

一三二〇年（忠肅王七、延祐七）三月、英宗シディバラが即位すると、前帝・仁宗アーユルバルワダの側近勢力は次第に粛清され[60]、仁宗および興聖太后と密接な関係を持っていた忠宣王の立場もまた影響を受けるようになった。忠宣王が被禍した直接の原因が、高麗人出身の宦官である任伯顔禿古思（バヤン・トグス）の誣告にあることは、各種の資料からも明らかであるが[61]、それ以上に彼が元皇室内で占めていた地位の大きさによる可能性が大きいと思われる[62]。

そうした情況下、忠宣王は同年四月、時勢の変転からくる禍を逃れるため、江南に御香を降しに赴きたい旨の奏請

資料26

をした。しかし、同年六月、金山寺において、英宗が送った騎兵の手で大都に召還されたという。[63]ところが、資料26によれば、忠宣王が外方で追放されることになるにつれ、太皇太后の命によって鄞県の天童寺に移されたという。彼が避難した場所は幾つかあるが、王がそれらの場所を避難先に選んだ具体的な理由は分からない。ただ、天童寺は江浙行省慶元路鄞県の四明山にあり、[64]金山寺は江浙行省最北端の長江附近の鎮江路に位置しているので、この位置関係から考えれば、この時忠宣王は天童寺に赴く途中、金山寺で身柄を拘束されたと考えるのが妥当であろう。

忠宣王が避難しようと思った天童寺は、早くから忠宣王および高麗の宰相らと深い関係を持っており、高麗宰相の僉議中賛・安珦と僉議賛成事・元瓘が大蔵経一部を印出し、奉安した寺刹でもあった。[65]また、既述のように、忠宣王が一三一一年（忠宣王三、至大四）にその復教儀式にかかわった白蓮宗の普度が住持をしていた寺刹でもあった。[66]これら二つの寺院はともに江浙行省に属し、一三一九年（忠粛王六、延祐六）三月に忠宣王が江浙地方を遊歴した際に参拝した補陀山や師匠として敬った普容の乾符寺や中峰明本の幻住庵などとも近い位置にある。以上の考察から、忠宣王は元皇室内の政治的変動による禍を避けるために、大都から遠く離れた江南地方の仏教勢力頼ったと推測される。

おわりに

一生の大部分を元帝国内で送り、そこで各種の政治・社会的活動を展開した忠宣王については、明初に編纂された『元史』にはほとんどその記録が現れない。これに対して、元代に成立した各種の資料には忠宣王の様々な活動が数多くしるされている。それらを通じてみれば忠宣王は、一二九八年（忠烈王二十四、大徳二）の最初の即位の前後、元の儒学者らとの交遊に努めており、同年の退位以後も、政界および思想界で活発な活動を展開しながら復位を図っていた。そして一三〇三年（忠烈王二十九、大徳七）以後、忠烈王との対立が激化すると、元の諸政治勢力と緊密に連携しながら自身の地位の保持に努めたのであった。

そうした過程において、一三〇七年の武宗の擁立に積極的に参加し、元および高麗での政治的地位を高めたが、高麗側の資料に示されるように、政界での活躍よりはむしろ儒教・仏教といった思想界での活動に力をそそいだ。これは元の政界で熾烈に展開されていた政争に関わることなく身を処し、一定度の影響力を維持しようとした結果と思われる。すなわち忠宣王は、元の官僚として活躍する道を選ばず、華北および江南出身の儒学者らと積極的にかかわって彼らを政界に進出させるとともに、仏教界で影響力をもつ高僧らと結びながら、元皇室との紐帯を維持し続けようとした。このような忠宣王の活動がいかなる目的でおこなわれていたのか確実なことはわからないが、恐らく元の諸王の一員としての地位を維持し、高めようという意図から出たものであるとはいえるであろう。

元皇室と緊密に連結しようとする忠宣王の活動は、結果的に元の政治的影響力を高麗王朝に直接およぼすことになり、以後高麗王朝の運営が元によって大きく左右されるようになる一つの契機を作った。すなわち、忠宣王による元の儒学者らの征東行省儒学提挙司への任命は、以後行省の核心的実務官署である左右司において、元が一方的に官僚の任命権をにぎる契機となり、その結果として元の勢力が高麗に直接及ぶことを可能にした。この点は、忠烈王が元との関係に一定の距離を置きつつ征東行省の属官を高麗人で充員しようとしたこととは対照的である。この点からみれば、忠宣王は高麗と元を一層近く結びつけたことになる。

結局、元皇室と密着した忠宣王のさまざまな活動が、彼自身の地位の確立に役に立ったかどうかは確かめようがない。ただ、彼の活動を通じて、元の強い政治的な圧制が高麗に及ぼされ、その王朝の独自性に大きな悪影響を及ぼしたことは否定できないだろう。

註

(1) これに対する研究は一九六〇年代に高柄翊と金庠基によって韓・中両国の資料分析を通じて忠宣王の武宗擁立、王の侍従として活躍した李斉賢の活躍などの問題が検討されて学界の注目を引くことになった。その後、忠宣王の改革政治、彼と関わる瀋陽王（瀋王）の存在様態、王の崇仏、元皇室との血縁関係の重要性、そして元の政局動向と関連した王の活動などを分析した研究が続き、多くの成果が蓄積されてきた。ところが大部分の業績が韓・中両国の年代記を重点的に扱っており、一定の限界を持っている。ただ、これら論文の中で、資料面では北村高の論文が、視覚および方法論の面では金光哲の論文が注目される。

(2) これらの記事の原文の大部分は筆者の『元代麗史資料集録』（ソウル大学出版部、一九九七）、一二六～一六八頁に収録されている。

(3) この資料は『仏本行集経』三一、「刊記」にも収録されている。

(4) この資料は江蘇通志局編『江蘇金石志』二一（『石刻史料新編』一～一三）にも収録されている。

(5) 現在まで筆者が確認した高麗関係の記事は二百一件であり、そのうち高麗人に関連する記事は八十七件である。

(6) 『高麗史』世家三一、忠烈王二十四年一月丙申、甲辰。

(7) 『元史』一三、武宗本紀一三、至大三年四月己酉。

(8) これは姚燧が七十三歳時の一三一〇年（忠宣王二、至大三）に作ったという（姚燧『牧庵集』附録、「年譜」）。

(9) 清代の沈翼機編『浙江通志』二五、碑碣一、「慧因院瀋王請疏碑、万暦杭州府志、瀋王漳撰、趙孟頫書」。

(10) 『高麗史』世家三四、忠宣王二、「(忠粛王) 六年三月、請于帝降御香、南遊江浙、至宝陁山而還、権漢功・李斉賢等従之、命従臣記所歴山川勝景、為行録一巻」。

(11) この資料は韓致奫『海東繹史』五一、芸文志一〇、中国詩二にも収録されている。

(12) これは『高麗史』忠烈王・忠宣王・忠粛王の世家、忠烈王妃の斉国大長公主列伝、『高麗史節要』に基づき、その外の資料は典拠に表示した。

(13) その結果、一二九八年（忠宣王即位）の官制改革時に密直司を光政院に、監察司を司憲府に改称したが、これは九七二年南唐（九三七～九七五）が宋の圧迫によって枢密院を光政院に、御史台を司憲府に改称した故事を援用したものと思われる（清代の呉任臣『十国春秋』一七、南唐三、後主本紀、開宝五年、「開宝五年春二月、下令貶損儀制、改詔為教、中書門下省為左右内史府 尚書省為司会府、御史台為司憲府、翰林院為文館、一作芸文院、枢密院為光政院……」）。

(14) 『高麗史』世家三四、忠宣王十二年、『益斎乱藁』九上、忠憲王世家。

(15) 王称（生没年不詳）は眉州の人で字は季平、知龍州を歴任した。『東都事略』一三〇巻は宋の太祖から欽宗までの九朝の事蹟を紀伝体で整理している。

(16) この点は忠烈王が元の道士らを招聘して優待した点と差異があり（『高麗史』世家三一、忠烈王二十年十月丙戌）、興聖皇后・武宗・仁宗などの元皇室と緊密に関係を持っていた道士張留孫と忠宣王との関係は見当たらない（袁桷『清容居士集』三四、「有元……大宗師張公留孫家伝」）。

(17) 『元史』一七四、列伝六十一、姚燧。今まで学界では姚燧が忠宣王のために詩文を作った時期を考慮せず、姚燧がただ皇帝の命令によって作ったもので、忠宣王のもとでの立場はそれほど高くなかったという見解が提示されていた。ところが武宗擁立以後の忠宣王の立場および忠宣王と姚燧との関係などを考慮すると、この詩文は王が初めて即位する時に作られたものであることが分かる。

(18) 武宗即位前後の事情は金光哲「十四世紀初元の政局動向と忠宣王の吐蕃流配」（『韓国中世史研究』三、一九九六）にくわしく整理されている。

(19) 姚燧『牧庵集』附録、年譜、「大徳十一年丁未……冬、宮師府遣正字呂洙、持太子太師瀋陽王王璋書、如漢徴四皓故事」。袁桷『清容居士集』三二、行状、「翰林承旨王公（構）請謚事状」、「（大徳）十一年、太師瀋陽王等奏、俾乗駅造朝、拝翰林学士承旨、復脩両朝実録、特命贈公二代」。
兪希魯『至順鎮江志』一九、僑寓　人材　王垚、「王垚、字楽天、其先汴人……性聡敏、工詩文、尤長於康節経世之学、至大改元秋、瀋陽王引見武宗皇帝、奏充東宮説書必闍赤・宮師府太子文学」。

(20) 李斉賢『益斎乱藁』九上、忠憲王世家。忠宣王が退位して元に入った一二九八年（大徳二）の翌年にカイシャンが北辺へ出陣したので、両者間には緊密な関係が形成されなかったという見解もある。ところが忠宣王は一二九二年（至元二十九）以後、元に留まっており、退位以後にも一年以上カイシャンと接触する機会があったが、これはカイシャンが一二九九年（大徳三）十二月に出陣したためである（胡粋中、『元史続編』五、大徳三年十二月）。

(21) これら両者間の連結に対しては李承漢「高麗忠宣王の瀋陽王被封と在元政治活動」（『全南史学』二、一九八八）、金光哲一九九六年に整理されている。

(22) 『高麗史』世家三三、忠烈王二十七年一月己未、二十八年十一月丁巳、己未、三十年六月丙申、三十一年九月戊午。

(23) 阿忽台の婦人のひとりは洪奎の娘である（金龍善『高麗墓誌銘集成』翰林大学出版部、一九九三、五〇七頁、「洪奎妻金氏墓誌銘」）。

(24) 『高麗史』世家三三、忠烈王三十二年十一月甲午、列伝三八、王惟紹。

(25) 武宗擁立以後に忠宣王が黄金五百両、銀五千両を賜ったが、これは皇太后答己が受けた金二千七百五十両、銀十二万九千二百両に及ばないとはいえ、多くの量であることは間違いない。

(26) 余闕『青陽先生文集』四、「李克復総管赴贛州詩序」、「仁皇帝即位録懐来功、致高位者、無慮数十百人」。

(27) 『元史』一五四、列伝四十一、洪福源。

(28) 武宗代以後には王号の授与が濫発し、武宗代には二十八例、仁宗代には三十例がみえ、その中、忠宣王が授与を受けた一字王が各々十八例、十三例あった。駙馬も各々七名であった（野口周一「元代後半期の王号授与について」『史学』五六－二、一九八六）。

(29) この時期の推定は金光哲一九九六年、八二頁に依拠した。

(30) 李斉賢『益斎乱藁』九上、忠憲王世家、「科挙之設、王嘗以姚燧之言、白于帝許之、及李孟為平章政事奏行焉、其源自王発也」。

(31) 黄溍『金華黄先生文集』四三、家伝、「太傅文安忠憲王家伝」、『元史』一七七、列伝六十四、陳顥。

(32) 朱采赫「元万巻堂の設置と高麗儒学者」『孫宝基停年紀念韓国史学論叢』、一九八八、「イジルブカ瀋王」『黄元九教授停年紀念論叢』、一九九五。
(33) 金光哲一九九六年。
(34) 李斉賢『益斎乱藁』九上、忠憲王世家。
(35) 森平雅彦「高麗王位下の基礎的考察」『朝鮮史研究會論文集』三六、一九九八。
(36) 掲傒斯『文安集』十三、「蕭景能墓誌銘」、「父均衡、以賑粟致位贛州平準庫使漢陽府漢川県下濼使、俄以近臣薦授奉訓大夫・瀋陽王傅府断事官、尋以例罷」。彼は盧陵人蕭景能（一三〇一〜二六）の父である。その他一三一四年（延祐一、忠粛王一）に高麗王府断事官だった壬老君であるが、これは高麗の開城に位置した高麗王府の断事官と推定される（劉将孫『養吾斎集』三二、墓誌銘三、「袁謹斎墓誌銘」、「壬老君婿也、今以澄初名、受勅命為高麗王府断事官知事」、彼は吉州の袁怜一二七一〜一三一〇の壻である）。
(37) 『高麗史』列伝四、江陽公滋 暠。
(38) 張東翼一九九四年、二〇四頁。
(39) 忠宣王の万巻堂に対する記文は朝鮮王朝初期に金宗直が作ったことがある（『佔畢斎集』二、「万巻堂記」）。
(40) 宋代の李薦『蘇門六君子文粋』四八所収、『済南文粋』五、「済美堂記」、「済美誠欲 如十六族之才能、世済其美、不隕其名也」。この中、「世済其美、不隕其名」は、左丘明の『左氏春秋伝』に出てくる言葉で、子孫が父祖の業を継承して良いことを成就することをいう。
(41) 掲傒斯「程鉅夫行状」、危素「程鉅夫神道碑」『程雪楼文集』附録 所収。
(42) 龔璛『存悔斎稿』、「藩邸洪子深参軍得旨江南印儒書帰国、次韻張清夫所贈、以贈之」、「贈洪子衆参軍瀋王処購書奉旨乗駅」、張東翼『元代麗史資料集録』、一九九七、二八八〜二八九頁参照。
(43) 張東翼『高麗後期外交史研究』、一潮閣、一九九四、七一〜七六頁。
(44) 張東翼『元代麗史資料集録』、一七九〜一八三頁。

(45) 李斉賢『益斎乱藁』九上、忠憲王世家。忠宣王が吐蕃に流配されて三ヶ月後の一三二一年（至治一）三月に、帝師八思巴のための帝師殿が全国的に建立された点を見ると（『元史』二七、英宗至治一年三月丙子、『仏祖統紀』四八、至治一年）、この時期に提起された八思巴の立場浮刻と忠宣王の被禍は何らかの聯関性があると推測される。

(46) 彼は中書省彰徳路の人で俗姓は高氏、別号は北渓。大慶寿寺住持領臨済宗事を歴任した子安（生没年不詳、号は西雲）の弟子として、子安の死後彼を継承して大慶寿寺住持領臨済宗事となった（程文海『楚国文憲公雪楼程先生文集』一八、「大慶寿寺大蔵経碑」、上の**資料6**、黄溍『金華黄先生文集』四一、「栄禄大夫大司空大都大慶寿禅寺住持長老仏心普慧大禅師北渓延公塔銘」）。

(47) 当時、忠宣王は法王寺の法会に参席するとともに、高麗国内でも弥陀念仏を中心にした寿光寺白蓮堂を建立し、高麗の人々に念仏を命じた。

(48) 普度は江浙行省鎮江路丹陽の人（現江蘇）で字は優曇、俗姓は蔣氏。妙果寺・天童寺などに居住し、著書には『蓮宗宝鑑』十巻がある（兪希魯『至順鎮江志』九、僧寺）。

(49) 袁桷『清容居士集』二〇、「妙果寺記」。

(50) 念常『仏祖歴代通録』二二、大元、「甲寅正月二十二日、改延祐大赦、弘教仏智三蔵法師入寂、公済農氏、諱実喇卜袞楚克……延祐元年十月五日歿、年五十有六、其始疾也、詔賜中統鈔万緡、俾求医薬、太尉瀋王往視疾焉、既歿、又賜幣万緡、以給葬事」。

(51) 彼は忠宣王の随従臣として、王の江南地域での仏教界との接触で重要な役割を果たした人物だが、高麗側の資料では簡単な履歴だけが紹介されており、具体的にいかなる人物であったかはわからない。

(52) この時は元で第一次立省論が提起されており、高麗王朝の存廃が論議されるなど、麗・元両国の関係が複雑に展開されていったこととも関連があるだろう（『高麗史』世家三十四、忠宣王四年六月戊辰）。

(53) この時、洪瀹が慧因寺の困難な情況を忠宣王に報告すると、王は僧侶十余名に内帑を持って慧因寺を重建させるようにした。また、一三一七年（延祐四、忠粛王四）忠宣王が仁宗の命を受けて、ここで香を捧げて経典を読んだという記録もあるが（明代の田汝成『西湖遊覧志』四、南山勝蹟、「恵因寺……元延祐四年、高麗瀋王奉詔進香経於此」）、これは一三一九年の江南地域巡歴時のことと思われる。

(54) 彼は江浙行省紹興路上虞の人で俗姓は王氏、字は一雲、別峰と号して、景徳寺・宝林寺などに居住した。彼の弟子の中には高麗出身の僧侶若蘭がいた。かつて筆者は『元代麗史資料集録』一九九七、一四五頁、注三十三で、彼の弟子で高麗出身の僧侶には若蘭・景徳・仁静・姜山・明善・延寿などがいたとしたが、これは誤りで、若蘭だけが高麗出身である。

(55) この時の事実を高麗側の資料から求めると、次の通り簡略に記録している。『高麗史』世家三十四、忠宣王二、「（忠粛王）六年三月、請于帝降御香、南遊江浙、至宝陁山而還、権漢功・李斉賢等従之、命従臣記所歴山川勝景、為行録一巻」。

(56) 普容は江浙行省紹興路余姚の人で、俗姓は茅氏、字は太虚であり、乾符寺を建立した僧侶である（黄溍『金華黄先生文集』四十二、「四明乾符寺観主容公塔銘」）。

(57) 彼は江浙行省杭州路新城の人で俗姓は孫氏、中峰と号した。南方臨済宗の代表的人物のひとりである高峰原妙（一二三八～九五）の門下で得度し、続いて原妙に師事し、仁宗・英宗の知遇を得てからは、何回も法号を賜った。

(58) 明本の塔銘に弟子としてみえる行宣政院使張閭と行省丞相布哈と推測される（虞集『道園学古録』四十八、「智覚禅師塔銘」）。

(59) 奇長老は具体的にいかなる人物かわからないが、彼と関連すると思われる資料では「奇禅師住天童」とある（袁桷『清容居士集』四〇）。〔**追記**〕彼は一三一三年（皇慶二）に忠宣王の命を受けて、禅宗第五代祖弘忍の遺骨をふたたび黄梅県の東山寺に奉安した万奇上人と推測される（**資料追記2**）。

(60) 直接粛清されなかった人物も政勢の変動により山林に隠居したが、その代表的人物として大都留守柏鉄木爾を挙げることができる（黄溍『金華黄先生文集』四三、家伝、「太傅文安忠憲王家伝」）。

(61) 『高麗史』列伝三十五、任伯顔禿古思および**資料26**。

(62) この時の政治的変動および忠宣王の被禍状況は金光哲一九九六年、三二九～三三五頁にくわしく整理されている。

(63) 『高麗史』世家三十四、忠宣王五年（忠粛王七年四～六月）。

(64) この四明山には、忠宣王が弟子の礼を行った普容が創建した乾符寺がある(**資料16**参照)。
(65) 李翥『玉岑山慧因高麗華厳教寺志』六、「高麗国僉議賛成事元公捨大蔵経記」。
(66) 袁桷『清容居士集』二〇、「妙果寺記」「(普度)禅師久居東林、後主天童」。

第二章　李斉賢および権漢功、そして朱徳潤

はじめに

高麗王朝は、十三世紀前半以来モンゴル帝国の侵入を受け、三十余年間にわたり戦争状態がつづいて国力を消尽させ、ついに一二五九年（高宗四十六、憲宗九）に屈服することになった。この後、高麗はモンゴル帝国の支配秩序のもとに編入されたが、他の様々な国家や民族とは異なり、本来の国家体制をほぼそのまま保持しつつ独自の運営をおこなうことが可能であった。その結果、当時の中原の文人たちから、高麗王朝は「中国の過去の封建国家のような地位を持つ国家」という認識をもたれたりもした(1)。とはいえ、モンゴル帝国内の政局の変化により、モンゴル側からの強い政治的な圧迫を受け、国家の運営に数多くの困難がもたらされた時期もあった。

一方、モンゴル帝国との緊密な関係の中で、高麗人たちは様々な通路を通じて中原に進出し、モンゴル人・漢人をはじめ西域人や南アジアの諸民族とも様々に接触があった。この結果、韓民族の文化の幅が大きく広がることになった。なかでもとりわけ、高麗後期の文化的変動に大きな影響を与えたのが、中国地域の人々との接触であった［張東翼　一九九七年］。

現存する韓・中両国の漢文資料によれば、麗・元両国の文人が比較的活発に交流した時期は、忠宣王［瀋王］が武宗カイシャンの擁立にくわわり、モンゴル帝室から政治的に高い地位を保証されていた時期（一三〇七、大徳十一〜一

三二〇、延祐七）である。[2] すなわち、忠宣王が中原に滞在していた時期は、それ以前にクビライによって漢人および江南人が中央政界に本格的に起用された結果、モンゴル帝国の文物制度が比較的整備されて、帝国の支配秩序も十分に貫徹されていた「隆盛期」であったと言える。

この時期、忠宣王は高麗の他の歴代君主にくらべてより積極的に、モンゴル帝国の支配秩序と文物制度を受容しようと努力した。また王は、大都に長期間滞在しつつ、高麗の官僚たちを招いて、彼らの認識・視野を広めようとした。このため多くの高麗の官僚が中原をおとずれ、忠宣王の食客（門庭）として従遊していた元の文人たちと頻繁に接触した。その結果、南宋で発展した性理学を始めとして、各種の先進文物が高麗に伝えられ、以後韓半島の人々の精神や科学に大きな変化がもたらされたことはよく知られた事実である。

なかでも、元の文人たちと緊密な交流をおこなっていた代表的な人物は、李斉賢（一二八七～一三六七）と権漢功（一二六九？～一三四九）である。李斉賢の場合、彼の文集が今に残っているため、麗・元両国の文人交流を示す代表的な事例として様々に検討がくわえられ、朱子性理学の受容においても見逃がせない寄与があったとする見解も提示されている［金庠基　一九六二年・鄭玉子　一九八一年］。これに対して、権漢功の場合は文集が全く残っておらず、彼の学識・知見をはじめ、ひろく文翰的な力量を含めて十分に検討することができない。また、のちに起きた忠粛王と瀋王暠の高麗王位争奪戦において彼が瀋王暠を後援したことによって、後世の史家に否定的な人物として描かれたりもしている。[3]

本章では、以上のような点を考慮しながら、まず筆者が最近発見した李斉賢と権漢功が朱徳潤（一二九四～一三六五）に贈与した親筆の詩文［翰墨］を提示しつつ問題を提起しようと考える。ついで、当該の詩文が作られた背景を明らかにするために、忠宣王の食客（門庭）として従遊した麗・元両国の文人たちの動向を検討する。そしてさらに、これらの成果を基盤として、元の文人たちの中でも最後まで忠宣王の側近であった江南出身の朱徳潤と李斉賢・権漢功との交遊のあり方について考察してみたい。以上のような作業を通して、モンゴル帝国の政治的圧制下で成り立った麗・元両国の文人の交遊像に関する代表的な事例として、具体像を剔出できれば幸いである。(4)

一　新しく発見された李斉賢・権漢功の詩文

筆者はこれまで長きにわたって、北東アジアの諸言語でしるされた諸文献のうち、とくに高麗時代の対外関係に関連する漢語データを抜萃・整理することに努力してきたが、まだなお十分に手が及ばない部分がのこされている。その一つとして、筆者はここ十年余りをかけて、元代に作られた権漢功と李斉賢の詩文が収録された書帖を捜し求めてきたがなかなかその存在をつかむことができなかった。ところが最近、この十年来、何十回と通っていた図書館で、中国歴代の名筆家たちの墨迹を集めた書帖のなかに偶然それを見いだした。

この『百爵斎蔵歴代名人法書』(5)と題された書帖には刊記がみあたらないが、一九三九年以前に中国で刊行されたと推測できる。三巻三冊からなり横二九cm、縦四四cmとサイズの大きい本で、そこに収録された書面それぞれの大きさは、横は一六～二〇cm程度である。いずれも適宜切断されて数面にわたり、縦は二六～二九cm程度である。収録された墨跡は、五代の楊凝式〔楊少師〕・宋代の孝宗、そして元代の趙孟頫を始めとした十五人、明代の三人などの二十件（巻上）、明代の人物二人の十一件（巻中）、明代の人物五人と清代の人物三人の九件（巻下）である。

この中でとくに注目を引くのは、巻上の「元兪午翁・馮海粟等十二家投贈朱沢民詩文」である。この題名はあくまでこの書帖を編集した人物によって付けられたものであり、「元代の兪焯（号午翁）・馮子振（号海粟）等の十二人が朱徳潤（一二九四～一三六五、号沢民）に贈呈した詩文」の意である。[6] その内容は、十二人の人物が各々さまざまな時期・場所にあって多様な主題で撰した詩文を、朱徳潤に贈呈したものである。ようするに、朱徳潤または彼の後孫の手によって、朱徳潤に贈与された詩文が集められ連接されて、一つの書帖のかたちにされたものであることが分かる。

この資料の原本の現在の所蔵場所は分からないが、この書帖が作られた一九三〇年代には、冊名から推測すると、「百爵斎」に所蔵されていたことになる。明・清代以来、中国には多くの蔵書家の書斎があったが、「百爵斎」もそういう書斎の一つであろう。なかでも注目されるのは、中華民国時代の羅振玉（一八六六～一九四〇）の蔵書楼で、旅順に存在した「大雲書庫」の室名として「百爵斎」が見える。おそらくは、これらの資料は羅振玉の所蔵品で、その書帖の名も羅振玉が命名したものと推測される。

そこで、尨大な羅振玉の著作を調べてみると、彼の文集『羅雪堂先生全集』初編二冊[7]に収録されている『永豊郷人藁』丁稿に「雪堂書画跋尾」一巻がある。これには「存復斎朋旧投贈詩文集跋」がみえ、これは既述の「元兪午翁・馮海粟等十二家投贈朱沢民詩文」の跋文に該当する。[8] 今後、羅振玉の所蔵品の行方と関連して[9]、この資料の探査とともに、収録された個々の詩文についても詳細な調査がなされなければならないだろう。

さて、この資料に収録された詩文の内容を整理すると、次の**〈表4〉**の通りである。

〈表4〉「元十二家投贈朱沢民詩文」の収録一覧

順番	葉数	題名（「」は仮称）	日付	撰者
①	1～5	朱沢民集序	至正九年秋閏七月望後	兪焯

②	6〜10	「蘇台春宴図記」		馮子振
③	11〜13	奉送沢民茂異	延祐己未季秋十五日	龔璛
④	14〜17	奉為沢民提学賦山水歌	天暦元年初夏	貢奎
⑤	18〜21	鄙句奉謝沢民提挙恵制春山楼観図	天暦二年冬十月三日	王時
⑥	22〜24	なし		元明善
⑦	24〜25	「景定五年実録館脩撰朱公官誥書後」		柳貫
⑧	26〜27	「存復斎集序文」	至正九年秋閏七月十五日	黄溍
⑨	28〜29	徳清艤舟亭壁上有燕山史明詩次韻、徳清駅壁画玉与蘇史乗鸞奔月有石烈紇伯玉詩次韻		権漢功
⑩	30〜33	朱沢民秀才見示美人屏風四詩次韻		李斉賢
⑪	34〜35	奉贈沢民茂異		姚式
⑫	36〜38	堅上人重往江西謁虞閣老賦七言律一首為贈因写巻中		泰不華

これらの詩文は、兪焯（生没年不詳）・馮子振（一二五三?〜一三二七以後）・龔璛（一二六五〜一三三一）・貢奎（一二六九〜一三二二）・王時（生没年不詳）・元明善（一二六九〜一三二二）・柳寛（一二七〇〜一三四二）・黄溍（一二七七〜一三五七）・権漢功・李斉賢・姚式（生没年不詳[10]）・泰不花（一三〇四〜五二）ら十二人の作品であり、それらを連接して一つ

の書帖〔法帖〕と成したものである。このうち、高麗人の権漢功と李斉賢を除けば、みな江南地域の代表的な文人であって、そのほとんどが高麗の文人とも交流していた人物である。

高麗王朝と関連があるのは①と⑧である。まず、①は一三四九年（至正九）閏七月に兪焯が撰文した朱徳潤（字は沢民）の詩文集である『存復斎集』（別名『朱沢民集』）の序文である。これによれば、仁宗アーユルバルワダの在位中に、朱徳潤の能力を十分に認めていた忠宣王〔瀋陽王〕が嘉禧殿で徳潤を引見〔引対〕し、征東儒学提挙〔征東提学〕に任命したという。この経緯は、周伯琦（一二九八～一三六九）が執筆した朱徳潤の墓誌銘のなかで一層具体的に述べられている。

ひるがえって、この書帖は当時の書式をよく反影しているものであって、皇帝の仁宗を「仁廟」と表記し、かつは行をあらためて、諸王である瀋陽王（忠宣王）を「瀋陽」と表記しつつ一文字を空格として、各々に対する尊崇の意を表わしている。このような当時の書式に関する知識がないと、「瀋陽」がはたして何を意味するか理解しがたいかもしれない。

かたや、資料⑧は、①と同じ年の秋に、黄溍が姑蘇駅で朱徳潤から彼の著作『存復斎集』を贈られ、それに対して作った序文である。ここでも、徳潤が忠宣王の好遇を受けて、征東行省儒学提挙に任命された事実が確認できる。

これらのデータの中で、さらに私たちが注目しなければならないのは⑨と⑩の権漢功と李斉賢の詩文であるが、原文は次の通りである。

①権賛善　徳清艤舟亭壁上有燕山史明

詩　次韻

水気迷雲欲上干巇舟亭畔暫偸
閑長橋矗々成図画浅瀬珊々響
珮環艀艋深依黄華曲招提半
隠翠林間渓辺魚鳥非相識猶恋
天香去又還　②辰韓権漢功

徳清駅壁画弄玉与蕭史乗鸞
　奔月有石烈紇伯玉詩　次韻
宝髻花鈿百宝糚玉簫明月満
中窓彩鸞一去無尋処惆悵三山路杳茫

朱沢民秀才見示美人屛風四詩次韻
鼓琴　　　　③鶏林李斉賢
憶年始二八学弾緑綺琴得升君④□□
毎奏太古音玉軫比君徳朱絃⑤□□□
願言相纏結調成双鳳吟
佩帨
結褵到君舍奄忽十餘年丹心期白
首皎日在青天女蘿附長松弱質能

自持願保栢舟節為君守深閨
観書
亭々緑窓姝灼々鸑鳳儀潜心烈女
伝古訓庶莫違侯門豈不貴媒妁亦
有辞難将芝蘭質備君歌舞姫
倦織
含情不自聊脈々臨瓊戸非関被春悩
倦織機中素容華安足恃貝錦生嬌
妬世事諒如斯曾参困投杼

この全五首からなる詩文のうち、前半の二首には冒頭の追記に権賛善（①）、作者自身は「辰韓権漢功」（②）としてその名を記載している。権漢功は、元から皇太子の道徳・侍従・文章などを担当する太子左賛善（正六品）に任命されており[15]、そのため権賛善と呼ばれたのであった[16]。また、後の三首については「鶏林李斉賢」と明記されており（③）、作者が李斉賢であることが容易にわかる[17]。

この五首の詩文は、原本の大きさは分からないが、権漢功の詩文の場合、上端部は二・五cmの余白があって、下端部は余白が殆どない状態である。おそらく本来はこれより大きい紙に詩文が書かれていたのだが、様々な詩文を適宜截断して一つの帖装にしたさいに、上下左右の余白が截断されたのだろう。また、影印された紙の大きさは横二九・八cm、縦二八・二cm程度で、各十一行、一行は十二〜十六字となっている。くわえて、本文の字（作者の自筆）の大きさは平均二cm内外、小さい文字（②）は一・五cm程度、小さい文字の追記（①）は一cm程度である。この影印本は、実物よりは少なくとも一・五倍以下で縮小影印されたと推測される。

一方、李斉賢の詩文の場合、上端部および下端部の余白が殆どない。紙の大きさは横六一・六cm、縦二八・五cm程で、文字は十七行、一行は十四〜十五字となっている。また本文の字（作者李斉賢の自筆）の大きさは平均二・七cm内外、小さい文字（③）は一・三cm程度である。かつは一行から五行までの下端部の一部が欠けており、二行目（④）で二字が、三行目（⑤）で三字が脱落していることがわかる。この影印本も、実物よりはだいぶ縮小影印されているわけである。

これらは今まで知られていなかった注目すべき自筆の翰墨といっていい。まず李斉賢の場合、彼の文集である『益斎乱藁』が現存しているが、彼の門生の李穡（一三二八〜九六）が撰した序文で言及されているように、そこにはごく一部の作品だけが収録され、上記の資料は収録されていない。また、李斉賢の真迹がほとんど残っていない状況を勘案すれば[18]、これらは詩文および書藝の分野でも注目されるだろう。それに比べて、権漢功は後日瀋王暠（忠宣王の姪、養子）の擁立に参与して、高麗政府から反体制的な人物と見なされ、『高麗史』の姦臣列伝に収録されることにもなった。そうした結果なのかどうかは分からないが、彼の文集『一斎集』は現存せず、朝鮮王朝後期に彼の子孫がその時まで残存していた詩文を収拾した『一斎先生逸稿』が今に残るだけである[19]。しかし、この文集にも上記の資料は収録されていない。

以上の詩文を贈呈された朱徳潤は、忠宣王の食客として従遊した[20]「門士」で、高麗人である権漢功・李斉賢らとも交遊した。彼の文集にはその二人に贈った詩が三首が残されている[21]。このような交遊関係からみて、権漢功も朱徳潤に詩文を贈ったと考えられる。また、李斉賢と朱徳潤の交遊の様子は李斉賢の文集のなかに記録が残されており、二人は元や高麗でともに暮らしながら書画や詩文について互いに意見を交換している[22]。従来、権漢功と李斉賢が朱徳潤に贈与した詩文は確認されておらず、三人の間の交遊が親密だったのかどうか疑問もあったが、上記の資料によってその疑問は解消された。

さて、問題の詩文は、権漢功と李斉賢の真迹［翰墨］である。まず、書体について検討してみよう。この墨迹資料集の編輯に参与した現在の中国人学者は、「権賛善と李斉賢二人については生涯と事迹が明らかではないし、彼らの書法もまた他の人物に及ばない（権賛善・李斉賢二人、生平事迹不詳、其書法亦不若其他各家）」と述べる[23]。それはこの二人が大元モンゴル国に進出して官僚またはその代行人として多くの文人と交遊した高麗人だったことを認知してなかった結果である。ところが、彼の書体についての眼力は、高麗人の書法が元代江南の文人[24]と異なることを、明確に指摘できる高いレベルにあったと考えられる。

権漢功と李斉賢の詩文の字体は、主に行書を使用し、草書がいくらか加味されている。また、文字の形態は細長でもなく、横に広がることもない中間形態であり、すんなりとしているよりは多少鈍重であっても荘重で文字に力がある。ただ、文字の濃淡の程度が影印本であるため判断しにくい。そこでこれらの詩文の筆体の水準を評価するために、影印本を1／2に縮小し、書者を明らかにしないまま、書学でなく書藝に一定の知見を持つ筆者の知人に意見を求めた（そのとき筆者は日本滞在中だった）。すると筆者が要請した項目に対する答弁は次のようであった[25]。

これらの文字は、王徽之の書体をすこし勉強した感じはあるが、大きく影響を受けたようにはみえない。かと言って欧陽詢の書法だと見るのも困難で、趙孟頫の松雪体の影響も受けていないようだ。そしてこれらの文字は、習字を非常にたくさんこなした手並み［手法］ではあるが、優れた文字［名筆］と見るには困難がある。

以上は、これらの資料が作られた時期や書者を全く知らない状態で行った非専業の書藝家の評だが、筆体の水準を判断するためには参考にする必要があるだろう。

ところで、権漢功と李斉賢が元に進出した時期には、趙孟頫（一二五四～一三二二）が宋代の蘇軾・黄庭堅・米芾らによって確立された書風を変化させ、王羲之への復古［古意］を主張しながら優美典雅な書体を開発して、新たな書法の基本風情［典型］を定立させていた。[26] このような時期にあっても、権漢功らが緊密に交流していた趙孟頫（二十五歳から三十歳以上の年上だったと推定される）の書法から影響を受けた様子は見えない。もしそうだとすれば、権漢功と李斉賢の書法は、高麗独自の書体を継承していることになる。この点については、今後書学の専門家によるさらなる検討が要請される。

二　李斉賢ら三人の交遊背景――忠宣王とその門下に出入した文人たち――

李斉賢と権漢功、そして朱徳潤らの緊密な交遊は、クビライの外孫だった忠宣王（瀋王、一二七五～一三二五）の長期間にわたる大都での滞在によって可能になった。したがって、まずは忠宣王の生涯と元での行跡を調べる必要がある。

忠宣王は高麗で出生して、一三二五年（泰定二）に大都で五十一歳の生涯をとじた。彼は成長過程において両親に従ってしばしば元に赴いたが、それらはおおむね短い期間の滞在であった。しかし、十六歳であった一二九〇年（至元二十七）の十一月に元に赴いて以後は、薨去するまで、高麗の世子・国王としての役割を遂行しながら、ほとんど元で生活した。その結果彼は、高麗人としての生活よりは、モンゴル人としての人生をより多くすごしたと言える。また二度にわたって高麗国王となったが（第一次一二九八、大徳二／第二次一三〇八、至大一～一三一三、皇慶二）、高麗で政務を執ったのは、結局のところ合わせて一年程に過ぎなかった。

忠宣王は幼い頃から青年期まで、世子輔徳として随従した儒学者の鄭可臣や閔漬から儒教経典を教授され、儒教的素養を身につけた。そのため、中国歴代王朝の興亡をよく認知していたし、それと関連して中国史書を講読することを好んだようである。

彼は、一二九六年（元貞二、忠烈王二十二）十一月、二十二歳で晋王カマラ（甘麻剌）の娘ブダシリ（宝塔実憐）と結婚した。その二年後の一二九八年（大徳二、忠烈王二十四）一月には父王から位を譲られて高麗王となり、約七ヶ月間、内政改革を推進したが、内外諸勢力の反撃を受け、元によって強制的に退位させられ、同年八月には元に戻り、以後の十余年間を大都ですごした。このの ち彼は高麗での政治的劣勢を挽回するために努力する一方、仏教界でも一定度の重要な役割を演じていた。すなわち、江南の仏教教団の白蓮宗が復興をはかっている時にそれを支援し、また元皇室と緊密に繋がっていた大都の大慶寿寺とも結びつくなど、仏教勢力と結びつくことにより自身の地位の保全につとめた。

そうするうちに、一三〇七年（大徳十一、忠烈王三十三）一月の成宗テムルの死後、帝位継承をめぐって安西王アーナンダ（阿難答）とダルマバラ（答剌麻八剌、後日順宗と追尊される）の妃のダギ（答己、後日の興聖皇后）および彼女の次子アーユルバルワダ（後日の仁宗）の間で対立・抗争が勃発した時、忠宣王（三十三歳）は親密な関係（忠宣王の甥姪）にあった後者を支援して功をたてた。続いて西北方面で強力な軍事力を掌握していた答己の長子カイシャン（海山）が帝位を望んで南下し、アーユルバルワダとの妥協によって海山（武宗、二十七歳）が即位し、アーユルバルワダ（二十三歳）は次期の帝位継承権が保証された皇太子に冊封された［金光哲 一九九六年］。

こういう状況の中で、軍事上の強力なバックをもたない皇太子アーユルバルワダは儒者たちを東宮官として抜擢したのをはじめ、儒教や仏教といった思想界とむすび、徐々に自己の基盤を作っていこうとした。この時忠宣王は、本来宰相が兼職することになっていた皇太子の輔導係たる最高職の太子太師（正二品）に任命され、姚燧・王構・王垚などを招聘し、東宮官ないしは各種文翰官に抜擢した。[27] また王は、皇太子アーユルバルワダの命を受けて各種仏教行事に参与して、仏教界の後援を得ようとした。

かくて、忠宣王は武宗カイシャン擁立の功臣として瀋陽王に冊封され、さらに瀋王に昇格し、中書省に入って国政を論ずることとなった。ところが武宗カイシャンが在位した四年の間に、皇太子アーユルバルワダを支持した右丞相のハルカソン（哈剌哈孫）も外職に出され、彼の師傅であった李孟も姿を消してしまった。皇太子アーユルバルワダは政治活動を自制して隠忍自重し、儒教界や仏教界の人物と接触しながら自分の基盤の保持につとめた。この時、忠宣王は太子太師として姚燧・蕭𣂏・閻復・洪革・趙孟頫・元明善・張養浩ら旧金国系や南宋系の儒学者を呼び集めて東宮官に充て、[28] 結果としてアーユルバルワダを側面から支援するかたちを採った。

武宗カイシャンは短期の在位でみまかり、仁宗アーユルバルワダが即位したが、当初起用した官僚には彼の側近のみならず、カイシャン系の人物もいた。それはおそらく、アーユルバルワダの弱点である軍事的基盤を固めようとしたためだろう。ところが、次第に政界の要職は仁宗の追従勢力によって占められ、それまでは太尉・瀋王の職位のみであった忠宣王も仁宗から右丞相就任を求められたが、結局断ったようである（一三一四、延祐一頃）。

忠宣王が右丞相に就任しなかった理由として、王に仕宦の意志がなかったとも推測されるが、むしろそれよりは、忠宣王が高麗王位を保持していたため、王自身がモンゴル帝国の政争に巻き込まれた場合、高麗王朝の安危にもかかわりかねないと予見したためかもしれない。とにかく、忠宣王はかつて武宗政権下で皇太子アーユルバルワダが身を処したように、儒教・仏教などの思想界[29]で一程度の役割を果たしながら、政界の背後にあって自分の地位を確保しようとしたのだろう。

とりわけ注目されるのは、忠宣王が仁宗に科挙制の施行を建議したのみならず、その実施においても最初に発議したといわれる点である[30]。とはいえ、科挙にかかわる一連の事績は忠宣王一人の功ではなく、彼の食客として従遊していた程文海・姚燧および仁宗を支持してきた李孟などの働きかけの所産である[31]。

以上から忠宣王の役割を勘案すると、まず江南出身の儒学者［南人］が中央政界に本格的に進出する契機を提供したという点に意義があるだろう[32]。そしてもうひとつ、中国の伝統的仏教を維持していた江南地域の仏教教団とモンゴル政権とが連結する橋頭堡を作った点もあげることができる［張東翼 一九九九年］。

一方この時期に、忠宣王は燕都にある彼の殿閣たる瀋王府に万巻堂を開設して、麗・元の多くの儒者を呼び集めて学問を討論した。この万巻堂に出入した江南出身の文人を通じて、高麗の儒学者たちが南宋で発達した性理学を始めとする各種先進文物を受容し、以後、高麗の思想界に大きな影響を及ぼしたとされる。この点については以下で少し検討してみたい。

まず、忠宣王が世子であった時期、すなわち一二九〇年（至元二十七、忠烈王十六）十一月から一二九八年（大徳二、忠烈王二十四）一月に高麗王に即位するまでの青年期、彼が中原の文人と交遊した様子はあまりみられない。わずかに彼が王位を継いで帰国するさいに、金代官僚の後裔である翰林学士王惲（一二二七～一三〇四）が詩文二首を贈呈した事例が見え、またおなじ頃に翰林学士姚燧（一二三八～一三一三）に詩文を求めたことがあるにとどまる。元の文人たちとの交遊はあったものの、きわめて限定的だったようである[33]。

そののち、高麗国王位を息子の忠粛王に譲った翌年の一三一四年（延祐一、忠粛王一）閏三月以降、大都に万巻堂を作って姚燧・閻復・元明善・趙孟頫そして李斉賢らを呼び集め、学問を討論したといわれる[34]。そのことは李斉賢の叙述だけでなく、他の資料からも確認されている。この時、忠宣王の食客として従遊した文人として程文海がおり、彼の生涯中に征東行省儒学提挙を歴任したと推測される周長孺・敖止善らの江南出身の儒者もまたそうであった可能性が高い。

くわえて、一三一九年（延祐六）三月以後、王が江浙地方を遊歴したさい、李斉賢が会った湯炳龍（一二四一～一三二二以後、丹陽の人）・許謙（一二七〇～一三三七、金華の人）・陳樵（一二七八～一三六五、東陽の人）[35]ら江南の儒者たちとも接触した可能性が高い。忠宣王は自身が失勢する直前の一三二〇年（延祐七）、すなわち仁宗の在位最後の時期まで、朱徳潤のような江南の儒者を文翰官に抜擢できるほどの影響力を持っていたらしい[36]。

ひるがえって、この時期に忠宣王の食客として従遊した麗・元両国の文人は一体、どのよう顔触れだったのだろう。その主だった面々についてはすでに言及したが、これを類型化してさらに具体的に検討してみたい。

まず、高麗の文人として、一二九八年（大徳二）八月に高麗王位を退いた後、父王の死後復位して、一三〇八年（至大一、忠烈王三十四）八月にいたるまでの、長期間にわたる燕都での随従臣、すなわち「燕邸随従臣」が挙げられる。その代表的な人物として安珦（一二九八、八～一二九九、初滞在、前征東行省都事・王京等処儒学提挙[37]）・白頤正（一二九八、八～一三〇八頃滞在[38]）・崔誠之（一二九八、八～一二九九、初滞在[39]）・権漢功（?～一三一三滞在[40]）・李彦忠・李混・崔鈞・金元具・金廷美（?～一三一七頃滞在）・朴景亮（?～一三二〇、六滞在）らがいる[41]。

ついで、忠宣王が武宗の擁立に参与し、自分の地位を強固にした一三〇七年（大徳十一）三月以後、失勢して外方に追放される一三二〇年（延祐七）三月まで、大都にあった殿閣、すなわち後日の瀋陽王および瀋王への冊封によって瀋王府と改称されることになる邸宅たる万巻堂を開設していた時期に随従していた人物たちである。その代表的な人物としては権準（一三〇八、十一～一三一六頃滞在[42]）・李斉賢（一三一四、一～一三二〇、初頃滞在[43]）・太子府参軍洪瀹[44]・

尚書白某［瀋王府事白元恒?］・朴仁幹（一三一六〜?滞在[45]）・朴元桂（一三一七、冬〜?滞在[46]）・李連松（?〜一三二〇、六[47]）らの文人官僚をはじめ、扈衛を担当したと推測される大護軍蔣得渲・親従護軍林宣・中軍将金完之・郎将呉仲景らの軍官たち[48]、および元忠（一三〇七、十八歳〜一三一〇、八滞在[49]）・権載（養子、王煦、一三一一、十六歳〜一三二〇頃滞在[50]）・元善之（?〜一三一三、二滞在[51]）・延安君暠（養子、一三一三、四以後継続滞在[52]）といった秘書的な役割を帯びつつ随行した侍従［近侍］、そして僧侶万奇上人[53]・万恒（慧鑑国師[54]）らがいる。

さらには、忠宣王が一三〇七年（大徳十一）六月に太子太師・瀋陽王に任命されて皇太子を後援するかたちになってから、一三一四年（延祐一）閏三月の万巻堂の開設を経て、失勢した一三二〇年（延祐七）初期にいたるまでの十三年間、王の食客として従遊した元の官僚層が挙げられる。これらはすでに言及したように、李斉賢と李穡の記録で確認されるが、それらを引用すれば次のようになる。

『益斎乱藁』九上、忠憲王世家、「仁宗為皇太子、王為太子太師、一時名士姚燧・蕭𣂏・閻復・洪華・趙孟頫・元明善・張養浩輩、多所投轂、以備宮官」。

『益斎乱藁』九下、太祖史賛、「忠宣聡明好古、中原博雅之士、如王構・閻復・姚燧・蕭𣂏・趙孟頫・虞集、皆游其門、蓋嘗与之尚論也」。

『牧隠文藁』七、「益斎先生乱藁序」、「……高麗益斎先生、生是時、年未冠、文已有名当世……大為忠宣王器重、従居輦轂下、朝之大儒搢紳先生、若牧菴姚公・閻公子静・趙公子昂・元公復初・張公養浩、咸游王門、先生皆得与之交際」。

『牧隠文藁』一八、「李斉賢墓誌銘」、「忠宣王……遂請伝国于忠粛、以太尉留京師邸、構万巻堂、考究以自娯、因曰、京師文学之士、皆天下之選。吾府中未有其人、是吾羞也、召至都、実延祐甲寅正月也。姚牧菴・閻子静・元復初・趙子昂、咸游王門、公周旋其間、学益進、諸公称歎不置」。

以上、忠宣王の門下で従遊した人物を列挙したが、李斉賢は当時の情況を直接に目睹していたはずであり、また李穡も国子監で三年間修学した後、優秀な成績で廷試に合格しており、その様子をよく知っていただろう。これらの内容を綜合して、年齢順で見れば、閻復（一二三六～一三一二）・姚燧（一二三八～一三一三）・蕭𣂏（一二四一～一三一八）・王構（一二四五～一三一〇）・洪革（生没年不詳）・趙孟頫（一二五四～一三二二）・元明善（一二六九～一三二二）・張養浩（一二七〇～一三二九）・虞集（一二七二～一三四八）の九人となる。

彼らは李斉賢と李穡が覚えていた文人のうちでも代表的な人々であり、その他にも王のために詩文や記文を作った程文海[55]、王によって東宮官に抜擢された王垚、そして一三一〇年（至大三）一月に大都で忠宣王が世子に伝位しようとした際に表を作った学士楊某［楊学士］[56]らも同様であったと推測される。

一方、忠宣王によって征東行省儒学提挙に任命された人物としては、張淵（一三一二～一三一三年頃に歴任、呉江人、趙孟頫の門人）[57]・潘東明（一三一二年九月一日以前に歴任）[58]・周長孺（一三一八年在職、安福州人、袁桷と交遊）[59]・朱徳潤（一三二〇年任命）[60]らがいる。また、任命された時期を明確にできないものの、忠宣王の存命中に任命された人物として敖止善（呉澄と交遊）・安成周（江浙行省照磨賀景文の妻の父）・黄可任（富州の人、呉澄と交遊した黄淳の弟）[61]らがいる。さらに、瀋陽王府の断事官であった蕭均衡[62]・一三一四年（延祐一）に高麗王府の断事官となった壬老君（吉州の人袁恮の壻）[63]らもいる。以上の面々には、朱徳潤と同じように忠宣王に従って高麗にやってきた人物もおり、また大都に留まって忠宣王に随従した人物もいただろう。

いずれにせよ、江南出身の儒者であって、忠宣王の門下に従遊して王の推薦［保薦］を受け、征東儒学提挙もしくは瀋陽王府および高麗王府の断事官に任命されたわけである。そのため一三一五年（泰定二）五月十三日（辛酉）に忠宣王が大都で薨去すると、十五日（癸亥）には、朱徳潤を中心に忠宣王の「門士」たちが集まり祭需をそなえて祀った。この時、朱徳潤が祭文を作ったが[64]、その祭文のなかで「門士」と表現された人物が、忠宣王の食客として従遊した様々な儒士・官僚を指すことは確実だろう[65]。

これら「門士」集団は、一三一四年（延祐一）閏三月に忠宣王によって開設された万巻堂で従遊した儒士の核心を形成していただろうし、そこには征東儒学提挙に任命されたものを始めとして、李斉賢と李穡が名を挙げた四十代以下の中堅儒学者であった元明善（大名清河の人）・張養浩（済南歴城の人）・虞集（四川仁寿の人）らも含まれていただろう。そうした結果として、一三二〇年（延祐七）の初め、すなわち忠宣王が失勢する直前に万巻堂に合流した姑蘇（崑山）出身の少壮儒学者である朱徳潤も、征東儒学提挙や瀋陽王府・高麗王府の王傅・断事官などを歴任した江南諸地域出身の面々はもとより、中原各地からつどいあった人物たちとの交遊が可能になっただろう[66]。

繰り返しになるが、ようするに以上の諸点を勘案すると、忠宣王の万巻堂は韓・中両国文人の交流の場であっただけでなく、すでに中央政界で確固とした地位を占めていた漢人文人と新しく進出した江南の南人出身文人を結びつける橋頭堡ともなったといえる。また、南宋の滅亡によって江南出身者たちの公的出会いの場であった科挙が久しく実施されず、学者間の交流が断絶していた状況を考慮すると、万巻堂は相当数の南人たちがより活発に交際しうる空間になったとおもわれる。この点で万巻堂がもった文化・思想上の意義には、無視できないものがある。

さらに附言すれば、すでに縷々述べたように、忠宣王が武宗・仁宗代に諸王として王府［瀋王府］を開設して儒教・仏教を中心とした思想界と緊密に連結しようとしたことを想起すると、彼の門下には文人・儒士以外にも僧侶・医士・陶工・相士・地師・術士などの多様な人物が出入していたはずである。すなわち、忠宣王の随従臣が江南仏教界の智延（一二五七〜一三三五）・子儀（生没年不詳）・法禎（生没年不詳）・普度（生没年不詳）・普容（一二五一〜一三二〇）・中峰明本（一二六三～一三二三）らの僧侶を大都に招請したり、もしくは随従臣を通じて彼らと連絡をはかったことから、他の分野の人物とも交流をしたはずであり、あるいは江南の仏教界に求法のためにやってきた日本人僧侶とも接触した可能性がある。[67] これらの点については今後、新しい資料の発掘を通じて明らかにできるだろう。

ようするに、忠宣王の様々な部門の随従臣たちは、元の文人・技術者との交遊を通じて各種先進文物を受容しようと努力した。彼らは個人的な嗜好にしたがって性理学・科学技術などの専門分野を決めて学び帰国していったが、そこには忠宣王による案配もあったと推測される。その代表的な事例として、白頤正（一二四七～一三二三）が性理学を、[68] 崔誠之（一二六五～一三三〇）が授時暦法を学んだことなどが挙げられるだろう。[69]

三　李斉賢ら三人の交遊

李斉賢・権漢功そして朱徳潤の交遊は、朱徳潤が忠宣王の徴召を受けた一三一九年（延祐六）冬以後に成り立ったが、この年を起点に三人の履歴を忠宣王および朱徳潤を推薦した趙孟頫[70]のそれとともに整理すると次の〈表5〉のようになる。

〈表5〉 李斉賢・権漢功・朱徳潤の履歴[71]

時期	履歴事項（典拠）
一三一九年（延祐六）	二・一〇　賛成事権漢功を元に送って聖節を賀礼するようにした（史三四）。
忠宣王四十五歳	三・　忠宣王が御香を敬って浙江行省宝陀山に達して是年の年末に大都に

趙孟頫六十五歳
権漢功五十一歳？
李斉賢三十三歳
朱徳潤二十六歳

戻る。この時従臣権漢功・李斉賢などが随従した（史三四忠宣王譲位後条）。

四・　趙孟頫が病で帰郷（湖州）するとき忠宣王に詩文を贈呈した（松雪斎文集五留別瀋王）。

九・六　忠宣王が宣政院使張閭・平章相国・王子（暠）、従官（権漢功・李斉賢・洪瀹・奇長老）などを率いて西天目山の明本を訪問した（天目中峰和尚広録一上示衆）。この時、李斉賢が明本と詩文を唱和した（天目中峰和尚広録二九次韻酬李仲思宰相四首）。

九・　忠宣王が杭州で呉寿山・湯炳龍に李斉賢の肖像・賛を制作させて、湯炳龍が九月十五日に賛を著作（乱藁四延祐己未予従於忠宣王降香江南之宝窟……）。この時、許謙が李斉賢の画像に対して賛を作って、陳樵が李斉賢の詩文に和合の答えと餞別の詩文を贈呈した（許白雲先生文集四李斉賢真賛／鹿皮子集二答李斉賢言別四分題送李斉賢三首）。

九・二二　朱徳潤が上京のために揚子江を渡っていく（文集八延祐六年九月廿二日渡揚子江）。この時、台州人柯九思（字敬仲）も共に上京した（文集七祭柯敬仲奎章閣鑑書博士文）。

一〇・　趙孟頫が嘉定州大報国通寺の寺記を撰すると忠宣王が篆額を書く（十二硯斎金石過眼録十八）。

一〇・　李斉賢が虎丘寺で忠宣王を随行して大都に帰る（乱藁一虎丘寺十月北上重遊）。この時、権漢功が鎮江県甘露寺で詩文を作る（東文選十六甘露寺多景楼）。

冬　朱徳潤が忠宣王の徴召に応じて上京しながら淮安路で硯銘詩を作る（文集一端

一三二〇年（延祐七）
忠宣王四十六歳
権漢功五十二歳？
李斉賢三十四歳
朱徳潤二十七歳

石硯銘）。

年末？　忠宣王が趙孟頫の薦挙を受けて朱徳潤を応奉翰林文字に任命されるようにする（文集附録朱徳潤墓志銘）。

一・三　大明殿で諸王・百官の朝賀を受ける（元史二六）。この時、朱徳潤が忠宣王［瀋王］に侍従して仁宗に謁見した（朱徳潤墓志銘）。

春　高麗宰相朴某（朴義？）が大都で朱徳潤に山水図を描くことを頼んだが五月に朱徳潤が帰郷したため実現しなかった（続集書贈故朴公秋山図）。

四・　忠宣王は時事が変ることを察し、患を避けるために御香を下すことを要請して江南へと向かう（史三四忠宣王譲位後条）。この時、忠宣王が外方に逐出されることになり、太皇太后答己が四明山天童寺に行くに際して朱徳潤が随従すると、忠宣王が表を奉って朱徳潤を征東行省儒学提挙に任命した（朱徳潤墓誌銘）。

六・　忠宣王が鎮江路金山寺で逮捕されて、従臣朴景亮・李連松が自殺した（史三五・一二四朴景亮）。

七・　李斉賢が高麗の知密直司事に任命されて（史三五）、科挙の考試官になる。続いて高麗国王府断事官に任命される（牧隠文藁一六李斉賢墓誌銘）。

九・　忠宣王が大都に着くと、仁宗が高麗に安置しようとしたが、王は離れなかった（史三四忠宣王譲位後条）。

一二・四　忠宣王が吐蕃撒思結に流配される（史三五同日条）。

一三二一年（至治一）

一・　忠宣王の随従臣権漢功・金廷美・蔡洪哲を下獄させる（節要二四）。

四・初　朱徳潤が大都から姑蘇に帰郷した（文集二雲龍山石仏寺記・七至治元年夏舟過彭城……）。

四・二九　権漢功・蔡洪哲が遠島に杖流される（史三五）。

一〇・六　忠宣王が吐蕃の撒思結に到着した（史三五忠粛八年十一月三日）。

一三二二年（至治二）
忠宣王四十八歳
権漢功五十四歳？
李斉賢三十六歳
朱徳潤二十九歳

是年初・　李斉賢が元に行ったと推測されるが、到着する前に忠宣王が西蕃に流配される（牧隠文藁十六李斉賢墓誌銘）。

二・　英宗が柳林で游猟をした後、朱徳潤を召還して、これを図・賦に描かせる（文集三雪猟賦幷書／朱徳潤墓誌銘）。

春・　朱徳潤が還京して秋山図を制作したが、高麗宰相朴某（朴義？）はすでに死んでいたため殯所にこれをかけて弔問した（続集書贈故朴公秋山図）。

六・一五　趙孟頫が湖州で逝去した（六十九歳）（趙孟頫行状）。

八・二一　権漢功・蔡洪哲らが瀋王暠を国王に擁立するために中書省に上書しようとする（史三五）。

一三二三年（至治三）

二・　この頃、閔漬・許有全などが大都にきて忠宣王の召還を要請すると、ここにい

忠宣王四十九歳
権漢功五十五歳?
李斉賢三十七歳
朱徳潤三十歳

た崔誠之・李斉賢も郎中元某・右丞相拝住に上書して忠宣王の召還を要請した（史三五）。

二・二六　拝住の上奏により忠宣王を吐蕃朶思麻宣慰司に量移した（史三五）。

四・二〇　李斉賢が忠宣王に謁見するために京師を出発した（乱藁二至治癸亥四月二十日発京師）。以後李斉賢が王の配所に進んで謁見した（史一一〇李斉賢）。
この時、朱徳潤が李斉賢に餞別の詩文を贈呈した（文集十送李益斎之臨）。

八・四　英宗が上都から大都に南還している間、南坡店で殺害された（元史二八）。
この時［至治末紀］、朱徳潤が同僚の柯九思（字敬仲）と共に（一時?）帰郷した（文集七祭柯敬仲博士文）。

九・四　晋王也孫鉄木児が即位した［泰定帝］。この時、忠宣王が京師に召還される（史三四忠宣王譲位後条）。

一一・一〇　忠宣王が大都に到着し、十三日泰定帝に謁見した（史三五忠粛王十一年十二月二十八日）。
この頃、朱徳潤がまた上京したことが推測される［筆者の所見］。

一三二五年（泰定二）
忠宣王五十一歳
朱徳潤三十二歳

春　朱徳潤が僧侶善謹の要請によって開京に位置した承天寺の大蔵経閣記を撰した（文集二王京路承天寺蔵経閣記）。

春　朱徳潤が高麗の民家で趙孟堅の墨梅一紙を蒐集してきた金元直の要請によって

		詩序を作る（文集五高麗金元直于海東得趙子固墨梅求詩序）。
	五・一三	忠宣王が元の燕邸で昇遐した（五十一歳）（史三四譲位後）。
	五・一五	忠宣王の門士らが祭祀を行う時、朱徳潤が祭文を作る（文集七祭太尉瀋王文）。
一三二六年（泰定三）	是年	朱徳潤が江浙行省の郷試に及第して会試に応試するために来た蔡恒之と京師で会う（続集嘉禾蔡恒之下第帰序）。
一三二七年（泰定四）	春	朱徳潤が郷試に及第して会試に応試するために来た河西開平人趙徳平と京師で会う（続集送趙徳平下第序）。
	四・	朱徳潤が京師から郷里に帰る（続集送劉伯城之中山序）。
	春	朱徳潤が父母の疾病で呉中で帰還（続集題王左丞君寔賦藁後）。
一三三八年（後至元四）	二・	燕南人梁載が撰し、右政丞権漢功が書いた金剛山表訓寺の碑が建立される（続東文選二一遊金剛山記）。
一三三九年（後至元五）	一一・一二	元の使臣頭麟らが忠恵王を逮捕して帰還すると、金倫・李斉賢・金光載らが随従した（史三六）。
	是年	崔瀣が権漢功の代わりに利旨銀所碑文を作る（拙藁千百二永州利旨銀所陞為県碑）。
一三四〇年（後至元六）	四・一一	忠恵王が元から帰って来ると（史三六）、李斉賢・金光載なども一緒に帰ってく

る（乱藁四庚辰四月将東帰題斉化門酒楼／牧隠文藁一七金光載墓誌銘）。

一〇・一　王府断事官李斉賢が征東行省員外郎李穀に息子李達尊の墓表を作成することを要請する（稼亭集十一李達尊墓表）。

一三四二年（至正二）

是年　隠遁していた李斉賢が『櫟翁稗説』を作る（牧隠文藁十六李斉賢墓誌銘）。

一三四三年（至正三）

一二・一五　宰相と国老らが中書省に上書して忠恵王の罪を赦することを要請する。この時、権漢功は懐疑的だったが金永暾・金倫などの主張によって、李斉賢が書状を草した（史三六）。

一三四六年（至正六）
李斉賢六十歳
朱徳潤五十三歳

五・一　李斉賢が『孝行録』の序文を作る（益斎集拾遺）。

閏一〇・　高麗人朴少陽が張翥の推薦書を持って朱徳潤を訪問する。朴少陽は朱徳潤から『論語集註』・『大学集註』などを伝受されて、彼の父朴允文の廬墓事実に対する詩画を要請し、受け取る（続集密陽朴質夫廬墓図記／稼亭集九寄朴持平詩序）。

一三四八年（至正八）

三・一　判三司事李賢らが提調史授都監に任命される（史三七）。

一二・一七　政丞王昫らが李斉賢を元に送り、表を奉って嗣王の祺（恭愍王）と眡（忠定王）を選んで冊封することを要請した（史三七）。

この時、李斉賢は一三一九年（延祐六）杭州で呉寿山が描いた自分の肖像を再び探す（乱藁四延祐己未予於忠宣王降香江南之窟……）。

一三四九年（至正九）
朱徳潤五十六歳

秋　朱徳潤が姑蘇駅に留っている黄溍を訪ねて『存復斎集』を伝えた（前掲資料／文集附録）。

閏七・一五　黄溍が『存復斎集』の序文を作る（前掲資料／文集附録）。

閏七・一六　兪焯が『朱沢民集』の序文を作る（前掲資料／文集附録）。

九・二〇　権漢功が開城で逝去した（八十一歳推定）（史三七）。

一三五〇年（至正十）

九・　以後、朱徳潤が試院の執事［執事試院］として杭州［銭唐］に滞在した（続集玉山県義学記）。

一三五一年（至正十一）

一〇・六　元が大都にいた江陵大君祺（恭愍王）を国王とした（史三七）。

一〇・　恭愍王が前判三司事李斉賢に命じて政丞を摂行するようにし征東省事を権断するようにする（史三七）。

一三五二年（至正十二）

是年　江浙行省平章政事三旦八が朱徳潤を呼んで行省照磨に任命する。続いて長興州尹［摂守長興］に任命される（朱徳潤墓誌銘）。

一三五七年（至正十七）

五・一一　李斉賢が致仕した（七十一歳）（史三九）。

一三六五年（至正二十五）

六・一七　朱徳潤が姑蘇で逝去した（七十二歳）（朱徳潤墓誌銘）。

一三六七年（至正二十七）　七・二九　李斉賢が開京で逝去した（八十一歳）（史四一／李斉賢墓誌銘）。

以上のデータから考えると、李斉賢ら三人の出会いは、忠宣王の万巻堂を通じてだったとおもわれる。ただし、三人がともに万巻堂に滞在した期間はさして長くはなかった[72]。朱徳潤が忠宣王の徴召を受けて上京してからまもなく、権漢功と李斉賢は高麗に帰還したと考えられるからである。

このような短い出会いではあったが、三人は親密な交際をしながら詩文を唱和したり、朱徳潤[73]が李斉賢のために「燕山暁雪図」を制作したりもした[74]。また、李斉賢は朱徳潤と共に大都の東部の市場に赴き、屏風に描かれた書画を観賞しながら、当時書画の分野で有名だった鉄関（生没年不詳）・公厳（生没年不詳）・息斎李衎（一二四五～一三二〇）・松雪趙孟頫・月山任仁発（一二五五～一三二七）[75]・白雲青山張道士（六一道士張彦輔と推定）・劉道権（生没年不詳[76]）・月潭長老らの作品や、唐代の画家である偉偃の作品を品評したりもした[77]。このような交遊ののち、李斉賢は朱徳潤の画法と彼から聞いた書画の技法について叙述している[78]。そして朱徳潤もまた、忠宣王が逮捕されたのち、帰郷しつつ、権漢功・李斉賢と別れて以後の心情を詩文に綴り、さらに李斉賢がチベットに流配された忠宣王に拝謁するために西方にむかわんとする際には、詩文を贈り餞別とした[79]。

その後、一三二〇年（延祐七）の四月に忠宣王は時勢の変化にともなう禍を避けて江南を離れた。これ以後の万巻堂の状況はよく分からないが、おそらくはそこで従遊していた文人たちもみな離散することになったと考えられる[80]。かくて、朱徳潤も同じ年の五月に帰郷し、一三二二年（至治二）二月にふたたび徴召される時まで姑蘇に留まっていた[81]。

一方、高麗に帰国した権漢功は、翌年一月に忠粛王によって逮捕され遠島に流されたが、このことが後日、忠粛王と瀋王暠の間で高麗王位の争奪戦が起きたさいに、彼が後者の側に立つ要因になったのだろう。以後、李斉賢は忠粛王を、権漢功は瀋王暠を支持する勢力の中核となり、各々両派の主張を代弁する文翰を担当しつつ〔主文〕、政治的には利害関係を異にする立場となった。[82] しかし、その一方で個人的な親密さやよしみは保持したまま、二人とも最高の地位である首相にまでのぼりつめた。[83]

さて、このような三人の交遊を通じておこなわれたお互いの詩文の唱和や学問的な交感がどのように進行したのか、まさにこの点が問われねばならないだろう。この問題についてては、既出の五首の詩文から、ひとつの手がかりを得ることができる。次にこれらの詩文の内容について検討してみよう。

まず、これらの詩文を再構成〔整理〕し翻訳を試みれば次のようになる。[84]

〔権漢功の詩文〕

徳清艤舟亭壁上有燕山史明詩 次韻

徳清県の艤舟亭の壁上に燕山史明の詩があって次韻する。

水気迷雲欲上干　　水気は雲に迷い込み、立ち上り天をおかさんばかり、
艤舟亭畔暫偸閑　　艤舟亭の畔にしばしの閑をぬすむ。
長橋矗々成図画　　長い橋はすっくとそびえてまるで絵のよう、
浅瀬珊々響珮環　　浅瀬では水音がさらさらと玉飾りが響くよう。
舴艋深依黄草曲　　小船は黄色い草の茂る湾深くにもやい、
招提半隠翠林間　　寺は青い林の間に半分見え隠れ。
渓辺魚鳥非相識　　川辺の魚と鳥は知り合いではないが、

猶恋天香去又還　なお天の香気を慕って行きてはもどる。

辰韓権漢功　辰韓人 権漢功

徳清駅壁画弄玉与蕭史乗鸞奔月、有石烈紇伯玉詩。次韻

徳清駅の壁に弄玉と蕭史が[85]鸞に乗って月に奔るさまが描かれており、石烈紇伯玉の詩があって次韻する。

宝靨花鈿百宝粧　うつくしい靨《えくぼ》に花模様の螺鈿を貼り、さまざまに飾り立てた姿。
玉簫明月満中堂　玉簫の音と明月の光が座敷に満ちる。
彩鸞一去無尋処　美しい鸞に乗って飛び去ってからは、尋ねることもできぬ。
惆悵三山路杳茫　悲しくも仙山への道ははるか遠い。

【李斉賢の詩文】

朱沢民秀才見示美人屛風四詩 次韻

朱沢民秀才が美人屛風の詩四首を示したので次韻する。

鼓琴　鶏林李斉賢

琴を弾く　鶏林人 李斉賢

憶年始二八　思えば初めて十六歳の時、
学弾緑綺琴　緑綺琴[86]を弾くを学んだが。

得升君□□　［君の□□に升るを得て……］
毎奏太古音　つねに太古の声を奏でた。
玉軫比君徳　玉の琴柱はあなたの徳に比し、
朱絃□□心　［赤い絃は□の心に□する。］
願言相纏結　願わくはお互いに結び合って、
調成双鳳吟　双鳳吟の調べを成し遂げたいものだ。

佩帨　手ぬぐいを帯びて

結褵到君舎　手ぬぐいを結んで(87)あなたの家に嫁いできてより、
奄忽十余年　あっという間に十年余りの歳月が流れた。
丹心期白首　とも白髪までもと誓った約束は、
皎日在青天　青空にかがやく太陽のように明らか。
女蘿附長松　女蘿《さるおかせ》が長い松にまといつくようにあなたについていきますが、
弱質能自持　弱い私の体はそれに耐えられるでしょうか。
願保栢舟節　願わくは柏舟の操(88)を保ち、
為君守深閨　あなたのために深い閨房を守れますよう。

観書　本を見て

亭々緑窓姝　緑の窓辺によりそうろうたけた女は、
灼々鸞鳳儀　かがやくばかりの美しい姿。
潜心烈女伝　烈女伝に深く心を潜ませ、
古訓庶莫違　昔の訓戒にそむくことなきよう願う。
侯門豈不貴　貴族の館がとうとくないわけではないが、
媒妁亦有辞　また仲人の言葉にも言い分はあるでしょうが、
難将芝蘭質　芝蘭のような清らかなこの体は、
備君歌舞姫　あなたの歌姫、舞姫などになることはできません。

倦織　機織りに倦んで

含情不自聊　思いを胸に秘めて自ら楽しまず、
脈々臨瓊戸　じっと目をこらして戸によりそう。
非関被春悩　春のために心を悩まされるのではない、
倦織機中素　しろぎぬを機で織るのに疲れたのだ。
容華安足恃　美しい容貌もどうして頼りになろう、
貝錦生嬌妬　美しい織物(89)は嫉妬を招くもと。
世事諒如斯　しかし世の中のことはどうせそのようなもの、
曾参困投杼　あの曾子でさえ讒言を信じた母が杼《ひ》を投げ捨てたので(90)困却したではないか。

これらの詩文の中で、[91] 権漢功の作品は、江浙行省湖州路（現湖州市）徳清県に所在した艤舟亭[92]の壁上にしるされていた燕山史明[93]の詩に次韻した詩と、徳清駅の弄玉と蕭史が鸞に乗って月に飛翔する壁画に付されていた紇石烈（号は伯玉）[94]の詩に次韻した詩である。これらの作品が朱徳潤といかなる関連を持っているのかこれらだけをみていては分からない。

じつは、これらと関連するとおぼしき朱徳潤の詩文が見られるのである（『存復斎続集』所収）。それを転載すると次のようである。[95]

□暮登徳清樵譙楼

万馬擁貔貅　暮登城上楼
哀笳風送客　長剣月臨幬
閫外分辺計　燈前借箸籌
二城如可後復　江面更何憂

権漢功と朱徳潤の詩文の形式や内容から、なんらかの関連性を探索するのには困難がある。しかし、徳清駅という詩作の場が同一である点に注目すると、両人が同じ場所を逍遥する中で生まれた作品である可能性がある。すなわち、権漢功の「水の気勢が雲を遠くして欄干に上がろうとするが、艤舟亭の畔でしばらくではあるが暇を作って、のんびり戯れたよ（水気迷雲欲上干、艤舟亭畔暫偸閑）」という文辞と、朱徳潤の「数多くの馬が勇猛な軍士を護衛するが、夕方頃に城上の楼閣に上がる（万馬擁貔貅、暮登城上楼）」という描写とは同じニュアンスを漂わせている。[96] このことからすれば、これらの作品が生まれた徳清駅に、権漢功と朱徳潤がともに到着し、かつは自由な時間を利用して各々詩文を作り、互いに贈与した可能性が高い。そうであるならば、はたしていつ権漢功と朱徳潤はいっしょに徳清地域を遊覧したのかという問題が提起される。両人の行歴や様々な情況を考慮すると、それは一三一九年（延祐六）に忠宣王が御香を持して江浙行省の宝陀山を訪れ、さらに江浙地域を遊覧しながら各地の儒学者・高僧などを訪問した時であろう。同年九月、忠宣王は杭州にいたが、その後余杭に到り、そこに留まってのち、[97] 余不渓に北上して、さらに権漢功の詩文のように、濃霧がかかり菊花が咲いた晩秋に徳清県に達し、ついで湖州に赴いたと推測される。[98]

権漢功の詩文は今に伝わるものが少なく、彼の文学的才能が十分に評価されたことはないが、当時にあっては高い評価を受けていたと考えられる。[99] このことは、一三五四年（至正十四、恭愍王三）に李穡（権漢功の孫壻）が廷試に及第したのち一時帰国する時、遼陽行省の崖頭駅の駅舎に権漢功の詩文が掲示されているのを見たという記録からも推測できる。[100] また、一三三八年（後至元四、忠粛王復位七）二月に、高麗で活躍していた燕南人の梁載が撰した「金剛山表訓寺碑」を権漢功が書したという記録から、[101] 彼の書の才能が当時ある程度認められていたことが推測される。

ついで、李斉賢の作品についてみてみると、その詩題に示されているように、朱徳潤が斉賢に見せた「美人図」屛風に書されていた四首の詩に次韻したもので、「鼓琴」・「佩帨」・「観書」・「倦織」である。現在、その「美人図」屛風の存否は不明であるが、彼の文集にはこの時李斉賢が見た詩文と推定される四首の詩文が収録されている。すなわち、「題撫琴士女」・「誦書」・「倦織」・「佩巾」と題された次のようなものである。[102]

題撫琴士女

纎纎柔理手　為君理素琴
閒作求凰操　早歳得知音
婉容更清歌　願結百年心
含情語夫子　莫待白頭吟

誦書

笄年受傅訓　朝夕誦母儀
進御鏘鳴玉　娩順礼無違
雞鳴思勧戒　衿纓備行辞
千金聘窈窕　今古有班姫

倦織

処女顔如花　懐春出庭戸
明粧落飛鳥　纎腰如束素
層城歓未合　蛾眉空慝妬
織成回文詩　紗窓捲機杼

佩巾

妾聞古貞女　委身期百年
白璧雖重宝　凜焉弗移天
秋風日夕至　班扇能久持

安得巾箱寵　貯妾黄金閨

これらの詩文を李斉賢の詩文と比較すると、句節ごとの最後の字［終字］が全く同じであって、李斉賢の詩題が物語るように、朱徳潤が「美人図」屏風の題記として作成し、李斉賢に披瀝した作品であることが明確である。ところが、両者の題名が少し異なる。すなわち、「題撫琴士女」と「鼓琴」、「誦書」と「観書」、「佩巾」と「佩帨」となっており、「倦織」のみ同一である。(103)

これは李斉賢が、朱徳潤の題名のいくつかの文字が歴代の高麗王の諱と同じ文字であることを考慮し、それを避けるために改題したのだろう。すなわち、「佩巾」→「佩帨」は巾の字が太祖の諱の建の字と、「題撫琴士女」→「鼓琴」は撫の字が恵宗（二代）の諱の武の字と各々同音であり、「誦書」→「観書」の誦の字は穆宗（七代）の諱である。高麗時代には、国王の名前と同じ字あるいは同音の文字さえも他の字に改字したし、仏教・儒教などの経典の場合には欠筆［欠画］した。この点を考えると、当時の代表的な儒学者であった李斉賢が、朱徳潤の題名をそのまま使用することはなかっただろう。

さて、これらの詩文によって、李斉賢と朱徳潤の交遊関係の一端をうかがうことができるが、これ以外にも二人の交遊関係が緊密だったことを示す資料がある。それはすなわち、李斉賢が一三四二年（至正二）の夏に作った『櫟翁稗説』の序文であり、そのなかで彼は、自分の号である「翁」の字意を次のように説明している。

> そもそも櫟の字は楽字の音に従ったものである。しかし材木にならずに（伐木される）害を遠ざけることは、木にとっては楽しみになる。そこで楽字を付けたのである。私がかつて仕官したのち自ら退いて、そこで号を櫟翁としたのだが、それは材木にならずに寿を保たんとする意だ。(104)

かたや、朱徳潤もこれと類似した意味合いの文を作っている。『存復斎文集』一、「寿斎銘」がまさにそれであり、次のようである。

亀霊而燋、雉文而翳、材為身累也。豈惟木与人、小年非菌、大年非椿、櫟之寿也、食吾真。

李斉賢が一三四二年（至正二）に『櫟翁稗説』をあらわしたとき、朱徳潤は郷里に隠棲しているので、当時二人の交信によって上記のような類似した文が作られたとは考えられない。とすれば、可能性としては青年期に二人が交遊していた時に、李斉賢が朱徳潤の文を読んだか、もしくは二人の交遊がきわめて親密であったため、後日になっても各々の思考が似かよっていたかである。そのいずれともにわかには判断しにくいが、ともかく既述の資料は二人の仲がそれだけ親密だったことをうかがわせるものであり、お互いに影響しあっていた可能性が高い。

また、朱徳潤の儒学者としての力量の程については、彼と交流していた人々の文章から見るに、かなりの水準に達していたと推測される。一三四六年（至正六）、彼が高麗人の朴少陽に『論語集註』・『大学集註』などを教えたということからしても、性理学に対してそれなりの知見を備えていたことが分かる。一方の李斉賢も、一三一九年（延祐六）に呉寿山が描いた彼の肖像画を見ると、そのかたわらの書架に『周易』が備置されており、性理学に対して関心を持っていたことがうかがえる。そうであれば、李斉賢と朱徳潤の交遊においては、詩文の唱和や書画に対する論議、そして性理学のような様々な学問に対する討論などが展開されていたのだろう。

おわりに

本章では、一三〇七年（大徳十一）の帝位継承の紛争にさいして武宗の擁立に成功し、太子太師に任命されたのちの大都における忠宣王の活動について検討した。すなわち、忠宣王は自身と緊密な関係にあったアーユルバルワダの皇太子（忠宣王の甥姪）時代およびその後の皇帝在位期間、合わせて約十三年の間、政界の中核に参与することなく、儒教・仏教などの思想界で活動しながら幕後の実力者として存在感を維持していた。この間、彼は儒学者とむすんで科挙制の実施を実現し、江南出身の儒学者［南人］たちを中央政界に抜擢した。また、江南の仏教教団をチベット仏教に色濃く染まっていた大元モンゴル国の支配層とむすびつける「かけはし」の役割も果たした。

そのかたわら、王は自己の学問的基盤を固めるために万巻堂を開設して、多くの文人や儒学者を呼び集めたが、そこにかかわった人物は、高麗で徴召された彼の随従臣［法従］、太子太師に任命される以前から交遊していた漢人・南人出身の既成の文翰官僚、そしてモンゴル帝国の官僚として立身しようとしていた江南出身の文人・儒学者［南人］たちであった。忠宣王は彼らを文翰官僚として推薦［保薦］したり、文翰官のポストが足りなかった時には、自分が任命権をもっていた征東儒学提挙、瀋陽王府および高麗王府の幕僚である王傅・断事官などにとりたてた。このような構成員の中で、のちに高麗に性理学が受容される条件を作った面々は、「門士」と呼ばれる江南出身の少壮儒学者層だったと推測される。

忠宣王の万巻堂に従遊した数多くの文人の中で、その足跡を明確に残している人物は権漢功・李斉賢そして朱徳潤である。彼らの間での交遊のありさまは、李斉賢と朱徳潤の文集にその一端が反映されているが、従来両人の親密さの度合いを見定めるのは難しかった。しかし、最近筆者が李斉賢・権漢功のふたりが朱徳潤に贈った親筆の詩文［翰墨］を発見したことにより、そこから彼らの間の交遊像がより具体的に把握できるようになった。

それは権漢功が朱徳潤と江浙行省徳清県で作った七言詩二首、および李斉賢が朱徳潤の「美人図」屏風の題記に対して次韻した四首など、すべて六首である。それぞれ原本の所蔵処・材質・大きさなどが不明で、ひきつづき探索される必要があるが、これらの詩文は当時の麗・元両国の文人間の交遊を考察するうえでひとつの重要な手掛りとなるだろう。おそらく、両国の文人間には数多くの詩文の唱和がなされたはずだが、現存する文集にはそれらはあまり残されていない。また、元人の文集には高麗人に贈与した詩文の一部が伝っているが、それに応じた高麗人の詩文はほとんど見当らない。そうしたなかにあって、権漢功と李斉賢の詩文に対応した朱徳潤の詩文が彼の文集に収録されており、そこから彼ら三人の交遊と学問的交流の状況が把握できることは、きわめて重要な意味をもっている。

くわえて、いずれも親筆の翰墨［真迹］であって、当時の真迹がほとんど伝存しない現状ではおおいに注目されるべき資料であろう。特に権漢功の場合、李斉賢と異なりその手跡が殆ど残っていないことから、彼の真迹と文翰能力を検定できるきわめて重要な資料といえるだろう。したがって、本章で言及したこれらの資料は、今後高麗後期の詩文および書藝分野の研究において大きな存在感を示していくことになるだろう。

注

（1）姚燧『牧庵集』三「高麗瀋王詩序」、虞集『道園類稿』二〇「送憲部張楽明還海東詩序」、陳旅『安雅堂文集』四「送李中父使征東行省序」。

（2）これは残された資料による結果論的な解釈になるかもしれないが、それよりはモンゴル帝国の高麗に対する政治的な圧制が強くない時期だったため、麗・元両国の文人が交遊できる素地がつくられ得たのであろう。

（3）『高麗史』一二五、列伝三八、姦臣一、権漢功。

（4）このような主題は金庠基 一九六三年・高柄翊 一九七〇年などの開拓的な研究を継承した既往の研究でもたくさん取り扱われたが、その研究の時点で注目された業績は西上実 一九七八年・北村高 一九八五年・池栄在 一九八〇年・朴現圭 一九九一年・金光哲 一九九六年・張東翼 一九九九年などである。

（5）この本が所蔵されている図書館への入庫時期は一九三九年六月九日である。

（6）この資料は周倜等編、『中国墨迹経典大全』二一、京華出版社、一九九八に収録されており、題名は「元十二家投贈朱沢民詩文」である。この本は、一九九〇年代後半に中国人学者の周倜を中心に七十人余りの学者が魏晋南北朝時代から清末期までの名筆家の墨迹を選別して編集した墨迹全集三十六冊である。この論文で紹介する資料の他に法蔵（六四三〜七一二）が義湘法師に送った書簡が収録されているが（三冊、一六九〜一八〇、「与義湘法師手書」）、これは一九七〇年代にすでに李丙燾教授によって紹介されている。

（7）文華出版公司、一九六八。台湾 大通書局、一九八六。

（8）羅振玉の跋文によれば、この書帖は彼の親旧の劉鶚（字鉄雲、一八五七〜一九〇九）の所蔵だったものを羅振玉が入手することになったという。また、これには十三人の詩文があったというが、下の〈**表4**〉に現れなかった「口悦堂名□」の詩文がもっとあったという。そして詩後に明代の姚広孝・張駿・申時行の跋があり、その中の申時行の跋によれば本来は十六人の詩文があったという。ただ申時行の文集である『四間堂集』四〇巻、一九五六年（万暦丙申）には、このような跋文は収録されていない。

（9）羅振玉の蔵書は一九四五年のソビエト連邦軍の旅順駐屯によりその多くが散失し、残りは一九四九年以降に現在の遼寧省図書館と大連市図書館に移された（趙成山、一九九四年）。

（10）周倜等編の上掲書によると、姚式は生没年および事迹が不詳だが元初に趙孟頫・鉄選（生没年未詳、呉興人）らと共に「呉中八俊」に属したと言う。彼は湖州帰安の人（呉興）で字は子敬であり、趙孟頫とともに敖継翁に受学し、一三〇一年（大徳五）頃紹興路学教授を歴任した（『剡源文集』五、「敷山記」）。朱徳潤も皇慶年間（一三一二〜一三一三）に姚式から画法について学んでいる（朱徳潤『存復斎続集』、「題徽太古所蔵郭天錫画巻後」）。

（11）兪焯は合沙の人で朱徳潤と幼い時から共に先生について勉強をし［桐子師時］、文墨では三十余年にわたって交際したというが、具体的にいかなる人物かはわからない。

（12）朱徳潤『存復斎文集』附録、「有元儒学提挙朱府君墓志銘」。

(13)　この資料は明代に朱徳潤の曾孫である朱夏重が編輯した『存復斎文集』一〇巻（四部叢刊続編集部本）では「瀋陽」が「瀋王」に改書されており、帝王に対する尊崇のための擡頭、分かち書きが行われていない。また兪焯が初めてこの資料を筆写した時、「瀋王」を「瀋陽」と間違って記載した誤字である可能性もある。
(14)　この資料は『存復斎集』附録に収録されている。またこの時の『存復斎集』は古文で書かれたもので、賦が二十首、銘が二十七首、記が十一首、序が九首だったという。現存する『存復斎文集』（四部叢刊続編集部本）の内容とは差異が大きい。
(15)　『事林広記』別集二、官制類、官職新制、東宮品職（叡山文庫所蔵本）。
(16)　『高麗史』一二五、列伝三八、姦臣一、権漢功。
(17)　そこで李斉賢・朱徳潤も権漢功を権賛善と呼んだ（李斉賢『益斎乱藁』五「送辛員外北上序」、『存復斎文集』八「別後懐権賛善李仲思二宰」、『存復斎続集』「別後懐権賛善」）。
(18)　『名家筆譜』に収録されている彼の真迹十余字をこの資料と比較してみると、筆の撥る部分に似た面を見いだせるが、この資料の文字のほうが洗練されているように思われる。
(19)　権漢功『一斎先生逸稿』は権漢功の作品十九首のほか、他人が彼に贈与した詩文・遺事などを集めたものである。彼の作品には中原の名勝について詠んだものが数多くあり、その中で「贈馮子振待制」は注目される資料の一つである。
(20)　李斉賢はこの時期に忠宣王の随従臣を「法従」と表現したが（『益斎乱藁』四「忠宣王真容移安于海安寺」）、「法従」は帝王の車駕を護衛する随従臣をさす。
(21)　『存復斎文集』八「別後懐権賛善・李仲思二宰」、巻一〇「送李益斎之臨洮」、『存復斎続集』「別後懐権賛善」。
(22)　李斉賢『櫟翁稗説』後集一、『益斎乱藁』二「雪」、巻四「和鄭愚谷題張彦甫雲山図」。
(23)　周倜等編、上掲書、三二三頁。この所見を提示した学者名は表記されていない。
(24)　この書帖［法帖］を作成した江南人十人の中で、馮子振は宋代黄庭堅の書法を継承し、柳貫と黄溍は趙孟頫を媒介として王徽之の書法を継承したという（中川憲一「元季の書風について」『東洋芸林論叢』平凡社、一九八五）。
(25)　この時、筆者は日本に滞在していたが、篆書の書写に能熟だと評される前慶北大学厚生課長林奇相氏に手紙で諮問を求めた。その時諮問に応じていただいた林事務官にお礼を申し述べたい。

(26) 中川憲一上掲論文、大野修作「元・明の書の復古と商品化」『書論と中国文学』研文出版、二〇〇一。

(27) ○姚燧『牧庵集』附録、年譜、「大徳十一年丁未……冬、宮師府遣正字呂洙、持太子太師・瀋陽王王璋書、如漢徴四皓故事」。○袁桷『清容居士集』三二「翰林承旨王公（構）請謚事状」「（大徳）十一年、太師・瀋陽王等奏、俾乗駅造朝、拝翰林学士承旨、復脩両朝実録、特命贈公二代」。○兪希魯『至順鎮江志』一九、僑寓 人材、「王垚、字樂天、其先汴人、……性聡敏、工詩文、尤長於康節経世之学、至大改元秋、瀋陽王引見武宗皇帝、奏充東宮説書・必闍赤・宮師府太子文学」。

この時、高麗出身で皇室の怯薛［宿衛］で働いていた韓永が皇太子宮に入侍することになったというが（李穀『稼亭集』一二、韓永行状）、これには皇太子の身辺を護衛しようとした忠宣王の配慮があったのだろう。

(28) 『益斎乱藁』九上、忠憲王世家、「仁宗為皇太子、王為太子太師、一時名士姚燧・蕭𣂏・閻復・洪革・趙孟頫・元明善・張養浩輩、多所投轂、以備宮官」。この中で趙孟頫は江浙行省儒学提挙を経て、一三一〇年（至大三）に揚州路泰州尹に任命されたが赴任しなかった。そしてこの時、皇太子の徴召に応じて翰林侍読学士に任命されたという（趙孟頫『松雪斎集』附録、「趙孟頫行状」）。この資料のように、この時忠宣王が介在していたはずであり、それは以後の両者の親密な関係や進退を共にしたという点から分かる。

(29) 忠宣王の仏教界での活動については、張東翼 一九九九年、本書の第二部第一章を参照されたい。

(30) 『益斎乱藁』九上、忠憲王世家、「科挙之設、王嘗以姚燧之言、白于帝許之、及李孟為平章政事奏行焉、其源自王発也」。

(31) 元における儒治のために努力してきた程文海はクビライの知遇を受けて、一二八五年（至元二十二）以来江南出身儒者の登用のために努力するなど文風の振作に大きく寄与し、一三一三年（皇慶二）の科挙制実施の論議で李孟・許師敬などと共に実務を担当した。その他に柏鉄木爾（伯帖木児）・仁宗の宿衛出身の陳顥なども科挙制の実施を建議したという記録が見られる（黄溍『金華黄先生文集』四三「太傅文安忠憲王家伝」、『元史』一七七、列伝六十四、陳顥）。これらの記録から当時の科挙制の設行は忠宣王一人の建議というよりは当時の儒者を始めとした支配層の共通の関心事であり、それら儒者を導いて仁宗の信任を大きく受けていた忠宣王がその意見を代弁して仁宗に建議し、科挙制の実施が実現したのだろう。

(32) この点は、南人が中央政界の核心的官府に参加できたのは皇帝アーユルバルワダの在位時期だったとみる見解［櫻井智美一九九八年］と一致するかもしれない。

(33) この時の随従臣は世子師傅であった鄭可臣・閔漬（彼らは世子を訓導してクビライから各々元の翰林学士、翰林直学士に任命された）と朴全之・金晅らであったが、彼らは王惲とも交遊した（王惲『秋澗先生大全文集』二二、「呈高麗世子」、「高麗国王謝事詔世子嗣位東還詩以送之」、「贈高麗樂軒李參政甥朴学士……」、「和雪中鄭・朴二学士金司業来訪詩韻」）。

(34) 李穡『牧隠文藁』一六、「李斉賢墓誌銘」。いっぽう『高麗史』世家三四、忠宣王譲位後条では閻復・姚燧・趙孟頫・虞集らが王の門下に従遊したとされている。

(35) 張東翼『元代麗史資料集録』一七九～一八三頁。

(36) この点は、彼が失勢する三～四ヶ月前の一三一九年（延祐六）冬に朱徳潤を呼んだことから分かる。

(37) 『高麗史』一〇五、列伝十八、安珦。安珦に関す研究としては張東翼二〇〇九年aがある。

(38) 白文宝『淡庵逸集』二「白頤正行状」。

(39) 『益斎乱藁』七、「崔誠之墓誌銘」。

(40) 『高麗史』一二五、列伝三十八、姦臣一、権漢功。

(41) 『高麗史』世家三十五、忠粛王七年六月、巻一二四、列伝三十七、朴景亮『高麗史節要』二四、忠粛王七年五月条。

(42) 金龍善『高麗墓誌銘集成』翰林大出版部、二〇〇六、六三二～六三五頁、「権準墓誌銘」。

(43) 『牧隠文藁』一六「李斉賢墓誌銘」。

(44) 李翥『玉岑山慧因高麗華厳教寺志』七、「大功徳主瀋王請疏」。彼は忠宣王の随従臣で、仏教の経典だけでなく儒教を始めとする様々な経書にも精通していると［通内外典］自負していた人物だという（宋濂『宋学士文集』五八「仏心慈済妙弁大師別峯同公塔銘」、明河『補続高僧伝』四、解義篇、大同師伝）。彼の号は尚徳であり、忠宣王の命によって江南で数多くの人物と接触しながら書籍を購入して大都および高麗に輸送したし、この時、李斉賢と共に忠宣王に随従し（『益斎乱藁』四

「哭尚徳洪宰相」）、征東儒学提挙張淵・龔璛・掲傒斯などと交遊した（龔璛『存悔斎稿』、「藩邸洪子深参軍得旨江南印儒書帰国、次韻張清夫所贈、以贈之」、「贈洪子淶（深?）参軍瀋王処購書奉旨乗駅」、掲傒斯『掲文安公全集』四「贈洪参軍兄弟」）。

(45) 崔瀣『拙藁千百』二「朴華墓誌」。
(46) 『牧隠文藁』一九「朴元桂墓誌銘」。
(47) 『高麗史』世家三十五、忠粛王七年六月、巻一二四、列伝三十七、朴景亮『高麗史節要』二四、忠粛王七年五月条。
(48) 李翥『玉岑山慧因高麗華厳教寺志』七「高麗国相元公置田碑」。
(49) 崔瀣『拙藁千百』二、「元忠墓誌」。
(50) 『東文選』一二五「王煦墓誌銘」、『高麗史』一一〇、列伝二十三、王煦。
(51) 『拙藁千百』一「元善之墓誌銘」。
(52) 『高麗史』九一、列伝四、宗室二、忠烈王・江陽公滋・暠。
(53) 鄧琛編『黄州府志』三九「勅賜重建五祖禅師碑」。
(54) 『益斎乱藁』七、「有元高麗国曹渓宗……宝鑑国師碑銘幷書」。
(55) 程文海『楚国文憲公雪楼程先生文集』一八「大慶寿寺大蔵経碑」、巻三〇「太常引寿高麗王」。
(56) 『高麗史』三三、世家三十三、忠宣王二年一月。
(57) 掲傒斯『掲文安公全集』五「呉歌一首送張清夫提挙征東校官先還呉中」、『元詩選癸集』丙、張提挙淵。
(58) 潘東明は一三二二年（皇慶一）九月一日に「前征東省提挙儒学」を称していること（徐東『運使復斎郭公言行録』、「浮梁州建学序」）から、この時期以前に歴任したことが分かる。
(59) 袁桷『清容居士集』一八「周隠君墓誌銘」。
(60) 『存復斎集』附録「朱徳潤墓誌銘」。
(61) 張東翼『高麗後期外交史研究』一潮閣、一九九四、七一～七六頁。
(62) 『掲文安公全集』一三「蕭景能墓誌銘」。

(63) 劉将孫『養吾斎集』三二、「袁謹斎墓誌銘」。
(64) 『存復斎文集』七「祭太尉瀋王文」。
(65) 門士は中国古代には「門番」「門吏」「門卒」と同じ意味で使われたが、この時は「門下の士〔門下士〕」「門下の人」「門下の客」「門下の書生」を意味すると考えた方が良いだろう。また、朱徳潤は一三二三年（至治三）十月六日に丞相東平王拝住のために作った祭文でも自分を「門士朱某等」と表現している（『存復斎続集』「故丞相東平王拝住祭文」）。
(66) この点は、彼の文集で上に列挙された人物の大部分のために作った詩賦が収録されていることから分かる。
(67) 忠宣王が尊崇した中峰明本から仏法を習った日本の僧侶は遠谿祖雄・无隠元晦（?～一三五八）ら七人で（卍元師蛮『延宝伝燈録』五、元杭州天目山中峰明本法嗣）、その他に門下に立ち寄った人物は十余人に達する（持正 録『天目明本禅師雑録』）。
(68) 白文宝『淡庵逸集』二「白頤正行状」、『櫟翁稗説』前集二。
(69) 忠宣王が元の太史院の暦数が精密であることを知って崔誠之に内帑金一〇〇斤を下賜し、師を求めて教えを受けるよう命じた。崔誠之はすでに日月五星の度数を推算して冊暦を製作する陰陽推歩法に造詣が深かったが、さらにこの新しい知識を高麗に伝えて暦学分野の発展に寄与したという（『高麗史』一〇八、列伝二十一、崔誠之、『益斎乱藁』七「崔誠之墓誌銘」、権近『東賢史略』、崔誠之、『世宗実録』一五六「七政算内篇序文」）。
(70) 一三二〇年（延祐七）、趙孟頫が自身と夫人の病気により帰郷する際に、忠宣王に朱徳潤を推薦したのは、彼の東門後学である朱徳潤が詩画にたけていた点を考慮したためであろう。
(71) 以下の典拠で史は『高麗史』、節要は『高麗史節要』、乱藁は『益斎乱藁』、文集は『存復斎文集』、続集は『存復斎続集』の略称であり、その他の典拠は代表的なものだけ提示した。具体的な内容は張東翼二〇〇九年bの該当時期を参照されたい。
(72) これに比べて万巻堂に長期間滞在していた権漢功と李斉賢は、数多くの中原の風物を描写した詩文、両者が元の文人と唱和した詩文を共に残している〔池栄在 一九八〇年・一九九八年、朴現圭 一九九一年〕。
(73) 現存する朱徳潤の図画には「林下鳴琴図軸」・「松渓放艇図巻」・「秀野軒図巻」（至正二十四）等があり、書には「致呉季実教諭尺牘」がある（『中国絵画史図録』一九八一、『宋元尺牘』二〇〇〇）。元代絵画史上の朱徳潤の位置に関する検討としては鈴木敬『中国絵画史』中之二（元）、吉川弘文館、一九八八がある。

(74)『益斎乱藁』二「雪」、「姑蘇朱沢民、善画山水、嘗為我作燕山暁雪図」。

(75)彼は松江府上海の人で字は子月、号は月山、水利専門家として多くの河および海堤の工程に寄与した。至大初に嘉興路同知になり、浙東宣慰副使で致仕し、絵画にたけていたという（王逢『梧渓集』六「謁浙東宣慰副使致仕任公及其子台州判官墓有後序」、『松江府志』七九、名蹟志、青浦県、元浙東宣慰副使任仁発墓、宗典 一九五九年、沈令昕 一九八二年）。彼の画法は宋代の李公麟と似ている（写実的伝統）といわれ、彼が描いた「双馬手巻」を奇皇后の兄の参知政事奇轍が所蔵していたという（『益斎乱藁』四「奇参政宅月山双馬手巻」）。

(76)彼は廬陵の人で、山水画にたけた人物であった（『新元史』二四二、列伝一三二、芸術、李時附劉道権）。

(77)『益斎乱藁』四「和鄭愚谷題張彦甫雲山図」、「劉道権山水」、「月潭長老二画――渉公降龍・豊干伏虎」、『櫟翁稗説』後集。

(78)『櫟翁稗説』後集一。

(79)『存復斎文集』八「別後懐権賛善・李仲思二宰」、巻一〇「送李益斎之臨洮」、『存復斎続集』「別後懐権賛善」。

(80)現在日本で、忠宣王の願文と共に「瀋王府」という長方形の印章（横一・三、縦三・二㎝）が捺された書籍が発見されているが（南禅寺所蔵『仏本行集経』・『仏説解節経』等、［張東翼 二〇〇四年］）、これらは万巻堂に所蔵されていたものと推定される。また、万巻堂の旧蔵書の一部は中国に残され、その一つが北京市智化寺に所蔵される普寧寺版の『付法蔵因縁経』一冊である［許恵利 一九八七年］。

(81)以後、政局の不安定化により、彼ら三人が一堂に会することはなかったようであり、権漢功と李斉賢が各々大都に派遣された時、個別に朱徳潤と相面したようである。一三二七年（泰定四）四月に朱徳潤が姑蘇に帰還して以後は、彼を訪問した高麗人を通じて消息を交わしたのであろう。

(82)この時期に李斉賢は、瀋王暠の擁立派を「雨が降る時、池で騒々しく泣いて戦おうとするカエル」に喩えながら「奸党」と称した（『益斎乱藁』二「題長安逆旅」）。このような李斉賢の歴史認識に深く影響された性理学者たちによって編纂された『高麗史』では、権漢功はいやおうなしに姦臣列伝に立伝されることになったのであろう。
(83) 権漢功は、一三二二年（至治二、忠粛王九）八月に瀋王暠の擁立を巡って大きな紛乱が起きた時、首相［上相］で権征東行省事だった可能性が高く（崔瀣『拙藁千百』二「代権一斎祭母文」、「而且僥倖身居上相手仮省権」）、李斉賢は一三五一年（至正十一）十月の恭愍王の即位時に摂政丞権征東行省事に任命された。一方、権漢功の壻の崇文監少監伯顔帖木児（康舜龍）は平章政事に昇ったという（『安東権氏成化世譜』）。
(84) この翻訳と注釈は東洋大学教養学部姜求律教授により、また、本書出版にあたっては、筆者のぎこちない日本語での翻訳を、鶴見大学の金文京教授が訳して下さった。紙面を借りて深い感謝の意を申し上げたい。
(85) 蕭史と弄玉の夫婦に関する逸話は『後漢書』八三、逸民列伝七三、矯慎列伝の注に引用される劉向の列仙伝にある。
(86) 琴に関しては、『古今疏』に「漢代に、司馬相如が『玉如意賦』を作ると、梁王が喜んで緑綺琴を始めとする様々な宝物を与えた」とあるという。
(87) 結褵は、娘を嫁がせる時の儀式のひとつであり、母親が娘の身にタオルをまとわせる。これは嫁ぎ先で媤父母たちによくつかえて家事が上手にできるようにとの意を含んでいる。
(88) 栢舟節（柏舟節）は、『詩経』邶風の柏舟序によれば、衛の世子の共伯が死んだ時、その妻である共姜が節義を守って他人に再嫁しないことを誓った詩であるという。この故事から「柏舟節（柏舟操）」は守節しながら他人に再嫁しない節介を指す。
(89) 貝錦は貝紋に似て、すばらしく美しいシルクを指す。
(90) これは『戦国策』の「秦策」に出てくる逸話で、費地域の人物である曾参の母が、他人の数次にわたる曾参についての嘘情報にだまされて、杼を投げて［投杼］越牆して逃げたという話である。これにより「投杼」とは、ありえない話でもたび重なると、最も信じている人の心すら揺るがす、ということを示す。李斉賢の詩文には、他にも曾参に関する句がある（『益斎乱藁』二「次韻白文挙尚書見贈」、「投杼惜曾参」）。
(91) これらの詩文の文学的水準がどの程度なのかは、筆者の研究領域でないため言及する能力がない。ただ筆者の感じたところとしては、権漢功と李斉賢が中国の古典について該博な知識を持っているという点があり、この点は彼らのほかの詩文にもよくあらわれている。

(92) 徳清県は浙江行省湖州路烏程県（呉興）の南側に位置しており、艤舟亭は湖州に徳清県を経て余杭で流入する余不渓（東笤渓）の川辺にあった亭子だと推測される。

(93) 燕山史明がいかなる人物かはわからない。

(94) この資料には「石烈紇」になっているが、これは明らかに「紇石烈」の誤りである。伯玉という号を名のった紇石烈がいかなる人物かはわからない。

(95) 引用した詩文の添字は、台湾中央研究院漢籍電子文献資料庫に登載されている『存復斎続集』との異同である。

(96) 朱徳潤はこの時権漢功［醴泉君］と会って詩文を唱和したことを後日に述懐しており、この詩で使用された「舴艋」という用語を再使用している（『存復斎文集』九「贈江少卿四景図」）。

(97) この時一行の中の李斉賢が余杭に留まって賓客を接待し事務を処理していたという資料がある（『櫟翁稗説』後集一、「昔嘗客于余杭、人有種蘭盆中、以相恵者、置之案之上、方其応対賓客、酬酢事物、未嘗其香焉……」）。

(98) そうすると朱徳潤は忠宣王が浙江地域を遊覧した時に王の招請を受けて陪行し、その年の末に大都で徴召されたことが分かる。

(99) 当時の文人の白元恒（生没年不詳）は、自分の詩文が権漢功のそれに及ばない［自言不及権漢功詩遠矣］と言っている（『櫟翁稗説』後集二）。

(100) 李穡『牧隠詩藁』三、「崖頭駅、有礼泉権政丞詩、其一聯云、野潤民居樹、天低馬入雲、其形容遼野、無復有限……」。

(101) 『続東文選』二一、「遊金剛山記」。

(102) 『存復斎文集』八、詩。

(103) これら二人の詩文の順序が異なっているのは、Ⅱ節で言及したように、李斉賢の詩文が一枚の紙に一首となっているためである。これは、書かれた料紙を後に帖に仕立てるために裁断して綴じ直した際、順序が錯乱したものと推測される。

(104)『櫟翁稗説』序文、「夫櫟之従楽声也、然以不材遠害、在木為可楽、所以従楽也、予嘗従大夫之後、自免以養拙、因号櫟翁、庶幾、其不材而能寿也」。

第三部　日本遠征の指揮官

——金方慶と洪茶丘、そして戦争以後の麗・日関係——

第一章　金方慶の生涯と行蹟

はじめに

二十余年にわたってモンゴル軍に抵抗しながら国家の命脈を維持してきた高麗王朝は、一二五八年（高宗四十五）に崔氏の武臣政権が崩壊すると、モンゴルへの服属を前提にして、いったん講和を結ぶことになった。ところが、崔氏の陰で成長した金俊・林衍などの武臣執権者らはモンゴルへの完全な降服を首肯できず、抗争と講和の二つの外交路線を巡って支配層の意見が分かれた。また、朝鮮半島の北部地域にはモンゴル軍が依然として駐屯して威圧を加えており、国家の存亡が見通せない情況におかれていた。

このような難局に対処せねばならなくなった高麗の支配層は、国家の存続のために様々な方策を考え出したが、それにかかわって当時の政局を主導した主要な人物たちとその生涯およびそれぞれの現実対応意識、そして思想などが検討の俎上にのぼってくる。とくに注目すべき人物としては、抗争論者の武臣金俊・林衍、講和論者の文臣崔滋・金之岱・李蔵用・柳璥・李世材らがおり、彼らの後には武臣金方慶、文臣許珙・趙仁規らが現れる。彼らの生涯と活動については部分的に検討された部分もあるが、全体としては依然として満足できる研究水準に至っていない。

本章で扱う金方慶（一二一二～一三〇〇）については、一九八六年以来、三篇の碩士学位論文が韓国で発表され、成果が蓄積されてきた[1]。それらの中には、三別抄の乱の平定と麗・元連合軍の日本遠征に関して検討したもの[2]や、特定の事件をめぐって金方慶が身を処した政治的情況を検討したものがある。(3) また既往の諸成果を参照しながら、当時の内外の政情と関連させつつ、金方慶の生涯を鳥瞰する研究も注目される。(4)

このような研究を一層進展させるためには、金方慶に関する資料をより総合的かつ具体的に整理・検討しなければならない。これまで看過されていた資料についてその利用と綿密な分析も要請される。そこで本章では、金方慶の生涯とそれにかかわる各種資料をまずは年譜に整理し、その中で注目される活動・動向についてより詳細に分析を加えてみたい。そしてさらにそれを土台に、武臣による政権掌握、モンゴルに対する長期間の抵抗と後に続いた屈辱、政治的立場の差異による同族相残へのかかわり、そして強要された日本遠征への出兵など、十三世紀の大半を生きぬき、多岐にわたる苦難と栄辱を味わった武将出身の官僚・金方慶の生涯と業績を見つめなおしてみたい。

一　生涯の整理

金方慶は文武を兼備した人物として知られているが、彼自身の文集が残っていないため、後代に作られた記録や彼がものした個々の詩文を通じて、彼の行歴を整理せざるを得ない。彼に関連する主な記録は『高麗史』列伝・『安東金氏族譜』に収録されている墓誌銘・行状などであり、(5) まずはそれらについて簡単に言及する。

『高麗史』列伝十七に収録されている金方慶伝の内容は、当時の他の人物にくらべて比較的詳細だが、彼の経歴を全体的に十分に整理したものとはいえない。また、特定の事案については集中的に叙述しており、そこには注目される記述もあるが、その一方でとくに、日本遠征と関連する事案において中国および日本での日付が明らかでないという問題点などもある。また、彼は一三〇〇年（忠烈王二十六、大徳四）八月十六日に逝去したが、その後十余日以内に文翰学士李瑱（李斉賢の父）によって作られた墓誌銘には、家系および諸子に関する詳細な記録がみられるものの、[6]彼の業績と経歴についてはきわめて簡略であり、宗主国である元との関係についてもほとんど言及されていない。それは、この時期に征東行省官が増置され、平章政事に任命された闊里吉思（コルギス）に擅権が与えられた結果、高麗の朝野が静まっていたためと推測される。[7]かたや、行状は彼が亡くなってからおよそ五十年後の一三五〇年（忠定王二、至正十）二月に僉議参理の安震が作ったもので、列伝と墓誌銘に比べて詳細ではあるが、後代に編纂されたものなので履歴や事実の記述において前後関係がいれかわっているなど疑わしい点が多い。

以上の三種の資料は、部分的には疏略な点があり、事実の前後関係が乱れて理解しにくい点もある。このような点を補完するために、『高麗史』世家・『高麗史節要』の内容、彼の息子金恂の墓誌銘を始めとするその他の資料、そしてモンゴル・日本の関聯文献を総合して金方慶の主要な行蹟を整理すると、〈表6〉のようになる。

〈表6〉 金方慶の生涯

時期・年齢	行蹟
一二一二年（康宗一）一歳	本貫は安東、曾祖は司戸義和、祖は掌冶署丞兼直史館敏誠、父は兵部尚書・翰林学士孝印、外祖は元興鎮副使・郎将宋耆（金海府人）。
一二二四年（高宗十一）十三歳	五月頃　父である将仕郎・大官署丞兼宝文閣校勘金孝印が宝鏡寺円真国師の碑文を書く。

一二二七年（高宗十四）
十六歳

三韓功臣日兢の蔭叙で良醞史同正に任命されて借隊正・太子府牽龍を経て散員兼式目都監録事に任命される。この時、門下侍中崔宗峻が忠直な性格を寵愛し、礼をもって待遇し、大事を皆任せた。

一二三一年（高宗十八）
二十歳

八月二十九日（壬午）　モンゴル元帥撒礼塔（サルタク）が咸新鎮を包囲し、鉄州を攻撃してモンゴル軍の侵入が始まる。

十月一日（癸丑）　モンゴル人一人が牒を持って平州にきて、殿中侍御史金孝印を派遣して事由を尋ねるようにする。

一二三二年（高宗十九）
二十一歳

六月十六日　首都を江華島に移すことに決定する。

一二三七年（高宗二十四）
二十六歳

四月　伯父金敞が判大僕寺事として国子監試を主管する。

一二四一年（高宗二十八）
三十歳

是年　父金孝印が東京副留守で赴任する。

一二四二年（高宗二十九）
三十一歳

四月九日（辛酉）　伯父である金敞が枢密院副使として知貢挙になる。

以後
西北面兵馬録事・別将・郎将を歴任する。
監察御史（従六品）に任命され右倉を監督して請託を受け入れなかった。宰相某が権臣（執政者崔瑀と推測される）に金方慶をけなしたので、権臣が金方慶を叱責したが屈することがなかった。

一二四七年（高宗三十四）
三十六歳
西北面兵馬判官に任命される。

一二四八年（高宗三十五）
三十七歳
三月
北界（西北面）兵馬使盧演に命してモンゴル兵を避して人民を導いて海島に入保するようにする。金方慶は兵馬判官として葦島に入保して堤防を築き、十余里の平野を開墾し、雨水を用水として使うようにすると、人民の憂いもなくなった。

以後
牽龍行首に任命されて、弛緩された宿衛を徹底しようとする。
左禁中指諭・摂将軍に任命される。

一二五〇年（高宗三十七）
三十九歳
五月八日（癸酉）　父金孝印が尚書左丞で同知貢挙になる。

一二五三年（高宗四十）
十一月十五日（庚寅）　金方慶の父兵部尚書・翰林学士金孝印が逝去する。

四十二歳

一二五六年（高宗四十三）
四十五歳
以後

二月四日（乙丑）　伯父の守太師・門下侍郎平章事・判吏部事金敞が逝去したが、甥の金方慶に国葬を辞譲するようにする。

将軍に任命されて給事中を兼任する。

御史中丞（従四品）に任命されて法を厳格に遵守する。

一二六〇年（元宗一）
四十九歳
以後

三月一日（戊辰）　太孫（忠烈王）が開城に還都するために大将軍金方慶などを出排別監とする。

三月三日（庚午）　金方慶を知刑部事で任命する。

金吾衛大将軍で知閤門事を兼任する。

一二六三年（元宗四）
五十二歳

是年　御史中丞（従四品）として銓選を掌握していた知御史台事（従四品）・左丞宣兪千遇と班次［官品］を争う。これによって金方慶の姻戚らの仕官が滞る。
十二月二十日（丙寅）　知御史台事兼選軍別監使に任命される。

一二六五年（元宗六、至元二）

一月二十五日（乙未）　広平公恂・大将軍金方慶・中書舎人張鎰などをモンゴルに送っ

五十四歳　て方物を捧げる。

五月一日（己巳）　広平公愉・大将軍金方慶などがモンゴルから帰還する。

以後　御史大夫を兼任する。

西北面兵馬使に任命されて恵政を施し、母喪にあい辞職して帰還する。

上将軍（正三品）に任命される。

一二六八年（元宗九、至元五）
五十七歳

一月　この時期以前に重房の将校を叱責して、班主の鷹揚軍上将軍田份の嫉視を受ける。この時、権臣（執政者金俊で推測される）により南京副使に左遷される。

二月二十五日（丙午）　西北諸城の要請によって南京に赴任して三日で判秘書省事・西北面兵馬使に任命される。

以後　西北面兵馬使として帰ってきて刑部尚書・枢密院副使に任命される。

一二六九年（元宗十、至元六）
五十八歳

六月十八日（壬辰）　林衍が宰枢を集めて、元宗を廃位することを議論し、十一日（乙未）安慶公淐を擁立して元宗を別宮に移す。

九月七日（庚戌）　執権者［教定別監］林衍が枢密院副使金方慶・大将軍崔東秀をモンゴルに送って、元宗の廃位事件を弁明するようにする。

一二七〇年（元宗十一、至元七）五十九歳

この時　モンゴルにあった世子（忠烈王）がクビライに請兵して蒙哥篤麾下の軍士が出動することになる。門下侍中李蔵用がこれらを案内することになる人物として金方慶を推薦して世子によって受け入れられ、モンゴル軍と共に東京に駐屯する。

十月十三日（乙酉）　西北面兵馬使営の記官崔坦・韓慎が叛乱を起こして各地の守令を殺したが、金方慶の妹の博州守姜份・延州守権闡だけは金方慶の縁由として礼をもって待接する。

十一月二十三日（甲子）　元宗が復位する。

十二月十三日（辛巳）　金方慶が同知枢密院事・御史大夫に任命される。

一月九日（己酉）　モンゴルに派遣され門下侍中李蔵用・同知枢密院事金方慶らが東京［遼陽］で帰り、東京附近の行宮において、モンゴルに行幸していた元宗に謁見する。

この時期以後　金方慶がモンゴル将軍蒙哥篤と共に西京に留まり、崔坦・韓慎らが蒙哥篤に勧めて開京を陥落させようとする画策を阻止させる。

二月二十五日（乙未）　林衍が病死し、息子林惟茂が教定別監に任命される。

五月十四日（癸丑）　執権者林惟茂が殺される。

五月二十九日（戊辰）　使臣を江華に送って三別抄を解散するようにする。

六月一日（己巳）　三別抄の叛乱が起きる。

六月十三日（辛巳）　金方慶を逆賊［三別抄］追討使で任命される。

八月十九日（丙戌）　三別抄が珍島に入居する。

九月七日（甲辰）　申思佺を代身して全羅道追討使に任命されてモンゴル元帥阿海（アカイ）とともに珍島を討伐する。[8] 金方慶が阿海とともに羅州附近の三堅院に駐屯しながら珍島と対峙したが、この時、潘南人洪賛・洪機らが金方慶を阿海に讒訴して、三別抄と密通していると報告する。これによって達魯花赤脱朶児（トダル）によって、金方慶は免職、逮捕されて開京で押送されたが、両側の対弁によって誣告であることが確認され釈放される。元宗が脱朶児に要請して、金方慶をまた起用するようにして上将軍に任命して、三別抄を討伐するようにする。

十二月二十二日（丁巳）　金方慶が珍島に到達して、三別抄と戦う時、阿海の畏縮により包囲されたが、将軍楊東茂によって救援される。

十二月　守司徒・参知政事に任命される。

一二七一年（元宗十二、至元八）六十歳

一月五日（己巳）　将軍印公秀をモンゴルに送って阿海の畏縮を報告するとクビライが阿海を召還する。

三月三日（丙寅）　モンゴルが忻都・史枢を送ってきて阿海に代って、三別抄を討

一二七三年（元宗十四、至元十）六十二歳

伐するようにする。

四月十四日（丁未）　追討使金方慶が忻都と三別抄の往来を報告する。

五月一日（癸亥）　洪茶丘が軍士を率いて珍島を討伐する。

五月十五日（丁丑）　金方慶・忻都・洪茶丘などが珍島を攻撃、撃破して偽王の承化侯温を殺すと金通精が余衆を導いて耽羅に逃げる。

十一月二十六日（丙戌）　追討使金方慶が凱旋して戦功によって守太尉・中書侍郎平章事・判吏部事に任命される。


一月六日（庚申）　門下侍郎平章事金方慶を判追討事に、枢密副使辺胤を追討使に任命する。

二月二十日（癸卯）　行営中軍兵馬元帥金方慶が精騎八百を率いて忻都とともに三別抄を伐つために耽羅に出発する。

四月二十八日（庚戌）　元帥金方慶が忻都・洪茶丘とともに耽羅で三別抄を撃破する。

六月十六日（丁酉）　元帥金方慶が凱旋する。

閏六月十三日（癸亥）　三別抄の討伐を褒賞して中軍元帥金方慶を守太師・門下侍中に、兵馬使辺胤を判枢密院事に任命する。

七月十六日（乙未）　侍中金方慶が元へ呼ばれたが、クビライが広寒殿で引見して丞相の次に座らせて金鞍・綵服・金銀を下賜する。

一二七四年（元宗十五、忠烈王即位年、至元十一）
六十三歳

一月二日（庚辰）　侍中金方慶が日本征伐のために戦船三百を建造するようにとの元の中書省の牒を持ってくる。この時開府儀同三司に冊封されて東南道都督使に任命される。この時、洪茶丘（察忽）が監督官として派遣される。

以後　金方慶は全羅道に派遣されて造船を監督して六月十八日（癸亥）元宗が崩御すると洪茶丘とともに帰京する。

七月十二日（丙戌）　金方慶が征東先鋒別抄を率いて合浦を出発する。

十月三日（乙巳）　都督使金方慶が中軍を率い、金侁を左軍使、金文庇を右軍使として、三翼軍を編成し、八千名を率いてモンゴル軍一万五千名と共に日本を征伐するようにする。

十月六日　東征軍が対馬島に上陸する。

十月十四日（丙辰）　一岐島に達して海岸に陣を張った倭兵を攻撃して、千余級を撃殺する。続いて伊蛮島に進んで、三郎浦（鹿原）に上陸して中軍（金方慶）・右軍（金文庇）は伊蛮島を攻撃、左軍（金侁）は博多（朴加多）を攻撃して倭兵と戦って撤収して戦艦で帰還する。この日の夜激風雨があって戦艦が巌崖にあたって、破損が多く左軍使金侁が溺死する。

十一月二十七日（己亥）　東征軍が合浦に帰ってきたが、帰還できない者が一万三千五百余人あった。

十一月二十八日（庚午）　侍中金方慶が開京に還軍する。上柱国・判御史台事の官爵に昇進する。

一二七五年（忠烈王一、至元十二）六十四歳

一月八日（庚辰）　門下侍中金方慶が大将軍印公秀とともに元に派遣されて、日本遠征の負担を減少するように要請する。

三月二十日（辛卯）　金方慶が元から帰還する。

十月二十五日（壬戌）　官制の改革で首相である匡靖大夫・僉議中賛・上将軍・判典理監察司事が任命される。

十二月二十四日（庚申）　上柱国に昇進する。

一二七六年（忠烈王二、至元十三）六十五歳

七月十七日（癸丑）　中賛金方慶が直史館文璉と一緒に元に派遣され、聖節を賀礼する。王が金方慶の三別抄討伐および日本遠征の戦功を褒賞して虎頭金牌を下賜してくれることを要請する。

九月　クビライに謁見し、虎頭金牌を下賜される。

十月七日（戊辰）　金方慶が元で虎頭金牌を受けて帰還する。

十二月十六日（丙子）　匿名の誣告書により、達魯花赤石抹天衢によって斉安公淑・金方慶ら四十三人が叛逆の嫌疑で逮捕される。十七日（丁丑）亜相の僉議侍郎賛成事柳璥の努力によって公主（忠烈王妃）が釈放される。

一二七七年（忠烈王三、

一月一日（辛卯）　中賛金方慶が妻母の喪に当ったが、軍国の事務が煩多で、後日に

至元十四）六十六歳

一二七八年（忠烈王四、至元十五）六十七歳

服を受けるようにする。

一月四日（甲午）　金方慶を世子師に、柳璥を世子傅に任命する。

十二月十三日（丁卯）　前大将軍韋得儒・中郎将盧進義・金福大らが金方慶が叛逆を陰謀していると忻都に誣告するが、王が賛成事柳璥・元傅と東征元帥忻都・達魯花赤石抹天衢らと共に審問し、誣告であることが分かって釈放される。

一月十八日（壬寅）　王が奉恩寺で忻都・洪茶丘とともに金方慶・忻の父子を審問する。

二月三日（丙辰）　王が国清寺で忻都・洪茶丘とともに金方慶・忻の父子を審問する。この時、洪茶丘が酷毒をもって審問したがついに自白せず、兵器をひそかに保管した罪で大青島に流配する。

二月十日（癸亥）　将軍印侯を元に送って、金方慶を流配させたことを報告する。

二月十四日（丁卯）　柳璥を判典理司事に任命する。この時、洪茶丘の要請によって韋得儒を上将軍に、盧進義を将軍に任命する。

三月十五日（戊戌）　韋得儒・盧進義は、高麗の談禅法会が元を咀呪する行事であると洪茶丘に伝え、洪茶丘がこれを中書省に報告する。

四月十五日（戊辰）　印侯が元より帰り、クビライが金方慶の父子と韋得儒・盧進義が王に随従入朝して対弁するようにすることを命じたと伝える。韋得儒と盧

一二七九年（至元十六）六十八歳

一二八〇年（忠烈王六、至元十七）六十九歳

進義が元へ向かって盧進義は中途で、韋得儒は大都で死亡する。

六月二十六日（戊寅）　王が中書省に上書して、金方慶の事件と談禅法会のことを弁明する。

七月三日（甲申）　王がクビライに謁見と金方慶が誣告されたことを解明する。

七月二十二日（癸卯）　クビライが金方慶を赦免し、王に帰国するようにする。

十月三日（癸丑）　金方慶を僉議中賛・上将軍・判監察司事に任命し、銀十斤を下賜。

十月十日（庚申）　僉議賛成事・判典理司事柳璥が辞職を要請して、金方慶を判典理司事に任命する。

十二月某日　洪茶丘の一党を粛清した事件を調査するために派遣された元の使臣速魯哥が中賛金方慶・判密直司事許珙を連れて元に帰還する。

二月二十九日（丙午）　金方慶を重大匡・世子傅に任命する。

六月十一日（丁亥）　別将であった三子の恂が礼部試で一等に及第する。

七月七日（丙午）　僉議中賛金方慶が上書して致仕を要請したが、許諾を受けることができなかった。

十月三十日（戊戌）　中賛金方慶が上書して致仕を要請したが、許諾を受けることができなかった。(9)

十一月十一日（己酉）　右承旨趙仁規・大将軍印侯を元に送って、日本遠征と関連あ

一二八一年（忠烈王七、至元十八）七十歳

る色々な問題の解決を要請しながら金方慶を始めとした将軍らに官職を下すことを要請する。

十一月十七日（乙卯）　金方慶が退職を要請したが許諾されなかった。

十一月二十二日（庚申）　中賛金方慶・密直副使朴球・金周鼎が東征軍士を査閲する。

十一月二十八日（丙寅）　中賛金方慶・将軍鄭仁卿を元に送って年賀を述べる。

十二月二十三日（辛卯）　趙仁規・印侯が元より帰還して忠烈王を始めとした日本遠征に参与した高麗の将軍らに官職を下賜したことを伝える。この時、金方慶は中奉大夫・管領高麗軍都元帥に任命される。(10)

一月某日　金方慶が大明殿で年賀を述べて侍宴した時、クビライが丞相の次の席に座らせて弓矢・剣・白羽甲を下賜する。

一月　帰国する。

三月十七日（壬子）　元帥金方慶・万戸朴球・金周鼎が軍士を率いて合浦に出発する。

四月十五日（庚辰）　王が合浦に到着して、十八日（癸未）閲兵する。

五月四日（戊戌）　忻都・洪茶丘・金方慶・朴球・金周鼎などが軍士を導いて日本遠征に出発する。

五月二十七日（辛酉）　忻都・洪茶丘・金方慶が世界村大明浦に達し、通事の金貯に檄文を言い聞かせるようにする。金周鼎が先に交戦し、諸軍がいっせいに上陸して戦闘が始まる。

五月二十九日（癸亥）　行省の摠把は、遠征軍が十六日（庚申）に一岐島に向ったと報告してくる。

六月八日（壬申）　金方慶などが日本軍と戦って、三百余級を斬し、九日（癸酉）また戦ったが洪茶丘の軍隊が敗北する。軍中に伝染病が広く流行して戦死者・病死者が三千余名に達する。

六月十五日（己卯）　これより以前に東路軍と江南軍が一岐島で遭遇したが、この日まで江南軍が到着しなかった。諸将が回軍を議論するとき金方慶は何の話もしなかった。

六月二十五日（己丑）　頃、諸将が回軍を議論しようとするとき金方慶が江南軍の到着を待って、また攻撃しようと主張して諸将が首肯した。

七月二十一日（甲寅）　元帥金方慶が中郎将朴昷を送ってきて諸軍が太宰府で何度も戦って退軍したが、蛮船［江南軍］五十艘が合勢して、また大宰府に向ったと報告した。

八月一日（甲子）　東路軍および江南軍の東征軍の艦隊が、鷹島の海上で大風雨によりほとんど転覆し、士卒は六～七割を喪失して回軍した。

八月四日（丁卯）　王と公主が慶尚道に行幸する。

八月十四日（丁丑）　王と公主が安東府に到着する。

八月十六日（己卯）　別将金洪柱が合浦から安東府の行宮に到着し、遠征軍が敗北して、元帥などが合浦に帰還したと報告した。

閏八月二日（甲午）　金方慶らが行宮で王に謁見する。

一二八二年（至元十九）
七十一歳

二月三日（癸巳）　忽赤が竹坂宮で王を饗宴し、夕方に王が南門に行幸していたが中賛金方慶が酒に酔って馬に乗り、趙仁規の讒訴を受けて、一時巡馬所に収監されて釈放される。

一二八三年（至元二十）
七十二歳

一月二十一日（丙子）　王が金方慶の家に行幸する。

十二月二十二日（辛丑）　中賛金方慶が致仕を請しよう許諾と三韓壁上推忠靖難定遠功臣・匡靖大夫・三重大匡・判都僉議事・上将軍・判典理司事・世子師・上洛公を封ずる。

一二八六年（至元二十三）
七十五歳

是年　王に先山への墓参りを要請し息子恂を太白山祭告使に任命して、共に派遣する。

一二八八年（至元二十五）
七十七歳

十一月六日（丁亥）　貢女を選抜する時、前枢密院副使洪文系（洪奎）が応じないが処罰を受けることになるや中賛致仕金方慶がそのために病中にもかかわらず請疏する。

一二九二年（至元二十九）
八十一歳

十一月二十七日（甲申）　王が中賛金方慶の家に幸次する。

一二九五年（忠烈王二十一、元貞一）八十四歳

一月九日（甲寅）　致仕した金方慶に（僉議中賛より上位で新設された）僉議令の官職を付加する。
八月二十七日（記事）　金方慶に上洛郡開国公の官爵を下賜する。
十一月十二日　江陵道安集使を通じて、李承休に書状を送る。
十二月三日（壬寅）　世子（忠宣王）の要請によって上洛公金方慶に食邑一千戸、食実封三百戸を下賜する。(11)

一二九六年（元貞二）
八十五歳

二月　「旦暮賦」を作り、李承休に書状を送る。

一二九七年（大徳一）
八十六歳

五月二十五日（丙戌）　王が金方慶の家に行幸する。

一二九八年（忠烈王二十四、忠宣王即位・退位年、大徳二）
八十七歳

一月十九日（丙午）　王が世子（忠宣王）に伝位する。
五月　忠宣王妃宝塔実憐公主が趙仁規の娘の趙妃に妬忌して、元に使臣を送って報告しようとすると、上洛伯金方慶を始めとしたすべての致仕宰相らが挽留したが聞かなかった。

一二九九年（大徳三）
八十八歳

八月十八日（壬申）　元の使臣が忠宣王から国王印を忠烈王に伝へ、十九日（癸酉）には忠烈王が復位の詔書を受ける。

一三〇〇年（大徳四）
八十九歳

一月十六日（丁酉）　万戸印侯・金忻・密直元卿などが恣意に軍士を動員して万戸韓希愈・上将軍李英柱を捉えて謀叛を陰謀したと誣告する。

八月十六日（戊午）　上洛公金方慶が開城栢木洞渓里で逝去する。

九月三日（乙巳）　遺言によって礼安西山に安葬する。(12)　この時、左承旨・判秘書寺事・文翰学士李瑱が墓誌銘を作る。

忠宣王代
（一三〇八〜一三一三）

三韓壁上・三重大匡・宣忠協謀定難靖国功臣に追贈されて、諡号が忠烈と下され、神道碑が王命によって建立される。

家族事項

母は元興鎮副使・郎将宋者の女、夫人は中書舎人・知制誥朴益旌の娘で陰平郡夫人に冊封される。所生は三男（副知密直司事愃・贊成事忻・判三司事恂）、三女（壻知密直司事趙忭・将軍金元沖・通礼門使権允明）。妾室は孫氏として一女（壻蔡宜すなわち贊成事蔡洪哲）。

二　行蹟の検討

ここでは、前掲の〈表6〉に基づいて、金方慶の行蹟のなかでとくに注目すべき諸事項について検討してみたい。

＊官僚生活

金方慶は、後三国の統一過程で戦功をたて、のち三韓功臣・太師・大匡に冊封された遠祖日兢の蔭叙で、十六歳にして良醞史同正に任命された。他の蔭叙出身者が一般的に入仕する年齢で胥吏職に任命された後、すぐに武班職につり借隊正・太子府牽龍を経て散員兼式目都監録事に任命されたという。その後、西北面兵馬録事・別将・郎将を歴任し、三十代前半には監察御史（従六品）に任ぜられて中堅官僚の仲間入りをした。以後は武班職を歴任し、武臣執権期に通常的に行われていた文班職の兼任もこなしながら国政に参与した。

武班出身者としての彼の主な経歴は、太子府牽龍・牽龍行首・左禁中指諭などの宿衛職、および西北面兵馬録事・兵馬判官・兵馬使などの軍事上重要な司令部指揮系統の将軍職であった。また、兼任職としての文班職は、監察御史・御史中丞・知御史台事・御史大夫などの御史台系の官職、もしくは刑部の知刑部事・刑部尚書などであった。その他、給事中・知閤門事・選軍別監使・判秘書省事なども歴任した。ここで注目されるのは、王室にかかわる宿衛職および国家の紀綱にかかわる御史台・刑部の官職などを歴任した点である。彼自身が武臣執権下で権威の失墜した王室を保衛することに努めた点からも、このような職歴は彼が持っていた剛直な性格が信頼された結果と思われる。また、三省六部・御史台・秘書省などの清要職を担当し、蔭叙出身者が主に歴任する一般管理職や、この時期の武班が多く担当した辺方の戍将、そして外方の牧民官を経由しなかった点（左遷による一時的な一回を除外して）も特徴的であろう。金方慶は一時期、武臣執権者の意に逆らうこともあったが、結局最後まで中央政界に残り、多くの要職を歴任した。これには、崔氏政権と密接な関係を持っていた伯父の金敞と父の金孝印の後援があったことを考慮せざるを得ないだろう。(13)

しかし、金方慶本人は崔氏政権に密着していたわけではなく、(14) その政権に密接する人物の不法を正そうとして、執権者であった崔瑀の憎しみを買ったこともある。また、崔氏政権下で権力の核心官府であった政房・三別抄と関連する職に任命されたこともなかった。このような点が、武人政権が没落したのち、彼が門下侍中の李蔵用のような文臣の推薦と王室の知遇を受けて宰相へ昇進することができた背景になったと思われる。

彼が初めて宰相職の枢密院副使に任命されたのは、五十七歳となった一二六八年（元宗九、至元五）のことで、武人執権期の中央政府の核心官僚が宰相職に任命される年齢にくらべると比較的遅い。ところが、彼は武人政権の打倒過程で王室の知遇をえたことで、以後武人政権をささえた三別抄の討伐過程で同僚たちよりもはやく昇進することとなった。これは武人政権に関わった旧勢力の粛清と関連があったばかりでなく、この時期に強くなるモンゴルの影響力が反映されたためであろう。

すなわち、彼は枢密院副使に任命された後、一年もたたないうちに同知枢密院事に昇進して三別抄の討伐に参与する。そしてその討伐の過程で参知政事へ昇進し、三別抄討伐の戦功からさらに中書侍郎平章事・門下侍郎平章事を経て、六十二歳となった一二七三年（元宗十四、至元十）には最高職の門下侍中に任命された。このように、最下位の宰相に任命されてから五年もたたないうちに最高職に登りつめたのは、武人政権の没落による支配勢力の交替と三別抄の討伐過程におけるモンゴルの政治的影響力が強く投影されたためであろう。彼はモンゴル軍の指揮官の忻都（ヒンドゥー）・史枢などと共に三別抄を討伐したが、史枢は当時モンゴル政権の最高権力者のひとりであった史天沢の姪である。[15]金方慶はこの史枢を通じてモンゴル朝廷に知られるようになり、モンゴル政権のバックアップを受けることが出来たのであろう。以後金方慶は、一二八三年（忠烈王九、至元二十）十二月に致仕するまで、誣告事件による一時的な流配や停職があったものの、十年にわたって首相の職にあり、政治・軍事の最高責任者として高麗の国政を総括した。

＊将帥としての才質

ひるがえって、一二四八年（高宗三十五）三月、政府が北界（西北面）兵馬使の盧演に命してモンゴル兵を避けるため人民を導いて海島に入保しようとした時、金方慶もまた兵馬判官として葦島に入保した。そこで金方慶は堤防を築いて海潮を防ぎ、十余里の平野を開墾して糧穀を確保し、かつは雨水を溜めて池を作り、用水として使用させたという。これは強力な武力を持ったモンゴル軍に対応する方策の一つとして採択された守城清野作戦の一環であり、他の地域の将軍たちが食糧の確保ができず、民衆が困窮に堕ちいって離叛していったことと対照的である。このような長期戦に備えた金方慶の施策は、『孫子兵法』を十分に習得していた結果であろう。[16]また、彼がモンゴル軍の態勢をある程度把握しており、国土の防禦が民衆の支持なくしては不可能だということをよく心得ていたことを示すものでもある。[17]

また、金方慶は牽龍行首に任命された時、緩んだ禁中の宿衛を徹底的にたて直そうとしたが、これは武人執権下で弱体化した禁衛を再強化する試作であり、また、武班に与えられた本来の任務を確実に遂行させる方策だった。このような金方慶の行動は、強力な武力を持っている武人幕府よりは、失墜した王権こそが国の根本であるという認識の発露であり、高位官僚の家門に育った彼の環境に由来するものであろう[18]。この点は、彼が散員兼式目都監録事に在職したさい、門下侍中の崔宗峻が彼の忠直を寵愛して礼をもって待遇したことや、後日みずから「忠誠をつくして国家を敬って裏切ることはなかった（竭忠奉国、曾無二心）[19]」と述懐していることからも伺える。

金方慶の将才は、三別抄の討伐過程によく現れている。それはたとえば、三別抄軍に包囲された羅州や全州の人々が投降しようとすると、一人で走って行って、軍士一万人を導いて全州へ入城するという偽計の牒を送り、三別抄軍を撤収させたという計略などからもうかがえる。その後、金方慶が日本に遠征する高麗軍の司令官として出兵することになったのも、元のクビライの命によるものであった。当時クビライは、三別抄討伐作戦の指揮官として活躍した金方慶の資質を「方略と威信が大事を任せるに値する（其方略威信、可嘱大事）」と、おおいに認めていたようである[20]。

第一次日本遠征の準備過程で、元のクビライは戦艦を中国江南の様式［蛮様］に基づいて製造するように命じたが、金方慶は工費と時日を短縮するために高麗様式で作ることを要請して許諾を得た。このことは、彼が水軍の事情も十分に理解していたことを物語っている。この点、第二次日本遠征において江南の戦船が颱風によって大きな被害を受けたのに比べて、高麗の戦船はあまり被害を受けなかったという事実からも、金方慶の将帥としての資質がうかがえる。

また、第一次日本遠征において、一二七四年（忠烈王即位年）十月二十日に博多に上陸して日本軍を攻撃する時、金方慶は、小数の遠征軍が日本の大軍を撃破するためには兵法にある「千里の敵地に深く入った軍隊の刃は当たるべからず（千里懸軍、其鋒不可当）」という教え[21]と『春秋左氏伝』文公三年の、孟明が船舶を燃やし淮陰で背水の陣を採ったという故事を例にあげ[22]、短期戦の展開による速攻を主張した。これに対して忻都は、『孫子兵法』にみえる謀攻の「小敵が堅守といえば大敵を捕えられる（小敵之堅、大敵之擒）」という策を主張して撤収を貫徹させた。ここで高麗およびモンゴルの二将帥はともに兵法に対する豊かな知識を駆使しているが、金方慶の方は兵書だけでなく『春秋左氏伝』のような経書にまでその知識が及んでいる。

金方慶は初級・中級の指揮官としての実戦経験はなかったが、高級将帥として備えておくべき智・信・仁・勇・厳に対応する智謀才能・賞罰有信・愛撫士卒・勇敢果断・軍紀厳明などを十分身につけていた。このうち智謀才能については、全州で偽計を駆使して三別抄軍を撤収させたこと、江華島の陥落をねらったモンゴル軍の数回にわたる偽計を智謀で阻止したことなどで、賞罰有信は、三別抄の討伐で奮戦しない将帥らを弾劾し処刑しようとしたことで、愛撫士卒は、二次にわたり西北面の鎮守時に遺愛を施したことで、勇敢果断は、珍島と博多で敵中に突入して包囲されたことで、そして軍紀厳明は、重房の将校を処罰しようとして左遷されたことで確かめることができる。金方慶に関してはこの他にも、忠義をそなえ、水戦と陸戦で奇異な計策を駆使したという当時の人々の評価がある。[24]

＊日本遠征の過程

二次にわたる日本遠征の高麗軍司令官であった金方慶の役割・遠征の日程・撤収過程および敗因などについても、いまだ検討する余地があるように思われる。まず、一二七四年（忠烈王即位年、至元十一、文永十一）十月の第一次遠征をめぐって検討されるべき事項としては、日程・攻撃地域・敗因などがあり、この時の戦闘経過を韓・中・日の三国の記録を通じて整理してみると、次のとおりである。[25]

○九月　金方慶・洪茶丘[26]らが合浦で都元帥忽敦（忻都・忻篤[27]）・副元帥劉復亨らと共に戦艦を査閲する。蒙・漢軍は二万五千、高麗軍は八千、梢工・引海・水手は六千七百、戦艦は九百余艘という軍容で女真軍の到着を待つ（『高

麗史』一二八、忠烈王即位年十月三日条、一〇四、金方慶）。
○十月三日（乙巳）　麗・元連合軍二万六千[28]が合浦より出征して、日本に向う。高麗軍は三軍［三翼軍］で編成され、都督使金方慶が中軍を、金侁が左軍を、金文庇が右軍を率いる（『高麗史』一二八、一〇四、金方慶・羅裕／『高麗史節要』十九、元宗十五年十月条）。
○十月五日　麗・元連合軍が対馬島西岸の佐須浦に至る。守護代宗資国が佐須浦におもむく（『日蓮註画讃』／『八幡愚童訓』）。
○十月六日　麗・元連合軍が対馬島に上陸して日本軍を撃破する。宗資国を始めとする十六人が殺されて佐須浦が燃える（『日蓮註画讃』／『八幡愚童訓』）。
○十月十三日　対馬島での敗戦が博多に伝えられる。少弐資能が使者［飛脚］を鎌倉に送る（『勘仲記』、十月二十二日条）。
○十月十四日　麗・元連合軍四百余人が壱岐島西岸に上陸して守護代平景隆が率いる百余騎と戦う。平景隆が敗れて自害し、彼の部下が博多に向かう（『日蓮註画讃』／『八幡愚童訓』／『高麗史』一〇四、金方慶）。
○十月十七日　九州からの使者［早馬］が六波羅に到着し、対馬島での戦闘を報告したのち鎌倉に向かう（『帝王編年記』／『勘仲記』、十月二十二日条）。
○十月十八日（庚申）　モンゴルの事について院で議定を開く。広橋勘解由小路兼仲が対馬島での異賊侵入［異賊襲来］の風聞を聞く（『帝王編年記』／『勘仲記』）。平景隆の部下が博多に至り、壱岐の敗戦を伝える（『八幡愚童訓』）。
○十月十九日　麗・元連合軍が博多湾に到着する（『日蓮註画讃』）。
○十月二十日　麗・元連合軍が博多に上陸を開始し、鹿原（佐原、三郎浦）・百道原・今津（宜蚉）・赤坂などの博多湾沿岸各地で[29]少弐景資が率いる日本軍と戦う。菊池武房・竹崎季長・白石通泰らが奮戦したが日本軍は徐々に圧倒され、日没後に博多筥崎から大宰府へ退却する。東征軍が博多筥崎のあたりに火をつけ、筥崎八幡宮も焼失する。金方慶が戦闘を継続することを主張したが忻都は回軍を主張し、全軍が退却するために乗船する（『竹崎季長絵詞』／『八幡愚童訓』／『高麗史』一〇四、金方慶／『高麗史節要』一九、元宗十五年十月条[30]）。

○十月二十一日　明け方［未明］に突然の暴風［逆風］が起こり、東征軍の戦艦が岩崖にぶつかって破壊される。高麗軍左軍使金侁が海に落ちおぼれて死ぬ。他の軍士は撤収する（『勘仲記』、十一月六日条／『高麗史』一〇四、金方慶）。麗・元連合軍が撤収した理由は明らかではないが『元史』によれば東征軍の体制が揃えられず弓矢もなくなったためと［官軍不整、又矢尽］いう（『元史』二〇八、日本）。

○十月二十二日（甲子）　広橋勘解由小路兼仲が東征軍との戦闘について聞く（『勘仲記』）。

○十月二十八日　九州からの使者［飛脚］が京都に着き、壱岐の敗戦の報を伝える（『帝王編年記』）。

○十月二十九日（辛未）　東征軍の侵入［異国襲来］によって幕府が動揺していることが京都に伝えられる。北条為時・北条時広が鎌倉を出発して九州に向うという巷説が流れる（『勘仲記』）。

○十一月一日　幕府は、対馬・壱岐が侵掠されたという少弐資能の報告を受け、安芸の守護武田信時にこの月の二十日以前に安芸国にくだり、管内の在地支配層および住民［地頭御家人本所領家一円地之住人］を指揮して東征軍を邀撃するよう命じる（「東寺百合文書」）。院の評定でモンゴルの事を議論する（『勘仲記』／『史料綜覧』五）。

○十一月三日　幕府が、石見国に領地を持つ御家人に対して、この月の二十日以前に領地にくだって守護人の指揮下でモンゴル軍を邀撃するよう命じる（「長府毛利文書」）。陰陽頭安倍在清らが院でモンゴルの事について占をする（『帝王編年記』）。

○十一月六日（戊寅）　広橋勘解由小路兼仲が、暴風［逆風］によって賊船数万が本国に帰ったものの、少数の船舶が上陸したという情報および大友頼泰の部下［郎従］が五十余人の捕虜を率いて上京予定との知らせを聞く（『勘仲記』）。九州からの使者［飛脚］が京都に到着し、先月二十日に日本の武士がモンゴル軍と戦ったことおよび賊船一艘を鹿島（志賀島）に抑留したことを伝える（『帝王編年記』）。

○十一月八日　亀山上皇が石清水八幡宮に行幸して戦勝を報告する（『勘仲記』）。

○十一月九日　亀山上皇が賀茂・北野両社に行幸して戦勝を報告する（『勘仲記』）。

○十一月二十七日（己亥）　東征軍が合浦に帰還したが、軍士一万三千五百余人が帰還せず、左軍使金侁も溺死した。金方慶がクビライ・忠烈王に虜獲した兵器を捧げる（『高麗史』二八、一〇四、金方慶）。

○十二月二十八日（庚午）　金方慶・忽敦（忻都）らが開京に帰還する。忽敦（忻都）が、虜の男女二百人を忠烈王・公主に捧げる（『高麗史』二八）。

以上のように、第一次日本遠征の敗因は従来、神風によって連合軍が大きな損害をこうむったためなどといわれているが、十月二十日（新暦では十一月二十六日に該当）の「大風雨」によって第一次麗・元連合軍が敗没したという点については季節的に符合しないという異論もある[31]。これは、麗・元連合軍が撤収を決めて帰還した日の夜に「大風雨」に遭い、大きな被害を受けたという高麗側の資料[32]と附合する[33]。また最近では、『元史』二〇八、日本伝に依拠して、官軍がととのわなかったうえに、食糧と矢がなくなり、諸将が撤収を決議してそれを開始したが、その日の夜にはげしい風雨にあい戦艦が巌崖にあたって破損したと理解されている[34]。このような記録を裏付ける高麗側の資料として「軍糧がなくなり帰還した（以糧尽還）」という記事がある[35]。

ついで一二八一年（忠烈王七、至元十八）五月の第二次遠征で麗・元連合軍が日本軍と戦った過程を韓・中・日の三国の記録を通じて整理してみると、以下のようになる[36]。

○五月四日（戊戌）　忻都・洪茶丘・金方慶・朴球・金周鼎らが舟師を率いて日本を征伐するために出発した（『高麗史』一二九）。

○五月二十一日　東征軍の東路軍が対馬島世界村大明浦[37]を攻撃し、通事金貯を派遣して檄文を聞かせる。金周鼎が日本軍と交戦し、郎将の康師子らが戦死した（『高麗史節要』二〇、忠烈王七年五月二十六日条／『皇代略記』）。

○五月二十二日　東路軍が対馬島・壱岐島を攻撃した（「弘安四年日記抄」、六月二日条）。

○五月二十六日　東路軍が対馬島から壱岐島へ向かったが、（モンゴル将軍）忽魯勿塔の船軍一一三人、梢工・水手三十六人が行方不明になる（『高麗史』一二九、忠烈王七年五月二十九日条／『高麗史節要』二〇、忠烈王七年五月二十六日条）。

○六月一日（乙丑）　異国の兵船五百艘が対馬島沖合いに侵入してきたという報告が、大宰府の使者［飛脚］によって六波羅に伝えられる。使者［飛脚］はさらに関東へ向かう（『一代要記』／「弘安四年日記抄」、六月二日条）。

○六月四日（戊辰）　日本軍が異国船一艘を夜中に撃破したという報告を伝えるための使者［早馬］が、京都に到着した（『勘仲記』）。

○六月六日　東路軍が博多湾入口の志賀島に至り、夜中から日本軍と交戦を始める。肥前国唐津の住民［住人］草野経永が伊予国住民［住人］河野通有らと共に夜明けまで奮戦する（「張百戸墓碑銘」／『八幡愚童訓』）。

○六月八日（壬申）　金方慶・金周鼎・朴球・朴之亮・荊万戸らが博多湾の志賀島（鹿の島）周辺で日本軍と戦い、

三百余級を斬首したが、日本軍が突進してモンゴル軍［官軍］が崩れ、洪茶丘が敗走した。王万戸がまたこれを撃破して五十余級を斬首し、日本軍が敗退した（『高麗史』一一九）。大友貞親の兵士三十余騎が海から志賀島を攻撃してくる。金方慶・張成らが力戦して日本兵を多数殺傷する（『高麗史節要』二〇、忠烈王七年六月八日条／「張百戸墓碑銘」／『八幡愚童訓』[38]）。

○六月九日（癸酉）　東路軍が日本軍と戦ったが、敗北する。東路軍の陣中に疫病が流行し、死者が三千名に達する。以後数日間にわたり交戦し、東路軍が肥前国鷹島に退却した（『高麗史』一一九／『高麗史節要』二〇、忠烈王七年六月八日条／「張百戸墓碑銘」／『八幡愚童訓』）。

○六月十三日　東路軍が志賀島附近で戦って一時的に壱岐島に退却したが、これは十五日に江南軍と壱岐島で合流するためであった（「張百戸墓碑銘」／『高麗史節要』二〇、忠烈王七年六月八日条）。

○六月十四日（戊寅）　異賊の戦艦三百艘が長門国の浦口に到着したという報告が、大宰府の使者［飛脚］によって京都に伝えられる（『勘仲記』／「弘安四年日記抄」、六月十五日条）。

○六月十五日　東路軍は壱岐島の海上で江南軍の到着を待っていたが、江南軍が現れなかった。忻都・洪茶丘は、船舶が腐蝕し、軍糧もなくなったので、回軍を主張したが、金方慶は黙して答えなかった（『高麗史節要』二〇、忠烈王七年六月八日条）。江南軍の先発隊が対馬島に到着した（『勘仲記、六月二十四日条）。

○六月十六日　鎮西の使者［早馬］が京都に到着して異国船三隻を撃破したことを報告した（「弘安四年日記抄」）。

○六月十八日（壬午）　日本行省の臣僚が使者を（大元モンゴル国に）送り、「大軍が巨済島に駐留しており対馬島にいき島人を虜獲しました。島人の話によれば大宰府の西側六十里には古くから戍軍があって戦備をそろえ出戦を準備しているというので、そこを攻撃するのはどうでしょうか」といった。これに対してクビライは、軍事のことは卿たちが適切に処理せよと答えた（『元史』一一）。この頃、江南軍は慶元（寧波）・定海などを出発し、平戸島へ向かっていた。江南軍は、阿塔海・范文虎らの指揮の下、戦艦三、五〇〇、兵力十余万人で構成されていた（『高麗史』二九、忠烈王八年六月条／『高麗史節要』二〇、忠烈王八年六月八日条／『元史』二〇八、日本）。
○六月二十日　夕方頃に鎮西の使者〔早馬〕が京都に着き、異国の事を告げた（「弘安四年日記抄」、六月二十一日条）。
○六月二十四日（戊子）　宋朝船（江南軍の先発隊）三百艘が対馬島に到着したという報告が、大宰府の使者〔飛脚〕によって六波羅に伝えられた（『勘仲記』／「弘安四年日記抄」）。
○六月二十七日　鎮西の使者〔早馬〕が京都に到着し、異国との戦闘があったことを告げた（「弘安四年日記抄」）。
○六月二十九日　島津長久が比志島時範・河田盛資らと共に兵を率いて壱岐島に渡り、東征軍を攻撃した（「比志島文書」、弘安五年二月日比志島時範軍忠状四月十五日島津長久証状／「張百戸墓碑銘」）。
○七月二日　龍造寺季時・山代栄ら肥前国の兵士が、少弐資時の指揮の下、壱岐島瀬戸浦で麗・元連合軍と戦ったが、資時が戦死した（「龍造寺文書」、弘安五年九月九日北条時定書状／「山代文書」、弘安五年九月二十五日北条時定書下／「張百戸墓碑銘」）。
○七月七日　島津長久が比志島時範らを率いて陸地から鷹島に入って交戦した（「比志島文書」、弘安五年二月日比志島時範軍忠状四月十五日島津長久証状）。
○七月初旬　江南軍が肥前国平戸島で東路軍に合流した（『元史』二〇八、日本、一二八、相威、一六五、張禧）。
○七月十二日　京都で異国賊船が退却したという噂が流れた（「弘安四年日記抄」）。
○七月二十一日（甲寅）　金方慶が中郎将朴昷を派遣して、「諸軍が太宰府に着き、何度も戦ったが、退軍した。蛮船五十が後に来て、またその城へ向った」と報告し、獲得した甲弓・矢・鞍馬などを捧げた（『高麗史』二九）。

同日、鎮西の使者〔飛脚〕が京都に着き、異国賊船がふたたび攻撃してきたと告げた（「弘安四年日記抄」）。

○七月二十七日　東征軍が平戸島から肥前国鷹島（長崎県北松浦郡鷹島町）へ移動し、翌日まで日本軍と戦った（「張百戸墓碑銘」）。

○七月二十八日　東征軍が攻撃路を分けて内陸へ進撃しようとした（『癸辛雑識続集』）。

○七月三十日　九州方面で大暴風雨があった（『鎌倉年代記』）。

○閏七月一日　東路軍と江南軍が合流した東征軍の大艦隊が鷹島の海上で暴風雨に遭い、船艦のほぼ半分が転覆し、士卒の六～七割が死亡した（「弘安四年日記抄、閏七月十一日条／『八幡愚童訓』／「張百戸墓碑銘」／『勘仲記』、閏七月十四日条／『元史』一二八、相威[39]）。京都では夜に入って暴風雨となり、夜明けまで続いた（『勘仲記』、閏七月二日条）。この時、江南軍の船三千五百と蛮子軍十余万人が大風に遭い、蛮軍がすべて溺死したという（『高麗史』二九[40]）。

○閏七月五日　この日から七日にかけて、少弐経資の率いる鎮西将士たちが、兵船数百に乗って鷹島に入り掃蕩戦を展開、数多くの軍士を殺戮するとともに二千人を捕虜とした（「比志島文書」、弘安五年二月日比志島時範軍忠状四月十五日島津長久証状／「都甲文書」、弘安九年三月申状／「弘安四年日記抄」、閏七月十二日条／『元史』二〇八、日本）。

○閏七月九日　博多で東征軍の捕虜を斬首した（『元史』二〇八、日本）。

○閏七月十一日　これより先、鎮西の使者〔飛脚〕が京都に着き、一日に異国の賊船が大風に遭って、多くの船が破損し、海岸に乗り上げたと報告。これによって京都〔洛中〕の人々はおおいに喜んだ（「弘安四年日記抄」／『勘仲記』、閏七月十四日条）。夜に鎮西の使者〔飛脚〕が京都に着き、モンゴル賊は皆死に、残った二千余人も捕虜になったと告げた（「弘安四年日記抄」、閏七月十二日条）。

○閏七月十四日（丁丑）　広橋勘解由小路兼仲が、一日の大風によって賊船が沈没したという報告を聞く（『勘仲記』）。
○八月十六日（己卯）　別将金洪柱が合浦から行宮に行き、東征軍が敗れて元帥らも合浦に帰着したと報告した（『高麗史』二九）。
○閏七月二十一日（甲申）　鎮西に向かった幕府の使者二人が上京［上洛］し、異国の賊を皆誅伐したと朝廷に告げた（「弘安四年日記抄」）。
○八月三十日（壬辰）（元が）征日本軍を撤退させ、所在官に糧穀を支給するよう命じた。忻都・洪茶丘・范文虎・李庭・金方慶が率いた諸軍の船舶が風濤に遭い、高麗の境内に帰着したのは一～二割に過ぎなかった（『元史』一一、一六二、李庭）。輔国上将軍・都元帥哈剌歹が日本遠征に参与して颱風に遭い、船舶を退却させた（『元史』一三二、哈剌歹）。
○閏八月二日（甲午）　金方慶らが行宮に参来して謁見した（『高麗史』二九）。
○閏八月二十四日（丙辰）　左司議潘阜を遣わして忻都・洪茶丘・范文虎らを慰労した。この時、帰還できなかった元軍は十余万、高麗軍は七千余人であった（『高麗史』二九／『高麗史節要』二〇）。
○閏八月某日　忻都・洪茶丘・范文虎らが元に帰還したが、帰還できなかったものが十余万にのぼった（『高麗史』二九）。
○十一月二十日（壬午）　各道の按廉使が、「東征した高麗軍は九九六〇名、梢工・水手は一万七〇二九名であったが、そのうち生還した者は一万九三九七名であった（派遣された人員二万六九八九名中、未帰還者は七五九二名で二八・一％である）」と報告した（『高麗史』二九／『高麗史節要』二〇、閏八月条）。

このように、一二八一年（忠烈王七、至元十八、弘安四）五月の第二次遠征では、麗・元連合軍が颱風に遭い、大きな被害を受けて敗戦してしまった。[41] この時の情況を李斉賢は、「范文虎が約束に遅れたうえに、大風に遭って蛮軍が溺死した。そして忻都・洪茶丘らも士卒を見捨てて自分たちだけが帰ってきた。ただ、金方慶一人だけは力戦して覇家台に至ったが、他の軍士が彼と合流できなかったので、自分の軍士を引率して帰ってきた」と記している。[42] また権近は、「辛巳年（一二八一）六月に一岐・朴加大（博多）・志賀等の島を攻撃した。江南軍が期日になってもこないので待っていると、八月の大風に遭い、戦艦の半分以上が転覆した。そのため戦うことができなくなり、公（金方慶）は船舶に命令をくだし、鎧と馬を捨てさせて、敗戦の軍卒一千余名をのせて帰ってきた」と述べている。[43]

＊親族集団

金方慶の家門は、曾祖父の義和が安東邑司の司戸であり、祖父の敏成が掌冶署丞兼直史館であったことにより、武人執権期に科挙を通じて吏族から士族に身分上昇したようである。以後、伯父と父が科挙に及第して文筆を通じて文翰官を歴任し、高官に昇進しつつ、文班家門としての地位を固めた。このような家柄を背景に金方慶は幼いころに入仕し、中央官署の重要官府に仕官することができた。一二五六年（高宗四十五）に伯父が亡くなると、彼は四十代後半で中堅官僚に任命され、自らの活路を開くことになる。ただ、この時には親族集団からの後援を受けられる情況ではなかった。つまり、伯父の後嗣・金方慶自身の兄弟の有無[44]・妻家の情況などは明らかでないものの、有力なバックとなりうる人物がいなかったものと思われる。

したがって、金方慶の政界活動を支援できた人物としては、彼の丈人である中書舎人・知制誥の朴益旌の子である典法判書暉（金方慶の妻男）の丈人李蔵用[45]が挙げられる。また、正妻朴氏所生の三男三女（愃・忻・恂、壻趙抃・金元沖・権允明）の中で、[46] 政界で著しい活躍をした人物としては、三子恂の丈人である許珙と壻の趙忭の父である趙季珣がいる。彼ら三人の中で、李蔵用（一二〇一～七二）は、一二六九年（元宗十、至元六）九月に武人執権者［教定別監］林衍が元宗を廃位した時、世子（忠烈王）がクビライに兵を請いモンゴル軍が出動することになると、門下侍中［首相］として金方慶を推薦してモンゴル軍を案内させた人物である。[47] このモンゴル軍の出動を背景に元宗が復位すると、金方慶は同知枢密院事・御史大夫に昇進するが、これには金方慶と婚姻関係にあった李蔵用のはたらきかけがあったことを無視出来ない。

査頓関係の趙季珣は金方慶より年上であり、許珙（一二三三～九一）は金方慶の年下になり、平素より後援関係にあったと推測される。趙季珣は趙冲の子で、武人執権者の崔沆の丈人である。武人執権期にはすでに門下侍郎平章事にのぼっていた人物であるが、[48] 金方慶の顕達に具体的にいかなる影響を及ぼしたかは明らかではない。許珙は、一二七六年（忠烈王二、至元十三）以後、金方慶が誣告により叛逆行為で治罪された時には、宰相の地位にありながらも、いかなる弁明もできなかった。[49] この時金方慶を弁明してくれた人物は賛成事の柳璥であり、これは一般的に犯罪行為が起こった時には親嫌関係に当たる人物が関与できなかったためであろう。[50]

＊義子および幕客集団

金方慶の伝によれば、「国事を長く担当し、また（元から）金符を受けて都元帥になっており、権勢が一国を傾けるほどであって、田園が州郡に数多く建てられた。麾下の壮士が内廂と称して毎日その門を擁衛し、その威厳を借りて中外に横行したが、これを禁じなかった」という。この記録で注目されるのは、金方慶が一二八〇年（忠烈王六、至元十七）十二月の日本遠征の過程で、元から中奉大夫・管領高麗軍都元帥に任命され、金牌（金符）を賜り、高麗軍の統率者になって以来、麾下の壮士が内廂と称したという点である。

内廂の実態は明らかではないが、高麗時代の用例を通じてみると、指揮官の側近である参謀たちを意味し[51]、現在の軍事編制では、軍司令部の本部中隊・本部大隊に所属した将校と兵士に相当するだろう。金方慶の内廂として推定できる人物には、三別抄討伐および日本遠征に随従した二子忻・壻の趙抃、ついで韋得儒が金方慶を誣告したとき言及した義男の韓希愈・安迪材、幕客の田儒、珍島沿岸の船中で三別抄軍の攻撃から金方慶を救援した軍官の金天禄・衛士の許松延・許万之、幕客として推測される羅裕らがいる。彼らは、韋得儒が金方慶の叛逆を誣告した時、兵仗器を隠匿させたという羅裕など四十一人に含まれるだろう。

この四十余人に属する人物が、「内廂だと称して毎日その門を擁衛して、その威厳を借りて中外に横行」した可能性がある。彼らのうち、金忻・趙抃らの直系卑属を除外し、義男の韓希愈・安迪材、幕客の田儒などの存在は、高麗時代の将軍の様態が伺える注目すべき資料である。義男は異姓の養子である義子を意味し、義女の対称概念である。一般的に、被収養者を仮子といい、収養者を仮父という仮父子制は、擬制的家族関係の形成から生まれた異姓養子制である。周知のように、この仮父子制は隋末唐初から五代に至る時期に集中的に現れ、軍閥またはこれに準する武力集団が自身の武力を拡張するために多数の仮子を養成した。当時武将または武力を結集しようとするものは、それぞれ自分の必要によって武人あるいは武將を仮子とし、自己の勢力の拡張をはかった。武将は有力者を仮父として仮父子関係を結び、仮父を中心として一つの軍団を形成した[52]。

このような意味の仮父子制が高麗時代においてどのように成立したのかは明らかではないが、地方分権的性格を帯びつつ私兵を率いていた羅末麗初時期の豪族のあいだでは、ある程度機能していたと推定される。その後、中央集権化の進行により、私兵が革罷されて仮父子制は消滅していったが、武将の間には自身の基盤を拡張するために依然として仮子をもうけて、仮父の勢力を利用しつつ自身の顕達を図る場合もあったと思われる。この例として挙げられるのが尹瓘と拓俊京の間で成立した仮父子関係である。すなわち、一一〇八年（睿宗三）一月、尹瓘が女真を征伐した時、女真軍に包囲されて危機に瀕したことがあったが、これを救援した拓俊京に「これから私は君を息子のように思うつもりだから、君は当然私を父親のようにおもいなさい（自今、我当視汝猶子、汝当視我猶父）」と言ったという記録がある。[53] これは戦線で軍司令官と下級武官の間に成立した仮父子関係の事例であり、寒微な行伍出身の拓俊京がのちに宰相の地位にまで昇進できたのも、尹瓘の後援があったからであろう。

このような武将と下級軍官の間に成り立った仮父子関係は、門客と私兵を養成して自身の武力的基盤を固めた武人執権時期にもその痕迹を見ることができる。すなわち、金俊が固城県の人朴琪を養子としたという事実や、[54] 林衍が「いつも武人執権者金俊を父と呼び、（金俊の弟）金冲を叔父と呼んだ（故衍常呼俊為父、冲為叔父）」という記録[55]なども、仮父子関係にもとづくものであろう。このような時代的風潮にも影響され、金方慶もまた彼の麾下にあった軍官の韓希愈と安迪材を仮子として、自身の軍事的基盤を充実させつつ参謀の内廂として利用したようである。

さらに、幕客の田儒と幕客と推測される羅裕がいる。幕客は幕賓と同じ意味で、今日の参謀に相当する。高麗時代の武官の間では、上下関係が緊密であり、論功行賞・昇進・処罰などにおいても連帯関係を持っていた。従って、下級武官の昇進は本来個々人の問題とはいっても、所属の指揮官の将軍（正四品）名と共に名簿に記載される。[56] こうした連帯関係にもとづいて、将軍の指揮下にあった下級軍官を自身の幕客と呼んだ。したがって、田儒と羅裕は金方慶が四十代半ばに将軍に任命されたのちに、彼の部下として勤務した武官と推測される。

＊競争関係にあった人物

金方慶と競争関係にあった人物としては、中堅官僚時代の兪千遇（一二〇九～七六）と宰相時代の趙仁規（一二三七～一三〇八）がいる。兪千遇は金方慶より三歳年上で、官界の昇進にあっても一歩さきんじていた。ここでいう両者の競争とは、一二六三年（元宗四）、金方慶が御史中丞（従四品）として在職している時、人事行政権［銓選］を掌握した知御史台事（従四品）・左丞宣兪千遇と班次［官品］を争った事件である。[57] これは、金方慶が兪千遇に路上で会ったときに、上級者に対する礼として不適切な馬にまたがったままでの挨拶［揖礼］を行ったため、官僚としての序列［班次］を争うことになった事件である。同じ官署に在職し、年少の金方慶が馬上で礼をおこなったということは、二人の序列が微妙な競争関係にあったことを意味する。

兪千遇は科挙に及第したのち内侍となり、さらに金方慶の伯父の金敞の薦挙によって武人執権者の崔瑀に抜擢され、政房に入って崔瑀の門客になった人物である。その後、元宗代に武人執権者の金俊の下で政房に入り、人事行政権を掌握しているときに、金方慶と対立することになった。[58] これによって、金方慶の姻戚たちの仕官がとどこおることになったというが、金方慶はこれを意に介さず、同年十二月、兪千遇の後任として知御史台事に任命された。金方慶は当初、兪千遇に比べて昇進が遅れていたが、のちに三別抄の乱を鎮圧する過程で兪千遇を跳び越えて昇進することができた。またこの時、全羅道にあった兪千遇の田庄を守ったという。金方慶が耽羅の三別抄を討伐して凱旋した時、兪千遇が祝賀する詩を作って贈呈したのは、[59] その返礼だったわけである。

趙仁規は寒門の出身で訳官として立身し、高麗とモンゴルの関係が緊密になって突然出世した人物である。[60] 一二八〇年（忠烈王六、至元十七）十二月、元が日本遠征のために高麗の武将に官爵を与えたさい、金方慶は中奉大夫・管領高麗軍都元帥に任命されて、高麗軍の統率者となった。これに対して趙仁規は宣武将軍・王京断事官・脱脱禾孫（トトカスン）に任命されて、高麗王室の様々な事務を担当することになった。[61] 彼は金方慶より十五歳年下で官僚としての序列［班次］も大きく遅れていたが、平素より金方慶に対して良い感情を持っていなかったようである。一二八二年（忠烈王八、至元十九）二月三日（癸巳）に忽赤が竹坂宮で王と饗宴したおり、王は南門に行幸していたが、中賛の金方慶は酒に酔って馬に乗ったままそこを通りすぎるという無礼を犯してしまった。これを趙仁規が讒訴し、金方慶は一時巡馬所に拘禁され、後に釈放されるということがあった[62]。

この時、金方慶は首相の僉議中賛であったのに対し、趙仁規は上将軍・左承宣・知吏部事で三品官であった[63]。三品官である趙仁規が、首相の金方慶を讒訴した理由は分からないが、両者の関係が円満でなかったのは確かであろう。官僚としての競争関係ではなかったとしても、国王または元との親疎関係において、なんらかの競争意識がそこにあったことが推測される。以後両者の関係がどのように展開したのかは分からないが[64]、一三〇〇年（忠烈王二十六、大徳四）八月、金方慶が他界して安東に帰葬する時、執権者［用事者］に忌避されて礼葬できなくなった件については[65]、すくなくとも趙仁規とは関係なさそうである。というのも、この時趙仁規は、一二九八年（忠烈王二十四、大徳二）に起きた彼の娘である趙妃（忠宣王妃）の事件で元に捕えられており、その後一三〇五年（忠烈王三十一、大徳九）になってようやく帰国しているからである[66]。

＊敵対関係にあった人物

金方慶の伝を編纂した史官が論評したように、彼は信厚と器宇が弘大で小節に拘わらなかったということであるから、自ら敵対的人物を作ることはなかったと思われる。ただ、日本遠征の軍功による破格の爵賞を怨まれたものか、一二七七年（忠烈王三、至元十四）十二月には前大将軍韋得儒・中郎将盧進義・金福大らによって、元への叛逆を図ったという誣告を受け、過酷な審問と処罰を受けることになった。しかし、彼ら誣告人自身が金方慶に対する敵対感を持っていたというよりも、元におもねった洪福源（一二〇六〜五八）の息子である洪茶丘の使嗾に促されただけなのではないかと思われる。

金方慶より三十二歳年下の洪茶丘（一二四四〜九一）は、元（蒙古）に投降して遼瀋地域に居住していた高麗人を集め、征東都元帥府の副元帥、都元帥となった。彼は元の政治的影響力をかりて、高麗王朝を謀害したり、攻撃の先頭に立った人物であった。彼は、高麗で起きた各種の反元事件に介入し、高麗を困境に追い詰めて、数多くの高麗の人民を殺傷した。たとえば、韋得儒による誣告事件が起きると茶丘は、金方慶を苛酷な拷問に処し、故意に事件を拡大させて高麗の立場を苦しいものにさせた。この行為は、洪福源の死に対する報復行為でもあるが、それよりはむしろ、自らがモンゴル帝国の官僚として忠誠をつくそうとする投降民の哀切な感情が含まれていたのだろう[67]。

＊後援関係にあった人物

一二七六年（忠烈王二、至元十三）、金方慶は、モンゴル国に対する叛逆行為をおこなったとして誣告され[68]、治罪を受けたが、そのさいに彼を積極的に弁護した人物は賛成事の柳璥（一二一一〜八九）であった。金方慶より一歳年上の柳璥は、文臣の兪千遇とともに崔氏政権の下で政房に入って政界の中核をになっており、官僚としてのキャリアは方慶の一歩先を進んでいた。一二五八年（高宗四十五、憲宗八）、彼は崔氏政権の打倒に参与して功臣として冊封され、その後さらに昇進を重ね、一二六三年（元宗四、中統四）十二月に金方慶が知御史台事（従四品）に任ぜられた時には参知政事（従二品）の地位にあった[69]。その後、亜相である門下侍郎平章事になったが、一時流配され、その間に三別抄の討伐を通じて金方慶が門下侍郎平章事・門下侍中に抜擢されたことにより、彼と金方慶の地位は逆転することになった。

一二七六年（忠烈王二、至元十三）十二月、匿名の誣告書により達魯花赤（ダルガチ）の石抹天衢によって斉安公淑・金方慶など四十三人が叛逆の嫌疑で逮捕された時、柳璥は亜相の僉議侍郎賛成事として公主（忠烈王妃）に歎願して彼らの釈放を求めた。翌年十二月、韋得儒らによる誣告事件についても積極的に弁護し、金方慶が流配刑に終わるようにとりはからった。金方慶が流配された後の一二七八年二月、僉議賛成事で判典理司事を兼任し首相［冢宰］となったが、同年十月に致仕し、その後、中央政界に復帰した。金方慶が僉議中賛で判典理司事を兼任して冢宰になった。このように、柳璥は金方慶と共に宰相として前後を競いながらも、金方慶が危機に瀕した時には、それが国事と関連する重大事であることを認識して積極的に弁護し、「大事をうまく処理させた」という評判を受けた。(70)

＊学問と処身

金方慶の伯父の金敞（初名は金孝恭）は、趙冲・李奎報・兪承旦らとならんで武人執権下での代表的名士のひとりである。(71)彼は朴暄・宋国瞻と共に政房に入って名声を高め、国子監試・礼部試の試官をも歴任した。(72)また、父の金孝仁も科挙に及第して兵部尚書・翰林学士に達したが、文翰職を歴任した点と宝鏡寺円真国師の碑文を書した点から見て、文筆に優れており、書法にも造詣が深かったようである。このような家柄であればこそ、金方慶も幼いころから学問を習ったと思われる。

ところが、本来ならば科業の準備に努めるべき年齢である十六歳の時に蔭叙によって入仕し、その後すぐに武班に官途を変えた点を見ると、武芸や兵書にも関心を抱いていたようである。当時の武班も、一定の学問的基盤が必要とされた。というのも、礼部試の製述業の実施に加えておこなわれていた武班試験の武挙にも、講芸の試験が要求されたからである。(73)金方慶も武挙の準備をしていた可能性があり、これは彼が『孫子兵法』をはじめとする様々な兵書の内容および『春秋左氏伝』に収録されている戦法に関する典故などに該博であった点からも類推できる。

かりに金方慶が文班での科業を準備していたとすれば、彼が年齢二十歳に達したとき父の官職が殿中侍御史（正六品）だったので、国子監の四門学に入学する資格はあったと思われる。したがって、彼が十六歳で門蔭を利用して入仕した時は、四門学に在学していた可能性もあり、のちに『春秋左氏伝』の内容を熟知していることをみても、この時期に学習していたのであろう。『春秋左氏伝』は、国子監での共通必須科目である孝経・論語を履修した後、各種儒教経典を選択して履修する時、最終段階で『礼記』とともに履修する科目である。(74) この点を考えると、金方慶は四書三経を学習したあと、諸子百家についても一定の識見を習得していたことが推測される。このことは、彼が典故に詳しく、政策を決断する際に誤ることがなかったという点(75)や、次に言及する李承休に送った書状などからからも知りうる。

彼の文筆能力を窺わせる資料として、詩一首と書状一通が残されている。それらのうち、詩は金方慶が七十歳の一二八一年（忠烈王七、至元十八）十二月、第二次日本遠征を終えて帰還するとき、安東に立ち寄って作ったもので、それは次のようなものである。(76)

福州　辛巳歳 東征日本 班師至福州

山水無非旧眼青
楼台亦是少年情
可憐故国遺風在
収拾絃歌慰我行

この詩は七言絶句のかたちをとり、起句と承句で故郷福州（現慶尚北道安東市）の自然景観を歌い、「山水」と「楼台」の語を配置して幼い時遊んだ所が変わりない様を詠う。しかし、転句と結句においては日本遠征の中で、王化が達し得なかった異国の風物を見て、自身が成長した故国の文化についての自負心を表わす。しかし、その祖国は今では元の絶対的影響力の下に置かれている状況であり、とても直截的に表現することはできず、祖国の現実を慨嘆する心情を含む。それが「可憐」という表現に溢れている。

およそこの作品は、モンゴルの圧制下でも伝統的な文化が残っていた故郷を幼い頃に離れて、元・高麗・日本にまたがる国際関係の中で東奔西走する中で、自分の処身と役割について苦悶する知識人の帰郷にともなう感懐をよく表わした作品であろう。この詩は、当時の代表的な文筆家たちの優れた作品を集めて編輯された『東文選』にも収録されており、このことは金方慶の文筆能力が非常に高かったことを物語っている。

一方、書状については金方慶が八十五歳の一二九六年（忠烈王二十二、元貞二）二月、頭陀山（現江原道三陟市）に隠居していた動安居士李承休に送ったもので、前年に李承休が彼のために「旦暮賦」を作って送ってくれたことに対する答書である。(77) これは、金方慶の勳功を宋の王安石や唐の郭子儀になぞらえながら讃揚した李承休「旦暮賦」の韻字に方慶が次韻した賦体の韻文である。単純な書信答書でなく、賦体を活用する韻文答書として特異な形態を帯びている。李承休が江湖に隠逸していながらも、研鑽を積んで出将入相の境地に達し、老荘より深い道統と孔子に匹敵する程の儒学の門を開いた、といった内容である。また、聖主の世上に出処を大義に合うように篤い人物であると称讃しながら、功名をたてた自身より徳行が高くて羨ましいという意味を含んでいる。(78)

武班出身の金方慶は、武将として備えておかねばならない智・信・仁・勇・厳の条件を具備しつつ、文班職を兼職した時にも処事が公正であったことを様々な事例を通じても確認できる。このため彼の列伝を作成した史官は、「金方慶は忠直かつ信厚であり、器宇が弘大にして小節に拘わらなかった。厳毅で言葉が少なかったし……からだを団束勤倹し、……平生に君上の得失をいわなかった」と彼をたたえた[79]。このように、彼が毎事公正に処したというが、一方では仁情に引かれざるをえなかった。

彼が三別抄の乱を鎮圧した後、その中枢の一人だった李行倹を助けたことがある。李行倹は彼の父の金孝印の門生であったし、李行倹の父の李湊は伯父の金敞が才質を愛し、推薦して校書郎に任命された因縁があった[80]。このような事もあり、金方慶については、権勢が一国を傾け、田園を州郡にあまねく建て、麾下の壮士が中外に横行し、日本遠征過程での爵賞が均等することができなかった、という批判もとともに聞かれることになった[81]。

＊現実対応意識

官僚としての金方慶の成長過程に現れた、監察御史としての剛直、牽龍行首としての誠実、御史中丞としての法の厳守などの事例を通じて、彼が崔氏政権の政治・経済の運営や江華遷都論などに対して批判的であったという見解もある[82]。このような見解には肯ける面がなくもないが、これらの事例は金方慶が官僚として勤務と法の執行にあたって公正であったことを物語るものであり、これをもって崔氏政権の施策に対して反対の立場を採ったとはいえない。もし金方慶が崔氏の政権運営に批判的であったとすれば、政界で排除されたばかりでなく、命まで危なかったと思われるからである。

金方慶は、崔氏政権の権力核心に該当する政房・三別抄のような権府に参与しなかったものの、崔氏幕府にあって重要な機能をになっていた三省六部・御史台・軍隊統帥機関の兵馬使などの要職を歴任した点から見れば、やはり武人政権の維持に一助をなした人物であったことは否定できない。とはいえ、他の人々に比べて武人政権の最高責任者の崔瑀・林衍らと近い距離にありながら、同じ党として活動しなかったことは確かである。このように見るならば、金方慶は、武人政権に参与して重要官署の要職を歴任しながら、執政者に逆らわないように努力する一方で、公正な法秩序の執行を通じて王室および国家紀綱の維持に努力した人物のひとりとして評価することができる。

また金方慶は、一二七三年（元宗十四、至元十）閏六月に三別抄を討伐した戦功をもって門下侍中に任命されて以後、退職するまでの十年間、首相として国政を率いてゆくことになった。ところが、三別抄の消滅によって高麗では反元勢力がいなくなり、元の高麗に対する政治・軍事的圧迫も加重になった。高麗に駐屯していた行政監督官であるダルガチの石抹天衢と東征元帥府の指揮官忻都・洪茶丘らが、国政全般にかけて強い統制を加えた。このため金方慶は、自身の学問と経綸をもってしても武人執権以来の弊政を改革できず、モンゴルの指示に従わざるをえない立場にあった。また、元によって推進された日本征伐のために軍糧・戦艦・軍兵の確保に盡力せざるをえず、独自な施策を展開することも出来なかった。

このような情況の下で、金方慶の政治的立場も確固たるものではなくなり、自らの身分の安定さえも確保できなかった。この点は、一二七六年（忠烈王二、至元十三）、彼が匿名の誣告書によりダルガチに叛逆の嫌疑で逮捕され、翌年さらに韋得儒などの誣告によって叛逆の嫌疑で元帥忻都に逮捕され、副元帥洪茶丘に過酷な訊問を受けたことなどからも知ることが出来る。一度目の逮捕の場合、王妃の斉国公主の力ぞえによって釈放されたが、二度目については忠烈王が元に入ってクビライに誣告を説明したことにより赦免を受けることができた。このように、高麗の首相さえもモンゴル国のダルガチ・東征元帥府の指揮官によって逮捕・拘禁・流配される情況下で、高麗独自の政治運営は期待できなかった。国政の重要事を決定するにあたって金方慶ができたことは、モンゴル国の一方的な指示に従いながら、若干の修正意見を述べることにすぎなかった。その他、国内で起きた様々な問題についても、忠烈王は王位に

即く前、元に滞在した時の随従臣を中心として側近政治を行ったので、金方慶は疏外されていたと思われる。(83)

金方慶は当時の高麗王朝内外の情況を考慮し、自身の立場と役割をよく理解していたようである。一二七六年（忠烈王二、至元十三）九月、金方慶は元のクビライから虎頭金牌を賜り、高麗軍の最高統帥権者になったが、統帥権の行使は常に忠烈王の許諾を受けてから施行し、モンゴル軍の指揮官の忻都から指摘を受けたこともあった。これは、金方慶が元の将軍に任命されたにも拘わらず、本来は高麗の官人であることを明確に意識していたことを意味する。また一二七七年十二月に、金方慶が誣告によって元に対する叛逆行為として治罪された時、洪茶丘はこれを契機に高麗王朝を謀害することを企図し、忠烈王に金方慶を自服させようとした。金方慶は過酷な拷問を受けながらも、自服しなかっただけでなく、誣告された内容の一部を是認せよという忠烈王の慫慂までも拒絶した。これは、金方慶が隷属国の位置にあった高麗王朝をあくまでも守護しようと念じた自主意識の表現として理解できる。このできごとは、当時の支配層が高麗王朝の維持のために自身の命までも犠牲にしようとした事例の一つとして挙げられる。

おわりに

以上、独立国家であった高麗王朝が世界帝国を築いた大元モンゴル国の武力によって圧倒されて諸侯国に転落した十三世紀に、その苦難のほとんどを経験しながら栄辱を共にした宰相金方慶の生涯と行蹟について論じてきた。最後に、それらのなかで注目に値する事項を簡潔にまとめて結論に替えたい。

金方慶の中堅官僚に至る経歴、王室と関わる宿衛職および軍事上の重要司令部の将軍職であった。文班職の兼職は、三省六部・御史台・秘書省などの清要職であった。また、五十代後半に宰相に任命されたが、これは武人執権期の他の核心官僚が宰相職に任命された年齢に比べると比較的遅い。ところが武人政権の打倒および三別抄の討伐過程で昇進を重ねたが、これは武人政権と関連があった旧勢力の粛清およびモンゴルの影響力と関わるものである。また、彼の将帥としての才質は、初級および中級の指揮官としての実戦経験はなかったものの、高級将帥としてみにつけておかねばならない智・信・仁・勇・厳の条件を具備していた。

金方慶は文筆をもって起身した伯父と父の蔭にあずかり、幼い頃に入仕して中央官署の重要官府に仕官したが、四十代後半に中堅官僚に任命されて自らの活路を開拓するようになった時には、もはや親族集団からの後援はなかった。このような苦況を打開するため、金方慶は義子および幕客集団を養成して自身の軍事的基盤とし、彼らを参謀の内廂として利用したようである。

金方慶と競争関係にあった人物としては兪千遇と趙仁規がおり、彼らによって一時危機にさらされたものの、後日実権を掌握した時には彼らに対して寛容の姿勢を見せた。彼と敵対関係にあった人物としては、日本遠征での方慶に対する論功行賞に不満を抱いた韋得儒・盧進義・金福大などが挙げられるが、このような敵対意識は、親元勢力の洪茶丘の策動に促されたものと思われる。後援関係にあった人物としては柳璥がいるが、彼は金方慶と共に宰相として前後を争い、金方慶が危機におちいった時には、それを国事と認識して積極的に方慶を弁護した。

金方慶は武挙を準備していた可能性があり、これは彼が『孫子兵法』をはじめ様々な兵書の内容および『春秋左氏伝』に収録されている戦法に関する典故に該博した点から推測することができる。また、金方慶は四書三経を学習し、諸子百家についても一定の識見を持っていたことが推測される。この点は、彼がそれらの典故に通じており、政策を決断する際にもそれらをふまえつつ外れることがなかったという点や(84)、彼の文筆能力あ十分に発揮された詩文と書状から知ることが出来る。さらに、金方慶は武人政権に参与して重要官署の要職を歴任しつつ執政者に逆らわないように努める一方で、公正な法秩序の執行を通じて王室および国家紀綱を維持しようとする現実的な政治感覚を持っていた。

以上のような金方慶の行蹟を一言で整理すると、「用心深く乱を待ち、静かに騒々しさを待つ（以治待乱、以静待譁[85]）」将帥といえる。また、金方慶は朝鮮王朝初期に『高麗史』が編纂される時まで、彼の後孫の顕達により推仰され続けており[86]、このために彼の行蹟が『高麗史』列伝に詳細に記載されたものと思われる。

注

（1）李相哲「金方慶研究」清州大学碩士学位論文、一九八六。尹愛玉「金方慶研究」誠信女子大学碩士学位論文、一九九三。柳善英「高麗後期金方慶の政治活動とその性格」全南大学碩士学位論文、一九九三。

（2）閔賢九「モンゴル軍・金方慶・三別抄」『韓国史市民講座』八、一九九一。

（3）権善宇「高麗忠烈王代の金方慶誣告事件の展開とその性格」『人文科学研究』五、東亜大学、一九九九。

（4）朴宰祐「金方慶」『韓国史人物列伝』、トルペゲ、二〇〇三。

（5）その他、権近が編纂した『東賢史略』（権近『陽村集』三五所収）に彼の列伝が収録されているが、日本遠征に関する叙述は除外され、大部分の内容は『高麗史』列伝の内容を縮約したものである。

（6）これは李瑱が金方慶の姻戚であっただけでなく、三子金恂と同じ年に礼部試に及第した同年であり、金方慶から優待を受けた人物でもあったため、事情をよく把握していたのだろう。また墓誌銘を付託する時は一般的に整理された家状・経歴などを提供されるので、撰者は主に銘を作るのに注力する。

（7）李瑱は一二九八年（忠烈王二十四、忠宣王即位年）に忠宣王の改革に参与したので、同年八月の忠宣王の退位以後には政界で排除されて勤慎していただろう。この時期の政治的状況については張東翼『高麗後期外交史研究』、一潮閣、一九九四、八二〜八七頁を参照されたい。

（8）李斉賢はこの時期の金方慶の官職を枢密副使としているが（李斉賢『益斎乱藁』九上、忠憲王世家）、一年前の十一月十三日に上位職の同知枢密院事に任命されているので、それは誤りであろう。
（9）彼の墓誌銘には、一一七九年（忠烈王五、己卯）に再次にわたって上書して致仕を請うたが許諾を受けることができなかったとあるので、これは一一八〇年の事情を間違って記録したものである。
（10）彼の列伝では中善大夫に（正四品）、『高麗史』世家および墓誌銘では中奉大夫（従一品）となっている。金方慶がこの文散階を受けた時、賀正使として入朝していた。この時四品以上だけが大明殿の殿上に上がって侍宴したこと、金方慶の席が丞相の次に位置していたことを勘案すると、後者の記録が正しいだろう。
（11）『高麗史』世家では食邑三千戸とし、彼の列伝および墓誌銘では食邑一千戸となっているので、後者が正しいようである。
（12）彼の死後にも後孫が安東に根拠地を維持していたことは、四代孫の金九容（斉閔）が一三七七年（禑王三）に居住していた事実から知ることが出来る（鄭道伝『三峰集』一、「聞金若斎在安東以詩寄之」、「若斎旅寓」）。
（13）朴宰祐前掲論文、二〇〇三、二四四〜二四五頁。
（14）朴宰祐上掲論文二四五〜二四六頁。
（15）『元史』列伝三四、史枢。
（16）『孫子兵法』作戦、「善用兵者、役不再籍、糧不三載、取用於国、因糧於敵、故軍食可足也、国之貧於師者遠輸、遠輸則百姓貧」。
（17）この点は、金方慶が日本を征伐するために密陽管内の守山堤を修築して、灌漑を円滑し、軍糧を確保したという事実と同じ範疇に属する（『新増東国輿地勝覧』二六、密陽都護府、古跡、守山堤）。
（18）この点は武将が熟知していた『孫子兵法』始計、「主孰有道、将孰有能、天地孰得、法令孰行」の影響もあっただろう。
（19）『安東金氏族譜』「金方慶行状」、「臣自少至老、渇忠奉国、曾無二心」。
（20）『益斎乱藁』九上、忠憲王世家。
（21）これと類似する事例が『史記』九二、淮陰侯列伝第三十二、『晋書』一〇四、載記第四、石勒上に見える。

(22) これは秦の穆公［秦伯］が晋を征伐した時の故事である。
(23)『孫子』計篇。
(24) 李承休『動安居士集』雑著、旦暮賦、「金方慶行状」。
(25) 日付については、高麗暦は日本暦とは異なるため、当該国家の暦をそのまま引用した。
(26) 当時東征都元帥府の副元帥の洪茶丘（俊奇）は、察忽（『元史』・『高麗史』）と表記されることもある。
(27) 当時東征都元帥府の都元帥の忻都は、忽敦（『高麗史』）・欣篤（『動安居士集』）・忻篤（『益斎乱藁』）・忻豆（『櫟翁稗説』）などと表記されることもある。ただ、忽敦（Hodon）と忻都（Hindu）は本来別個の人物であるにもかかわらず、高麗側の資料で同一人として表記されている理由は不明である。
(28) この時出征した蒙・漢軍は二万、高麗軍は六千程度と推定されている（池内宏『元寇の新研究』、一二四～一二六頁）。
(29) 高麗側の記録では博多地域を伊蛮島と表記している（『益斎乱藁』九上、忠憲王世家、「破其一岐・対馬・伊蛮等島、以糧尽還」、『東賢史略』金方慶、「至元甲戌、奉帝命、東征日本　撃対馬等三島」）。
(30) この時の麗・元連合軍の攻撃地域に関しては山口修「元寇の研究」『東洋学報』四三～四、一九六一が検討を加えている。
(31) 荒川秀俊、「文永の役の終りを告げたのは台風ではない」『日本歴史』一二〇、一九五八、「文永の役の終末について諸家の批判に答う」『日本歴史』一四五、一九六〇。これらは気象学者の立場からの研究であり、最近これに対する反論が発表された（溝川晃司「文永の役神風発生の有無について」『法政史学』六〇、二〇〇三）。
(32)『高麗史』世家二十八、忠烈王即位年十月乙巳、列伝十七、金方慶。
(33) このような所謂「神風」についての論争は、川添昭二『モンゴル襲来研究史論』雄山閣出版、一九七七、二四九～二五四頁、太田弘毅「文永の役、元軍撤退の理由」『政治経済史学』三一九、一九九三に詳細に整理されている。
(34) 太田弘毅「文永の役、元軍撤退の理由」『政治経済史学』三一九、一九九三。
(35)『益斎乱藁』九上、忠憲王世家。
(36) この年は、日本では閏が七月で、高麗と元は閏が八月であった。

(37)　世界村大明浦の位置比定については峰町佐賀の大明神浦、上県町志多留、厳原町久田、厳原町頭酘などの諸説がある。
(38)　この時の戦闘については山口修「元寇の研究」『東洋学報』四三―四、一九六一で検討されている。
(39)　『元史』一二八、相威で八月朔日（一日）となっているが、この時中国では閏月が八月であったためである。
(40)　一九九二年以来、鷹島の床浪港および神崎港の防波堤建設・改修工事などのために海中発掘が行われ、多くの遺物が引揚げられた。これらの遺物は、大量の中国陶磁器、船舶の部材の各種木材、碇（石、木）、船釘、鉄刀、鉄箭の箭束、鉄砲弾石弾、各種青銅製品などであり、この中に高麗時代のものと推測される青瓷の破片、銅碗なども包まれているが、その数は少ない（長崎県鷹島町教育委員会『鷹島海底遺跡』Ⅱ～Ⅷ、一九九三～二〇〇三）。ここに碇泊していた高麗の船舶は全体の三分の一以上を占めていたはずであるが、それに比べて引揚られた遺物がきわめて少ない点は、この時高麗の船舶が比較的被害を受けなかったとする記録と関連があると推測される。
(41)　第二次麗・元連合軍が遠征に失敗した理由は、颱風が直接的な原因であったが、遠征軍のなかで絶対的多数を占めていた江南軍が十分な戦争準備をしていなかった点や（杉山正明『モンゴル帝国の興亡』下、講談社、一九九六、一二九～一三六頁、第二回日本遠征の真相）、これに参戦した宋出身者たちが戦う前に日本に投降するという事例が多発した点にも、その原因があった（卍元師蛮『延宝伝燈録』十九、臨済宗、京兆南禅蒙山智明禅師、張東翼『日本古中世高麗資料研究』ソウル大学出版部、二〇〇四、一五二頁参照）。
(42)　『益斎乱藁』九上、忠憲王世家。
(43)　『東賢史略』金方慶。
(44)　金方慶の縁者には妹壻博州守姜份・延州守権闡がいるので、姉妹がいたようである。
(45)　金光哲『高麗後期勢族層研究』東亜大学出版部、一九九〇、附録四。
(46)　その他、龍岡の官妓出身の小室と推定される一女の夫で賛成事蔡洪哲（蔡宜）がいたが、この時期には彼の家門は寒微していた（『高麗史』列伝二十一、蔡洪哲）。
(47)　『高麗史』列伝十七、金方慶。

(48)『高麗史』列伝十六、趙冲、列伝四十二、崔沆。

(49) この時、許珙は密直司使・監察提憲として宰相の班列にあった（『高麗史』列伝十八、許珙、金龍善『高麗墓誌銘集成』翰林大学出版部、二〇〇六、六五六頁、「許珙墓誌銘」）。

(50) その他、金方慶の親族集団に関する具体的な研究としては、南仁国「元干渉期金方慶の後裔とその存在様態」『歴史教育論集』二七、二〇〇六がある。

(51)『高麗史』に現れた代表的な事例としては、兵馬使の側近の内廂都領指諭、内廂左右都領、左右内廂（志二十二、礼十、兵馬使及軍官拝坐儀）、金之岱が従軍して詩文を通じて、趙冲の内廂になったこと（列伝十五、金之岱）、金就砺が契丹軍を討伐するために内廂だけ残して自身を護衛するようにして他の軍隊は皆動員するようにしたこと、また金就砺が十将軍兵神騎大角内廂の精卒を率いてモンゴル将帥に会ったこと（列伝十六、金就砺、『益斎乱藁』六、門下侍郎平章事判吏部事贈謚威烈公金公行軍記）、崔坦の内廂呉得公が崔坦の陰謀を金方慶に密告したこと（列伝十七、金方慶）等を挙げることができる。

(52) 矢野主税「唐代に於ける仮子制について」『史学研究記念論叢』広島大学史学科、柳原書店、一九五〇、「唐代に於ける仮子制の発展について」『西日本史学』六、一九五一、栗原益男「唐末五代の仮父子的結合における姓名と年齢」『東洋学報』一八～四、一九五六。

(53)『高麗史』列伝九、尹瓘。

(54)『高麗史』列伝四十三、金俊。

(55)『高麗史』列伝四十三、林衍。

(56) この点は武班たちの墓誌銘に記録されている。その代表的な例として申甫純墓誌銘（金龍善『高麗墓誌銘集成』、二〇〇六、二六一頁）には次のようにみえる。「公年未弱冠従軍、二十五歳受会冲下隊正、毅宗七年壬申拝守珍下校尉、辛巳崔清下散員、乙酉彦清下別将」。これ以外にも金仲亀・鄭仁卿・趙仁規などの墓誌銘でも確認される。

(57) 金方慶の列伝と彼の行状では、御史中丞と知御史台事がみな三品とされているが、文宗官制ではこれらはみな従四品とされている。この時期にこれらの官職が三品に昇格していた理由は不明である。

(58)『高麗史』列伝十八、兪千遇。
(59)兪千遇、「賀元帥金公方慶攻下耽羅」『東文選』二十、七言絶句。
(60)『高麗史』列伝十八、趙仁規。
(61)『高麗史』世家二十九、忠烈王六年十二月二十三日（辛卯）。以後これらの官職は金方慶・趙仁規の二家門の世襲職となり、彼らの後裔が元の圧制下において支配層としての地位を温存するうえで重要な基盤になった。
(62)『高麗史』世家二十九、忠烈王八年二月三日（癸巳）、列伝十八、趙仁規、『高麗史節要』二〇、忠烈王八年二月。
(63)趙仁規は一二七九年（忠烈王五）に右承宣に任命され、続いて上将軍・知兵部事、左承宣・知吏部事を経て、金方慶を讒訴し、一二八二年（忠烈王八）に神虎衛上将軍として宰相職の枢密院副使・兵部尚書に抜擢された（金龍善、『高麗墓誌銘集成』、一一二〇頁、趙仁規墓誌銘）。一般的に高麗時代の人事異動は六月（小政）と十二月（大政）におこなわれたので、讒訴がおこなわれた二月には趙仁規の官職は三品官であっただろう。
(64)両者の競争関係はこの時期の一時的状況であり、これは趙仁規の二子趙璉が金方慶の孫壻（二子忻の二壻）であったことからも推測することができる（南仁国前掲論文）。
(65)『高麗史』列伝十七、金方慶。
(66)『高麗史』列伝十八、趙仁規、『高麗墓誌銘集成』一一二一頁、趙仁規墓誌銘。
(67)洪福源・茶丘父子の高麗に対する各種の行為については、張東翼「モンゴルに投降した洪福源および茶丘父子」『歴史批評』四八、一九九九（本書第三部第二章所収）を参照されたい。
(68)これについては権善宇・尹愛玉の前掲論文を参照されたい。
(69)『高麗史』世家二十五、元宗四年十二月二十日（丙寅）。
(70)『高麗史』列伝十八、柳璥。
(71)『高麗史』列伝八、任濡。
(72)『高麗史』列伝十五、金敞、列伝三十八、朴暄。

(73) 武人執権期に武挙が実施されていたことは、王惲、『中堂事記』下、中統二年六月十一日の記事を通じて知ることが出来る。
(74) 『高麗史』志二八、選挙志二、学校。
(75) 『高麗史』列伝十七、金方慶、「多識典故、断事無差」。
(76) これは『東文選』二〇、七言絶句、『新増東国輿地勝覧』二四、安東大都護府、題詠に収録されている。
(77) 『動安居士集』雑著、「公之答示」。
(78) 以上の詩文と書状に関する叙述は、東洋大学教養学部姜求律教授からのご教示にもとづいている。
(79) 『高麗史』列伝十七、金方慶。
(80) 『高麗史』列伝十九、李湊・行倹。金方慶の後裔は、李行倹の外孫女奇皇后の政治力によってその基盤を固めることができたと思われる。
(81) 『高麗史』列伝十七、金方慶。
(82) 朴宰祐前掲論文。
(83) 朴宰祐前掲論文。
(84) 『高麗史』列伝十七、金方慶、「多識典故 断事無差」。
(85) これは『孫子兵法』軍争「以治待乱、以静待譁、此治心者也」、九地「将軍之事、静以幽、正以治」に依拠している。
(86) 権近『陽村集』一八、「賀金士衡侍中詩序」。

第二章　モンゴルに投降した洪福源および茶丘の父子

はじめに——その時代の背景——

十三世紀初葉、漠北地域に登場したモンゴルは世界史上きわめて大きい変化をもたらした。中国大陸と地理的に近接していた高麗王朝も、モンゴルの勢力膨張により興亡盛衰が左右された。モンゴルは一二三一年（高宗十八、太宗三）以来、三十余年間、六次にわたって、高麗に対して大大的な攻撃を仕掛けた。高麗はモンゴルの武力に対抗して、一面で外交、他面では戦争の両面策を駆使するなど、長期間の戦争の中で主体性を維持するために努力した。

世界各地を制圧していったモンゴルが高麗をたやすく征服できなかったのは、各地の征戦によって主力部隊が分散させられただけでなく、東アジア地域でも南宋と高麗の両地域で戦闘を遂行しなければならなかったためである。もちろん、高麗人の執拗な粘り強い抵抗と、守城清野作戦による補給遮断も見逃せない要因となった。モンゴル側も征伐過程で軍隊確保および物資補給のために現地人らの協力を得ようとつとめた。

一二三一年（高宗十八）、モンゴルは第一次侵入当時、江東城で両国の兄弟盟約締結の主役だった趙沖の息子であり西北地域の司令官の趙叔昌を懐柔して、彼らの高麗侵攻の手先として利用した。また、麟州の洪福源を引き入れて、道案内［嚮導］させつつ西北界地域の数多くの地方官および土着勢力を懐柔して「右軍」として活用した。

十二世紀後半、武人政権の登場以来、各地で展開された民衆の抗拒の余波の中にモンゴルの長期間にかけた侵略が出現し、西北界地域をはじめとする各地で高麗人らのモンゴル軍への投降が頻発した。その中には全力を尽くしたのち投降するほかはなかった場合もあったが、崔氏政権の誤った対蒙抗争の姿勢に反撥して自発的にモンゴルに投降した場合も少なくなかった。モンゴルが、これら投降民を高麗侵入にさいして先頭に押し立てたことは言うまでもない。投降民の立場では、モンゴルに対する盲目的な忠誠だけが生きる道だったので、忠犬としての役割を拒まなかった。

しかし、モンゴルに投降して侵略の道を案内をおこない、同族をあしざまに攻うこれら投降人らに対して、高麗人のまなざしがよかろうはずはなかった。「主人を見てほえる（犬反吠之犬）」、「罪を作って逃亡したひと（逋民）」、「朝廷に背反した者（畔人）」などが、当時こうした人間たちに対する別称だった。「利敵行為」による弊害は、モンゴル軍の侵略に次ぐほど大きいことではあったが、大廟や山川の祭祀で神らに告げられる程度であった。

本章では、モンゴルとの初めての接触から投降して侵略の道案内〔向導〕のためあらゆる忠誠を惜しむことなく「主人を見てほえる犬」の代名詞で呼ばれた洪福源・茶丘の父子を中心に、各種の投降人らの活動を見ようと思う。

一　洪氏父子とは誰か

洪福源の出生地であり立身の基盤の西北界の麟州（現平安北道義州）は韓半島の他地域に比べて、人生をいとなむうえでは良い条件のところではなかった。鴨緑江河口に位置するこちら側は高麗初には霊蹄県だったが、満州地域に赴く最後の関門であったので、軍事上で非常に重要視され、一〇一八年（顕宗九）に麟州と改編され防禦使を派遣した。一〇三〇年（顕宗二十一）には土城を積み、靖宗時に、築造された千里長城はこちらの鴨緑江辺より工をおこし、元山湾で連結された。

西北界は、東北界（現江原道および咸鏡南道の一部地域）とともに高麗北方を担当する行政機構として、軍政的統治体制の性格が強く、南方の五道に比べて中央の武力的統制が色濃く及ぶ地域だった。すなわち、北方警備の強化のために中央軍が交代で派遣され、この地域の地方軍の州鎮軍と共に防戍を担当した。

しかし、この過程で中央軍による地方軍について差別待遇はとても激しかった。高麗の中央支配層らは優越意識が激しく自身らが居住した京畿地域を除いて、外方地域に対しては良い目で見なかった。高麗時代の各種資料では、開京から遠く離れた地域を帝王の教化がよく達し得ない地域と認識し、中央政府の各種政令執行に盲目的または積極的に協助しない地域で「治めるのが難しいところ［難治之地］」と把握していた。

特に十二世紀中葉以後、全国各地で民衆の抗拒が起きた結果、このような認識はより一層ひろまった。洪氏父子が生きた時期に限定して調べても、麟州をはじめとする西北地域は「横暴な者が多く［人多桀鷔］」、「人々の性品が力強く荒っぽく教化することが難しい［性剛悍難化］」と表現されている。

西北界出身の洪氏一家がモンゴルと関係を結んだのは洪福源の時でなく、彼の父である洪大純（生没年不詳）時にすでに始まった。洪大純は生没年は不詳、別名は大宣という。彼の先祖は元来唐城人（現忠清南道）だったが、早くから麟州に移居したといい、高麗が北方開拓のために南側地域の住民を北に移住させた時移ったものの後裔と推測される。彼は一二一八年（高宗五、太祖十三）モンゴルが哈真・札剌の二人の将帥を派遣して江東城に集まっていた契丹族を攻撃したさい、麟州都領として十三歳の息子洪福源を連れて迎降したという。これを見て、彼はこの地域の土着勢力で州鎮軍を指揮する立場にあったようだ。

その時、洪大純は彼の隷下の州鎮軍三千余名を導いてモンゴル軍に投降したのであったが、投降の事由は具体的には分からない。おそらくは、地方人として中央から派遣された地方官や中央軍の指揮官に対して反感があったのか、あるいは麟州地域が大陸の情勢を最初に把握できる所なので、巨大な勢力に発展していくモンゴルに対する恐れのため結果としてそうなったか、いずれかであろう。とはいえ、当時は高麗とモンゴル間で「兄弟の盟約」を締結した状況であり、彼の行為は高麗政府によって問題視されなかったようだ。

しかし、一二三三年（高宗二十、太宗五）、彼の息子の洪福源が西京で乱を起こしてモンゴルに逃亡し、洪大純はもちろん福源の弟の百寿を始めとした全家族が島嶼地域に流配された。一方、逃亡した福源は、モンゴルに留まって東京摠管（東京は現遼寧省遼陽）となって、高麗に対する讒訴を不断におこない、かつはモンゴル軍について侵攻してきた。この時、執政者の崔瑀は洪大純を大将軍（従三品）、百寿を郎将（正六品）に任じ、彼をなだめようとした。なお、洪大純は一二五〇年（高宗三七、海迷失皇后称制一）モンゴルの求めに応じて中原に入ったというが、以後の行蹟は分からない。

洪福源（一二〇六～五八）の初名は、福良または服良である。彼は二十五歳時の一二三一年、麟州の神騎都領であったが、モンゴルの第一次侵入がはじまるや、人民一、五〇〇戸を率いて投降した。モンゴルから高麗軍民万戸の官職を除授された彼は、モンゴルの高麗侵略の道案内となった。モンゴルが高麗の北界四十余城を陥落させた後は、そこで鎮守しながら降服を慫慂する使臣として高麗政府に派遣されたりもした。

また洪福源は、一二三二年高麗の江華遷都について報復として撒礼塔（サルタク）が侵攻してきた時にもこれに協力したが、撒礼塔が処仁城（現京畿道龍仁）で射殺されモンゴル軍が撤収しようとすると北界に残って鎮守しながらモンゴルの救援を待った。翌年には西京郎将の職銜を持つ畢賢甫とともに乱を起こし、宣諭使として派遣された大将軍の鄭毅や朴禄全などを殺して城を奪って叛逆した。この時、執政者である崔瑀は自身の家兵三千名を送って、北界兵馬使の閔曦とともにこれらを鎮圧せんとした。畢賢甫が高麗軍によって死にいたるや、洪福源はモンゴルに逃亡して遼陽・瀋陽等の地に居処した。

この時、洪福源は帰附高麗軍民長官に任命され、戦争中にモンゴルに投降したり流亡してきた高麗人らを統治した。それと共に、モンゴルの高麗に対する侵入がある時は、探問・通事などとような職責を帯びて、これら統治民を率いてモンゴル軍に合勢したりもした。記録には西北界各地の攻撃（一二三五年）、威州平虜鎮の攻撃（一二四五年）、京畿・江原・忠清一帯の攻撃（一二五三年）、全羅道地域への侵入（一二五四年）、開京地域への侵入（一二五八年）など、合計五次にわたり彼が南征したことが明らかになる。

ところで、かつて禿魯花（宿衛）として派遣されてモンゴルで生活していた高麗王族の永寧公綧（または淳）が、いかなる事由なのかは分からないが、高麗政府との間が遠くなって帰国しないまま、東京にある洪福源の家で起居していた。二人の間は初円満であったが、洪福源が率いた遼瀋（遼陽と瀋陽）地域の高麗軍民に対する統治権をモンゴルが二人に分割した結果、対立することとなった。これはモンゴル政府が駆使した離間策の一環と見える。

とにかく、洪福源は詛呪を行うとともに、永寧公綧を「主人をほえる犬」と卑しめ、モンゴル皇族出身の永寧公綧の夫人にあばかれて、皇帝憲宗（モンケ）が派遣した官人に殴られ、殺害された（一二五八年、高宗四十五、憲宗八）。これと共に、彼の財産も没収され、子息らもみな逮捕された。後世の史家らは、これが彼の息子茶丘が高麗を誹謗中傷する重要な要因となったと見る。

高麗がモンゴルと講和した後の一二六二年（元宗三、中統三）、息子の洪茶丘の活躍で洪福源は、世祖クビライによってくやしい死として認定を受けて伸冤され、彼の息子らが大きく登用されることになった。それのみでなく、洪福源は息子の茶丘と君祥がモンゴル側の要員となった結果、嘉義大夫・瀋陽侯を贈られ、忠憲という諡号も下賜された。

洪茶丘（一二四四〜九一）は初名は俊奇、字は茶丘、モンゴル式名は察忽（Chaqu）という。彼は洪福源の長男でモンゴル領域の遼瀋地域で出生成長し、幼いころから従軍して勇猛で名を知られた。特に、クビライの寵愛を受け、字の「茶丘」で呼ばれ当時の記録にはこの名が多く現れる。

彼は一二五九年（元宗即位年、クビライ即位年）十一月、高麗がモンゴルに降服したことは真実ではないとクビライに讒訴して、モンゴル使臣也速達（イェスデル）および高麗政府によって逮捕されて、北京に押送されて行っている間、北京宣撫撒吉思（サルギス）の助けを受けて釈放になったりもした。一二六一年には十七歳の年齢で父の洪福源の死がくやしいとモンゴル朝廷に上疏し、永寧公綧と廷弁を繰り広げて勝った。これを契機に父の官職をついで帰附高麗軍民摠管に任命され、一二六三年（中統四）には永寧公綧を讒訴して彼が洪福源と分け持っていた遼瀋地域の高麗軍民に対する管領権を奪取・独占した。

その後、一二六九年（元宗十、至元六）、高麗元宗が林衍を除去するためにモンゴルに軍士を要請すると、モンゴル将軍の頭輦哥を追って、三千名の高麗出身の帰附軍を率いて初めて高麗に到來した（一二七〇年）。この時、彼は鳳州（現黄海道鳳山郡）の屯田摠管府に駐屯しながら、高麗に対する各種の監視および監督の先鋒に立った。また、彼は珍島と済州島において三別抄の討伐に加わり、日本征伐のため軍糧と造船の調達を監督する役割を引き受けた。続いて東征右副都元帥として、都元帥忻都とともに日本征伐に出征したが、これが失敗で終わるや元に帰還した（一二七五年）。

この年、高麗では宰相金方慶に対する誣告事件が起きたが、洪茶丘はこれに関与して、金方慶を拷問と故意で事件を拡大させ、高麗の立場を苦況に追いやった。ただし、この時、彼は忠烈王の積極的な外交活動により元で召還された。

しかし、四年後の一二七九年（忠烈王五、至元十六）、元がまた日本征伐を推進しようとすると、彼は東征軍の指揮を自請した。高麗の荒々しい反撥にもかかわらず、モンゴルは彼を日本征伐のための軍前司令部の征東行省の右丞に任命した。結局、第二次日本征伐もやはり失敗で終わり、彼は元に帰り、再び高麗にあらわれることはなかった。

その後、鎮国上将軍・征東都元帥に任命され、日本征伐に対備える任務附与受されたが、一二八七年興安嶺方面で乃顔（ナヤン）の叛乱に丞相伯顔（バヤン）について従軍し功をたてた。この戦功で遼陽・瀋陽をはじめとする遼東地方の行政機構たる遼陽行省の右丞となった。しかし、一二九〇年、病で辞職しその翌年に死んだ。

二　モンゴルのための投降活動

モンゴルは強力な軍事力を持ってはいたが、高麗軍の長期戦および遊撃戦術によって補給が遮断されがちで、たやすく大軍を韓半島に深々と進撃させられなかった。かくしてモンゴルは、韓半島の西北地域にある高麗の支配層および軍人らを降服させ、これらでもって高麗軍を攻撃するようにした。戦力を補強するとともに、高麗軍の抵抗を分散させ、基層民を吸収することで、高麗の軍事・経済的基盤を弱化させていった。このようなモンゴルの「包摂政策」の初期の対象者は、一二一八年（高宗五、太祖十三）江東城で契丹の残党を討伐するさいに、降服してきた洪大宣の息子洪福源だった。

洪福源は一二三一年、侵入したモンゴル軍に投降した後、その道案内になって高麗侵攻にあらゆる協力をつくした。彼は一二三三年、西京で畢賢甫とともに叛乱を起こし、当地に派遣された中央の官人らを殺して遼瀋地域に入った後、自身の隷下にある高麗軍民らを率いて一二三五年（高宗二十二、太宗七）以来五次にわたってモンゴル軍の高麗侵入の先頭に立った。探問・通事などの職責を帯びて高麗の事情をさぐり報告するとともに、モンゴル軍に劣らず殺人・掠奪・放火を犯し、数多くの高麗人民らを捕虜にして遼瀋地域に連行して、奴隷として隷属させ使役したり売り払ったりした。

また彼は、モンゴル軍の高麗侵入の道案内の役割だけでなく、西北地域四十余城の住民らを遼瀋地域に移民させ、この地域に開拓に寄与した。当時この地域は金末以来の政治・軍事的混乱で住民らが四方に遊離し、支配層は不足する労動力の確保に苦心していた。彼はモンゴルに降服した高麗の指揮官らが率いた民戸を、一つ一つ調査するなどして労動力の確保に大きく努力した。もちろん労動力の不足は、モンゴルにだけの問題ではなく高麗政府の立場でも同じで、この時期に洪福源が連行したあとも残っていた高麗人らを南に移すとともに、舊金の領域内に居住した女真人・漢人らを招誘して、高麗に導き入れたりもした。

洪福源が数多くの住民を率いて投降せしめ、遼瀋地域の空城に入居させて、この地域の開拓に努力したことは、言うまでもなくモンゴル支配の人的・物的基盤になった。結局、高麗人民らは遼東地方の土地開拓と農耕発展に寄与し、この地域でのモンゴルの経済的基盤を確固たるものにした。

当時投降した高麗人に対するモンゴルの待遇は、二種類の形態をとった。趙叔昌・李峴・鄭臣旦・趙邦彦など人的基盤が乏しかった官僚らは、高麗侵略戦に一時的に利用して撤軍するさいは帯同して帰還せず、高麗側から処罰・処刑を受けるようにした。これに比べて洪福源を始めとして、趙玄習・李元祐など西北地域の人民らを率いて投降した人物らに対しては、要職に起用したり遼東に移住せしめるようにして、「支配層」としての地位を保障した。

洪茶丘の場合は、単純な侵略の道案内でなく、モンゴルの官職にあって高麗を妨害したり攻撃の先頭に立つなど、より一層積極的に活動した。彼は鳳州の屯田総管府に駐屯しながら官奴である崇謙・功徳などが謀議してモンゴルの監督官の達魯花赤を殺して、三別抄軍と連結しようとした時、むしろこれを利用して、高麗を苦境に押込んで京城を攻撃しようとした。また、珍島および済州島に雄拠していた三別抄軍を討伐する時は、国王として擁立された承化侯温の父子や金通精などを思いのままに殺すなど、残忍な行為をほしいままにおこない、数多くの高麗人民らを殺傷させたり捕虜として、モンゴルに連行した。また、彼は金州（現慶尚南道金海）に到着した倭船を慶尚道安撫使曹子一が送りかえしたさい、高麗と倭との通交だとモンゴルに誣告するために曹子一に残虐な刑を加えた。さらに日本征伐時には船舶製造および軍糧米確保のために高麗人を悪質するように収奪した。そして、一二七七年（忠烈王三、至元十四）には高麗人の韋得儒・盧進義などが金方慶を誣告した事件を契機に、これを高麗政府の反モンゴル的行為として飛躍させる、金方慶を酷毒するように拷問したりもした。

このような洪茶丘の行為は、どのようにすればモンゴルの圧制下に入った高麗政府を苦境におとすことができないだろうかということが彼の人生の目標だったように映る。彼の行為が父の無念な死についての報復行為と見ることもできるが、そのようにすることは祖国に叛逆した父祖の罪悪をより一層深くしただけであった。事実、彼は洪福源が遼瀋地域に逃亡した十一年後に出生したので高麗人だとは見られないが、その父は高麗人であり、韓国側の年代記に収録されている。

洪茶丘が高麗に対していかなる認識を持っていたのか分からないが、高麗国王に対して拝礼しなかったとか、父を継承してモンゴルのために忠誠をつくした点を勘案していえば、高麗人としてよりはモンゴル人として生きた可能性が高い。モンゴルの圧制下に中原に進出した多くの高麗人らは自身が持った高麗に対する肯定または否定の性向とは関係なしに高麗政府および高麗人と一定の関係を維持していたのに比べて、遼瀋地域に進出した洪福源・茶丘およびその後裔は、モンゴル官人としての業務遂行のために高麗に派遣されたのであった。また、モンゴルが滅びて中原に進出した大多数の高麗人が高麗に戻ったにもかかわらず、洪氏らはついに高麗に対して友好的姿勢を見せないまま北元と連携した。

三　遼瀋地域に残った洪氏の後裔ら

洪福源の息子は七人であったが、そのうち名前が分かる人間は長男茶丘、四番目に推定される熊三と五番目の君祥である。孫の代では茶丘の息子重喜・重慶と熊三の息子波豆児が確認されるが、これらのうち頭角を現わした人物は茶丘・君祥・重喜である。

洪君祥（？～一三一〇）は幼いころからクビライが特別に教育させた人才として儒学に対する素養も深く、モンゴルの集賢殿大学士を歴任した。彼は兄の茶丘が父の福源の死をめぐって常に高麗を怨望するのに比べ、「永寧公を怨望してもあえて国家を破ることができない」という立場をもって「高麗のために益することを起こし悪の除去に努めた」という。モンゴルの日本征伐に対しても慎重な態度を見せ、モンゴルが日本遠征を断念するのにも影響を及ぼした。

洪重喜（？～一三二一）は名前は万であるが、字の重喜で多く呼ばれた。彼はクビライの宿衛出身で、高麗を怨望した父の姿勢をそのまま継承して、高麗に対して否定的認識を持った。一三〇九年（忠宣王一、至大二）モンゴルの裕聖皇太后（武宗の母答己）が仏寺を作る時、白頭山の材木が良いから高麗で採ってのせてくるようにしろと建議して、高麗人民らは材木を積んだ船舶一百隻、米三千石を用意するために困辱を払った。また、遼陽行省右丞で在職しながら、忠宣王をモンゴルの朝廷に誣告し廷弁を要求したりもした。この時、忠宣王は高麗出身の宦官で元皇室内に大きい影響力を発揮していた方臣祐（忙古台マングタイ、一二六六～一三四三）の助けを受けて、やっと危険を免れることができた。

洪熊三と波豆児父子は一二八二年（忠烈王十九、至元十八）日本征伐との関連で造船を管理するために高麗に派遣されたが、宮闕を眺めては下馬するなど高麗の臣民としての恭遜な姿勢を捨てなかった。

以上、洪福源の後裔らは遼瀋地域を本拠地として、投降してきたり捕虜としてとらえられてきた高麗人を導きモンゴル政権に積極的に参加したことを述べた。すなわち、洪福源・茶丘の父子が遼瀋地域を基盤にモンゴル政権内に一定の基盤を用意した起家の段階を踏まえて、君祥・重喜の叔姪代にはモンゴル政権にて自身らの地位を確固にしたと見られる。彼らは遼陽行省およびモンゴル中央政府の高官となり、遼陽行省に儒学提挙司を設置して文物の振興につとめ、モンゴルに投降した高麗人らを支配するための機構であった高麗軍民総管府内にも儒学教授を設置して郭民則・胡巨源などの有名な学者らを招聘して儒学振興および子弟教育にも努力した。また、「北方宗師」と呼ばれた盧仲勉（生没年不詳）を始めとして、王沂（生没年不詳）・掲傒斯（一二七四～一三四四）・許有壬（一二八七～一三六四）など当代の学者・知識人と交遊しながら自らの学問的力量を積んだりもした。

支配的位置を維持するため、モンゴル皇室に対して忠誠を示す他にも、後進養成のための努力とモンゴル支配層内の知性らとの交遊などを背景に、これら洪氏家門は遼瀋地域で三～四代にわたり鞏固な勢力を維持したのであった。

おわりに――モンゴル・高麗間における洪家の位置――

洪福源のモンゴルへの投降は、あきらかに軍令を破って下級者が上級者を追いおとした下剋上であり、国家体制をおびやかし国家に対する叛逆行為であった。しかし、このような彼の叛逆行為は、洪福源ひとりにだけの責にすることはできない点もある。高麗初以来、高麗政府の人民に対する施策は国家の運営および中央支配層の権益確保を優先的に貫徹することであったし、地方民に対する差別政策も激しかった。

特に西北地域に対する差別は、さまざまな面で目立ったが、武人政権の樹立以後、地方民に対する収奪がより一層激しくなり、抵抗が最初に起きたところが西北界だった。また、崔氏政権のモンゴルに対する抗戦の態勢が、国家と人民のためのものであるより、自身の政権維持にさらに汲々としたことだったという事実も注目される。その結果、戦争が長期化することによって一般民らは政府軍がくるよりモンゴル軍がくるのを歓迎する雰囲気だったという。このような事実は、崔氏政権の抗蒙姿勢の虚点を示してくれる。政府によって保護を受けることが出来ない人々は、敵に投降するとしてもどうせ煩わしい人生であることは同じだった。以上の諸点を考慮するならば、辺方地域で起きた洪福源の叛逆行為は、それなりに理解できる面がある。

どうであろうとも、モンゴルとの戦争過程で、高麗は洪福源がモンゴルで占めていた立場やそれによって起きた各種事件を解決するために、彼の存在を認定せざるを得なかった。さらに、モンゴルに抵抗できず降服の道を選択する時期の直前まで、すなわち被殺される前の一二五八年（高宗四十五、憲宗八）まで、洪福源は西北地域で強力な勢力を構築しており高麗政府はモンゴルとの外交交渉の過程で彼の力を借りないわけにはいかなかった。したがって、高麗は彼を媒介としてモンゴルに朝貢を捧げたり、あるいは彼を懐柔するために多くの努力を傾注した。

洪福源の死後、高麗がモンゴルに降伏した元宗代（一二五九〜七四）から忠烈王六年（一二八〇、至元十七）までのほとんど二十余年間にかけて、モンゴルは高麗に対し各種の要求を強要したし、日本征伐と関連して高麗が担った負担も少なくなかった。特に洪茶丘は、モンゴルの高麗に対する圧制および日本征伐の主役として多くの害毒を及ぼし、人々は彼がモンゴルに帰るのを祝賀するほどだったという。洪茶丘の高麗に対する敵愾心をなだめる道のない高麗政府としては、モンゴル朝廷に彼の召還を要請したり彼の弟君祥を懐柔したり高麗に残した彼の親族らを優待するほかはなかった。

一二九一年（忠烈王十七、至元二十八）洪茶丘の死は、高麗としては幸運と感じられる程度だったが、彼を継承する息子重喜の高麗に対する各種の策動も侮れなかった。この時期、遼瀋地域に居住していた高麗人は六〜七千余戸、三万〜三万五千余名に達したことが推測される。洪重喜はこのような勢力基盤と、彼の父祖がのモンゴル政権内に構築した政治的立場を基盤に高麗政府に対しておおっぴらに挑戦する様々な策動を展開した。彼の策動で注目されるのは、一三〇九年（忠宣王一、至大二）忠宣王の改革政治を霧散させたこと、およびその翌年に高麗をモンゴルの直轄地とするという策動である。このような動きに対して高麗の支配層らは必死に反対したし、その成果は高麗の自主性維持として現れることになった。

ところが、これら洪氏勢力の挑戦は単純に高麗を窮境に追い詰めるためのことだけではなかった。モンゴルは洪福源が高麗の人民を率いて遼瀋地域に入った以後、彼を優待して高麗に対する攻撃の先鋒として利用したが、洪福源の勢力が強大になると高麗人民らを二つに分けて永寧公綧にその一部を統制するようにして両者を対立させた。このような分離対立は以後にも継続して、元末まで洪氏・王氏の二つの勢力が牽制と均衡を繰り返して存在することになった。

このようなモンゴルの牽制と均衡の政策は遼瀋勢力と高麗政府と間にも適用され、日本遠征のための戦争準備の監督を洪茶丘に任せ、高麗を苦境に追いやった。また、十四世紀以後には遼瀋の高麗人勢力が強大になると、高麗国王を瀋陽王（瀋王）で任命してこれらを牽制した。このようなモンゴルの北東地域に対する分離・対立政策によって、洪氏勢力は高麗に対して各種の策動を起こしていきながらも、「蒙古の忠犬」として、その役割を遂行するほかはなかった。

一方、高麗政府は自ら持っていた積弊を解決できず外勢の干渉を招来したし、支配層内の権力争奪とかかわって、一部の勢力は洪氏の力を利用したりもした。すなわち、高麗の支配層はモンゴルの圧制が高麗国自体を否定したり、国家存立に影響を及ぼす場合には積極的に反撥したが、それ以外の多くの場合には順従と回避・還元など消極的な対応ですごした。また、高麗の政治・経済を始めとする様々な部門で、自身らの理解と直接的には関連がない事案については、国家の利益と相反するといっても、これを許容する姿勢を取ったのである。

しかし、自分たちの現実的利害と直結するものに対しては、最後まで反撥して自己の利益を追求する方案を摸索した。したがって、モンゴルの干渉に対する高麗の対応は、国家の利益よりは支配層の利益が優先にする傾向を見せた。これは支配層が外勢の圧迫から抜け出そうとする自救策を講究できないまま、隷属的な支配下に落ちた当時のあり方を認定するなかで、やっと命脈だけを維持しようとした現実安住型の姿勢を抜け出すことができなかったためである。

【参考文献】

・『高麗史』一三〇、列伝四十三、洪福源。
・『元史』一五四、列伝四十一、洪福源。
・『中庵先生劉文簡公文集』(『北京図書館古籍珍本叢刊』九二、書目文献出版社、所収)。
・周采赫　一九七四年「洪福源一家と麗・元関係」『史学研究』二四。
・張東翼　一九九七年『元代麗史資料集録』ソウル大学出版部。

第三章　十四世紀の高麗と日本の接触と交流

はじめに

高麗王朝の歴史上において、十四世紀の前半はモンゴル帝国の支配秩序内に編入されて社会全般に大きい変化があった[1]。すなわち、モンゴル帝国の強い政治的圧制を受けたものの、国家体制を全体としてひとまず保持することができたし、国王による独自の国家運営も可能であった。ところがその一方、あくまで外面上では、最高の官府としてモンゴル帝国の内地と同様に行省（征東行省）が設置されていたし、またこれを通じて外交・国防のような国家運営の重要事案はモンゴル政権の中書省に報告して、その回申により方針・政策を決定しなくてはいけなかった[2]。

そのため、高麗国王の政治的立場はしだいに低下して独立国家の君主として君臨するというよりはモンゴル帝国の「駙馬」の資格をもつ諸王のひとりとして、高麗国王兼征東行省丞相というかたちで存在することになった。国内でも、それ以前の時期の君主に比べて、帝王としての立場が大きく低落ちした形で臣僚らの上に臨むほかはなかった。また、国内の行政を始めとして、外交・国防を筆頭とする枢要な部分において脆弱さを免れることができず高麗王朝の自主的運営にも多くの困難がともなった。

このような体制は、以後半世紀以上にわたり、一三五六年（恭愍王五、至正十六）恭愍王による改革政策が実施されるまでつづいた。また、恭愍王による反元自主政策も、王権に挑戦する奇轍・権謙などのような附元勢力を粛清しようとする意図も一方で色濃く展開したため、改革の指向点だった「反元自主」路線は一定の限界を持っていた。すなわち、以後モンゴル帝国による恭愍王廃位事件、東寧府の征伐、紅巾賊の侵入など一連のことがらと関連して、モンゴル帝国とは相変らずむすびついていた。このような外交姿勢は彼の後継者にそのままひきつがれたため、高麗王朝は滅亡の時までモンゴル帝国と不可分のままにあったと言える。

このようなあり方の結果、高麗は地理的に隣接していた日本と琉球王国、そして海洋によってつながれていた東南アジアの諸国などとの国際関係が定立しがたかった。とりわけ、高麗の対外関係の重要な対象の一つであった日本との関係は、十四世紀前半には完全に断絶されていたが、それは麗・元連合軍の日本遠征〔モンゴル襲来〕による後遺症で麗・日両国ともたがいの攻撃に備えた防禦体制を構築していたからであった。反元自主を標榜した恭愍王の改革（一三五六年）以後、十四世紀後半にはある程度接触の可能性がなくはなかったが、この時期の前後に起きた倭寇の本格的の侵入（一三五〇年の庚寅倭寇）により両国の関係はほとんど敵対的状況に変わってしまった。

一三五〇年（忠定王二）以後、高麗末期まで小康状態であった短い期間を除くと、ほとんど四十余年間にかけて韓半島南部の大部分の沿岸地域が倭寇の掠奪を受けた。これに起因する倭人への高麗人の悪感情は言葉で言い表せないことであり、当時の年代記を始めとする各種文献資料において倭寇に対する記述は豊富であるが、日本との接触についてはほとんど沈黙状態に近い。その一因としては、中央の統治力が地方にまで及ばなかった日本政府〔公家および武家〕の状況を高麗人が認知できず、日本列島西南地域出身の倭寇と日本政府を同一線上に置いて理解していたためだろう。

このような歴史認識は今日までずっと続いており、高麗後期の日本との関係はひたすら倭寇の侵入と被害、そして討伐だけが注目されてきた。今や、世界化の時代を迎えて、残された資料の乏しさはもとよりながら、断片・片鱗さえもかき集めて、高麗後期すなわち十四世紀の麗・日間の接触と交流について調べ考えたい[3]。とはいえ、本章は資料の不足によりあくまでも試論的の研究にとどまる。今後より多くの資料を収拾して補完したい。

一　麗・日両国の接触事例

高麗後期の年代記を始めとする各種の文献資料において、対外関係に関する記事は、モンゴル帝国と関連したものが圧倒的な量を占めている。その他、モンゴル帝国の勢力版図内にあった女真など様々な種族について記事が一部収録されている。これに比べて、日本とかかわる記事は十四世紀前半には殆どなく、後半期には倭寇の侵入についての記事がおおむね簡略ではあるが絶対多数を占める。したがって、十四世紀以後の日本との接触については、倭寇と関連した事項を除外すると、その他の記録は探すことができないほどである。

十四世紀後半に韓半島に侵攻した倭寇は、日本列島全域の出身ではなく、当時「三島」と呼ばれた対馬島・壱岐島・五島列島の住民を主軸とし、さらに日本本土南側の一部地域〔四国・九州〕の住民[4]、そして南北朝の争乱の終わり頃に九州地域で雄拠していた南朝勢力などから構成されていた。その一方、倭寇と連繋しない海商・求法僧・漂流民などを媒介とする高麗と日本の接触・交流もそれなりに成り立っていた。くわえて、一三六六年（恭愍王十五、貞治五）以後、麗・日間の対外政策にある変化が起きて、その結果、倭寇の禁止と被虜人の刷還のために麗・日両国の政府、または高麗政府と日本の在地有力勢力〔守護〕間の使臣往来を通じた持続的交渉・交流が成り立っていた〔張東翼二〇〇四年 第一章〕。

韓・日両国の各種資料に収録される十四世紀の高麗と日本の関係記事を整理すると、次の〈**表7**〉のようになる。

〈表7〉 十四世紀の高麗と日本に関わる記事⑤

No.	時期	内容	典拠
1	一二八一年（忠烈王七、弘安四）	五月四日　第二次麗・元連合軍が合浦を出発。 六月六日～八日　麗・元連合軍が博多湾の志賀島・能古島地域を攻撃。 八月（閏七月）一日　麗・元連合軍の艦隊が鷹島の海上で大風雨によって破損する。	史二九 節要二〇忠烈王七年六月八日条 勘仲記弘安四年閏七月十四日条
2	一二八四年（忠烈王十、弘安七）	五月十三日～七月十四日　元の使臣団の王積翁王君治・愚渓如智などが十三日慶元を出発し耽羅に到って十三日間停泊し、ひきつづき合浦に到って二十五日間停泊して対馬島へ向かって七月十四日到着する。この時、舟人が王積翁を殺すとすぐに愚渓如智が帰還。	善隣弘安九年条／元史一三至元二十一年一月二十五日条・二〇八日本／金華黄先生文集八王積翁祠堂碑
3	一二八六年（忠烈王十二、弘安九）	八月十七日　日本人十九人が杆城（現江原道杆城）に来泊、九月十一日使臣を派遣して日本人を元に押送する。その中十六人が九月二十八日元に到着。	史三〇／節要二一／元史一四同日条・十月二十九日条
4	一二八九年	十二月二十三日　倭船が蓮花・楮田の二島に来泊。	史三〇

5	一二九二年（忠烈王十八、正応五）	五月　日本商船が耽羅に漂着すると耽羅人がこれを追って二人を逮捕して開京に送る。これを元に報告する。	史三〇忠烈王十八年十月三日条
		十月二日　大僕尹金有成と供駅署令郭麟が日本招諭のために国書と五月に逮捕された二人を帯同して日本に到着したが、翌年に関東に移されるという。	高麗国国書／鎌倉年代記正応五年十月条／史三〇
		十一月十二日　鎮西が高麗の牒が到着したことを京都に報告する。	師守記貞治六年五月九日条
		十二月　後深草上皇が高麗の招諭勧告に拒否反応を見せる。	後深草上皇書状（細川所蔵）
6	一二九三年（正応六）	四月二十二日　鎌倉幕府が金有成と郭麟を本国に帰還しようとしたが、実行されず答書も送られなかった。	師守記貞治六年五月九日条
7	一三〇七年（徳治二）	七月五日　日本に抑留されていた金有成が病死した。後日、日本僧侶鉗公が高麗に渡りこれを伝える。	史一〇六金有成
8	一三二四年（忠粛王十一、元亨四）	七月二十九日　元から帰国していた日本船舶が漂流し二二〇余人が霊光郡に到着すると船舶を修理して帰国させる。この時、元に入った曹洞宗の僧侶大智が含まれていて、高麗国王に偈頌を作って捧げたことで船舶の修理と帰還が可能になったという。	史三五／延宝伝燈録七・加州鳳凰山祇陀寺祖継大智禅師／日本洞上聯燈録二・大智

9	一三二六年（忠粛王十三、嘉暦一）	六月　元の僧侶である清拙正澄が高麗を経由して日本にいく。	大鑑禅師塔銘
		是年　□遠上人など七十余人が元から日本に帰還する途中で済州道で難破して、その中の一部は殺され生存者五十余人が帰還する。この時、県令が元に報告すると、皇帝が船舶の修理と食糧の供給を命じて帰還させた。	乾峰和尚語録二・悼高麗闘死僧軸序
10	一三三三年（正慶二）	五月二十一日　新田義貞が鎌倉を攻撃する。二十二日執権北条高時が自殺して鎌倉幕府は打倒される。	鎌倉大日記／太平記／武家年代記
11	一三三六年（建武三）	十一月七日　足利尊氏によって室町幕府が成立する。十二月二十一日　後醍天皇が天皇の象徴物［神器］を持って吉野地域に逃亡し、南北朝に分裂する。	保田文書
12	一三四四年（忠穆王即位年、康永三）	秋　日本僧如聞が元に入ろうとしたが耽羅に漂着して、高麗人から古林清茂の語録を得て帰還する。	古林清茂禅師語録六・刊古林和尚拾遺偈頌緒
13	一三四五年（忠穆王一、	この時期　貞和（一三四五～五〇）初期に、日本僧南海宝洲が元に入ろうとしたが、高麗に漂着してまもなく日本に	扶桑禅林僧宝伝七・東福寺南海洲禅師伝

	貞和二）	帰る。	
14	一三五九年（恭愍王八、延文四）	是年　日本僧中菴守允（一三三三〜？）が元に入ろうとしたが、風浪によって高麗に到着。開京に留まりながら李穡を始めとした官僚らと交遊する。	牧隠一二・跋黄蘗語録
15	一三六三年（貞治二）	三月九日　日本が倭寇によって虜とした高麗人三十余口を刷還する。	史四〇
16	一三六六年（恭愍王十五、貞治五）	八月十三日　征東行中書省が左右衛保勝中郎将金龍など十七人を日本に派遣して倭寇を禁止することを要請する。 十一月十四日　検校中郎将金逸を日本に派遣して倭寇の禁止を要請する。	太平記三九・高麗人来朝事／征東行中書省咨文 史四一
17	一三六七年（貞治六、恭愍王十六）	二月十四日　高麗の使臣団金龍などの三十余人が摂津福原に到着したし、二十七日金逸が日本に到着する。 三月以来　金龍一行が京都に入って天龍寺に留まる。 四月十八日　高麗の使臣団が天龍寺雲居庵で将軍足利義詮に会う。 五月十九日　使臣団一行が奈良の大仏を観覧しに行く。 五月二十三日　日本朝廷「公家」が高麗の牒について議論し答	善隣貞治六年条／征東行中書省咨文 愚管記貞治六年三月二十日条 師守記貞治六年五月九日条／善隣貞治六年条 師守記 愚管記／後愚昧記貞治六年六

		書を送らないことに決定する。	月二十六日条
		六月二十六日　金龍などが将軍足利義詮から答書をもらって帰国する。	師守記／愚管記応安元年閏六月二日条
18	一三六八年（恭愍王十七、貞治七、応安一）	一月十七日　日本国が派遣した天龍寺の僧侶梵盪・梵鏐などが使臣団金逸と共に開京に到着する。	史四一
		五月十六日　この時期京都にモンゴル侵入の噂が流れた。	愚管記
		閏六月　去年六月に高麗使臣の帰国に同伴して派遣された天龍寺の僧侶が珍宝を持って帰還した。	愚管記応安元年閏六月二日条
		七月七日　日本が高麗に使臣を派遣してくる。	史四一
		七月十一日　対馬島万戸が使臣を派遣して土物を捧げる。	史四一
		閏七月　講究使李夏生を対馬島に派遣する。	史四一
		八月二日　明軍が大都を陥落して、元が中原で勢力を喪失する［北元の開始］。	元史四七
		十一月九日　対馬島万戸崇宗慶(6)が使者（僧侶慶菊）を送って朝見すると、崇宗慶に米一千石を下賜する。	史四一
19	一三七五年（禑王一、永和一）	二月　日本使臣がきたが、判典客寺事羅興儒が上書し日本と和親することを建議すると、彼を答礼使として送って日本に聘問させる。	史一三三・一一二鄭習仁・一一四羅興儒

		十一月十九日	高麗使臣団羅興儒一行が京都に到着する。	東寺百合文書
20	一三七六年（禑王二、永和二）	五月三日	坊城俊任が近衛通嗣に倭寇禁止を要請した高麗の牒を伝えると、近衛通嗣がこれを国家の重大事として扱おうとする。	愚管記
		閏九月	日本僧正宗・圣松・全寿などが高麗に到着する。	耘谷詩史二・丙辰閏九月日本諸禅徳来……
		十月	羅興儒が博多で晋州出身の僧侶〔倭僧〕良柔とともに帰国し、この時、日本僧徳叟周佐は書状を送って倭寇を禁止することを約束する。	史一三三・一一四羅興儒／牧隠九・中順堂集序／東文選二一・奉使日本
21	一三七七年（禑王三、永和三）	六月	判典客寺事安吉祥を日本に送って禁賊を要請したが、送った書状で①庚寅年（一三五〇）から海盗が現れて、②丙午年（一三六六）に金龍などを送って事態を伝えるとすぐに征夷大将軍が禁止するという約束をしたが、③甲寅年（一三七四）以来海賊がまた猖獗したため羅興儒を再度派遣したが、④答書に海賊らが西海一帯と九州の乱臣ですぐに禁止を約束できないとなっているが、⑤盗賊を禁ずることが国家の常典であるから両国の通好と海道の安静は日本の処理	史一三三／節要三〇／牧隠詩藁六・代友人送日本奉使

			如何にかかっていると通報する。	
		七月	慶尚道万戸が駅伝を通じ、日本国博多［覇家台］の使者がきて上京しようとすると報告する。	陶隠集四・送鄭達可奉使日本詩序
		八月	日本国僧信弘が開京に到着して報聘した際に、倭寇［草窃之賊］は逃亡しているやから［逋逃輩］であり命令を遵守しないため、簡単に禁止することは難しいと話す。	史一三三／節要三〇
		九月	博多の使者が帰って、前大司成鄭夢周を報聘使とし九州の今川了俊に派遣して倭寇の禁止を要請する。	史一三三・一一七鄭夢周／陶隠集四・送鄭達可奉使日本序
		是年	高麗使臣である鄭夢周が筑紫に到着して、今川了俊に会う。	南方紀伝下北朝永和三年
22	一三七八年（禑王四、永和四）	四月十六日	大内義弘が倭寇を鎮圧するために高麗に派遣する船舶の水手を確保しようとする伝令を下す。	大内氏奉行人連署奉書
		六月	日本九州節度使源了浚が僧信弘に軍士六十九人を率いて倭賊を捕獲させる。	史一三三／節要三〇
		七月	鄭夢周が日本より帰還する。九州節度使今川了俊が周孟仁を派遣して俘虜数百人の刷還と三島の倭寇の	史一三三・一一七鄭夢周／圃隠集二・安東映湖楼回自日

			禁圧を約束する。	本作
		以後	鄭夢周が私財を集めて数回にかけて（刷還人）尹明を日本に派遣して擄人を刷還させる。	史一一七鄭夢周
		十月	版図判書李子庸・前司宰令韓国柱を日本に派遣して倭寇の禁止を要請しながら、九州節度使今川了俊に金銀・酒器・人蔘などを下賜する。	史一三三／節要三〇
		十一月	覇家台博多の倭使が蔚州に来泊すると、信弘が「彼が万一、私を見れば必ず帰って報告するだろう」といいながら彼らをだまして「高麗が将来君を拘禁するだろう」というと倭使が恐れて逃帰した。	史一三三
		〃	信弘が倭賊と固城郡赤田浦で戦うも、勝てないまま日本に帰還する。	史一三三
23	一三七九年（禑王五、康暦一）	二月	日本国が僧法印を送ってきて報聘しながら土物を捧げる。	史一三四
		五月	韓国柱が大内義弘の部下である朴居士および彼の麾下兵士百八十六人を連れて帰国する。朴居士は閏五月に蔚州で倭賊と戦って敗戦する。	史一三四・一一四河乙沚
		閏五月	検校礼儀判書尹思忠を日本に派遣して報聘させる。	史一三四

		七月	李子庸が日本から帰ってきたが、九州節度使今川了俊が被虜人二三〇余人を帰還させて、槍・剣・馬を捧げた。	史一三四／節要三一
		是年	日本に派遣された尹思忠が禑王の名前で春屋妙葩に金縷大衣を膳物って、彼の図像を描いて行って胆礼したという。	本朝僧宝伝下日本国智覚普明国師塔銘並序
24	一三八〇年（禑王六、康暦二）	十一月	倭寇の禁止のために日本に派遣された安吉祥が病死し、彼の麾下の押物である房之用が帰ってきたが、探題将軍五郎兵衛などの使者が共にきて土物を捧げた。	史一三四
25	一三八一年（禑王七、永徳一）	一月二十三日頃	李穡は日本使者が入城したことを聞く。	牧隠詩藁二八・聞昨日日本使者入城
		八月六日	室町幕府が九州探題今川了俊に命じて倭寇を禁止させる。	京都御教書案（禰寝文書）
26	一三八二年（永徳二）	閏二月	日本が虜にした男女一五〇人を送りかえす。	史一三四／節要三一
27	一三八三年（禑王九、	五月	海道副元帥鄭地が慶尚道南海観音浦の朴頭洋で賊の大船二十艘を邀撃して十七艘を焼く。この時、日本	節要三二／史一一三鄭地／新増東国輿地勝覧三一・南海

	永徳三）		に使臣で派遣されて帰還する途中に倭寇に拘禁されていた軍器尹房之用が救出される。	県山川
		九月	日本国が被虜人男女一一二人を送りかえす。	史一三五／節要三一
28	一三八四年（至徳一）	八月	日本国が使臣を送ってきて被虜された男女九十二人を送りかえす。	史一三五／節要三一
29	一三八六年（至徳三）	七月	日本覇家台《博多》が被虜された一五〇人を送りかえす。	史一三六／節要三二
30	一三八八年（昌王即位、嘉慶二）	七月	日本国師妙葩・関西省探題源了俊が使臣を派遣して方物を捧げて、被虜人二五〇人を刷還しながら大蔵経を要請する。	史一三七／節要三三
31	一三八九年（昌王一、康応一）	二月	慶尚道元帥朴葳が兵船百を率いて対馬島を征伐する。元帥金宗衍・崔七夕などが継いで到着して被擄人百余人を刷還する。	史一三七・一一六朴葳／節要三四／世宗実録四八、十二年四月十四日条
		九月	永興君環がかつて辛旽に縁坐されて武陵島（鬱陵島）に流配される時、漂風によって日本に到ったが十九年ぶりに帰国する。	史九一・神宗襄陽公恕永興君環・一一五李崇仁／節要三四
32	一三九〇年（恭譲王二）	五月十九日	日本関西九州節度使源了俊が周能などを送ってきて土物を捧げた。	史四五

33	一三九一年（恭譲王三、明徳二）	八月九日　日本九州節度使源了俊が使臣を送ってきて方物を捧げて被擄された男女六十八人を帰還させて、首相に書状を上げて海賊を捕捉することを約束する。	史四六／節要三五
		十月十一日　判宗簿寺事宋文中を日本九州節度使源了俊に送って報聘する。	史四六／節要三五
		十月二十一日　日本国僧玄教が僧侶道本など四十余人を派遣して臣を称しながら表を上げて土物を捧げる。	史四六
		十一月六日　日本国源了俊が使臣を送ってきて土物を捧げる。	史四六／節要三五
34	一三九二年（恭譲王四、朝鮮太祖一、明徳三）	六月十日　日本が使臣を送ってきて方物を捧げて大蔵経を要請する。	史四六／節要三五
		七月十七日　高麗王朝が滅亡して、朝鮮王朝が開創。	太祖実録一
		十月十九日　日本筑州太守蔵忠佳が僧侶宗順蔵主などを送ってきて被擄人を刷還しながら修好を要請する。	太祖実録二
		閏十月五日　北朝天皇後小松が南朝天皇後亀山から三種の神器を譲り受けた〔南北朝の統一〕。	続神皇正統記／武家年代記
		十一月初　高麗僧覚鎚が到着して門下府の相国が征夷大将軍に発給した倭寇禁圧を要請する書状を持ってくる。	善隣明徳三年答朝鮮書
		十二月二十七日　将軍足利義満が中菴守允を高麗に送って答書	善隣明徳三年答朝鮮書／後鑑

		を伝えるようにして、九州地域［鎮西］の守臣に命じて倭寇を禁圧と俘虜を送還させる。	一〇〇・義満将軍記二五下
35	一三九三年（太祖二、明徳四）	六月十六日　壱岐島の僧侶建哲が被擄人男女二百余人を送りかえして方物を捧げる。	太祖実録三
		九月十一日　日本国が使臣を送って剣二十柄を捧げる。	太祖実録四
36	一三九四年（太祖三、応永一）	五月二十八日　日本回礼使金巨原が僧侶梵明と共に被擄人五六九人を刷還してくる。	太祖実録五
		七月十三日　日本九州節度使源了俊の使者が僧侶梵明と共にきて被擄人男女六五九人を刷還する。梵明は猿を捧げる。	太祖実録六
		九月十一日　朝会で日本および琉球の使臣が謁見する。	太祖実録六
		十月六日　日本九州節度使源了俊の要請によって鵓鴿三双を送る。	太祖実録六
		十月十一日　前工曹典書崔龍蘇を九州節度使源了俊に送って答聘させる。	太祖実録六／世宗実録一八・四年十一月二十七日条
		十二月　日本国鎮西節度使源了俊が使臣を送ってきて大蔵経を要請する。	太祖実録六
37	一三九五年	一月三日　倭人表時羅など四人が投降すると、彼らを慶尚道の	太祖実録七

		州郡に分置する。	
（太祖四、応永二）			
	三月八日	朝鮮の使臣戸曹典書金積善が博多の今川了俊の根拠地に到着して大蔵経二部を伝達する。	太祖実録八・四年七月十日条
	四月二十五日	薩摩守州藤伊九が被虜人を刷還する。また中伊集院太守藤原久が臣を称しながら書状を上げて被擄人を刷還する。	太祖実録七
	七月一日	九州節度使源了俊が僧侶原正泉などを送ってきて土物を捧げる。	太祖実録八
	七月十日	日本回礼使崔龍蘇が九州節度使源了俊の使者の僧侶宗倶とともに帰ってきながら被虜された男女五七〇余人を連れてくる。了俊が「力をつくして壹岐・対馬の倭賊を禁止したため賊輩の十中八～九が減少された」といいながら、大経二部の贈与について感謝の意を伝える。	太祖実録八／世宗実録一八・四年十一月二十七日条
	七月十一日	日本国日向州人がきて土物を捧げる。	太祖実録八
	七月十六日	日本国薩摩州人がきて土物を捧げる。	太祖実録八
	閏七月	九州探題今川了俊が幕府によって解任されて、二十五日豊後権守護の田原氏能に上京を知らせる。	今川了俊書状

十二月十四日	回礼使金積善が日本より帰ってくる。	太祖実録八
十二月十六日	日本大内多多良大内義弘が使者を送ってきて土物を捧げる。	太祖実録八

以上のように、十四世紀に成立した麗・日両国の接触以前では、一二九三年（忠烈王十九、正応六）四月、モンゴル帝国が日本を招諭するために派遣した第三次宣諭使の金有成と郭麟を、鎌倉幕府が本国に帰還させず、答書も送らなかったこと（№7）を最後に断絶していた。以後、六十余年にわたり、両国間にはいかなる公式的接触もなかったが、そのかたわら求法僧の往来、または海外貿易に従事した商船の漂着を通じて、相互の情報が伝わった。

十四世紀後半の一三六六年（恭愍王十五、貞治五）、倭寇の侵入を外交的方法によって解決しようとした高麗側によって、使節団が日本に派遣されたことで両国の接触は再開された。これを契機に両国は外交的な接触を模索したが、それがしかるべき端緒とはならなかった。その後、倭寇が猖獗をきわめた一三七五年（禑王一、永和一）、高麗が再度日本に使節団を派遣したことを契機として、日本側の答訪が成り立ち、両国の本格的接触が再開された。以後、麗・日両国の政府（日本側は武家）、または高麗政府と日本の西部有力勢力［守護］の間には、ほとんど毎年のごとく使節団が往来しながら、倭寇討伐と文物交流に協力しあったことが上の〈**表7**〉を通じて理解できる。

二　麗・日両国の接触

十四世紀の麗・日両国の交渉を調べる前提として、その以前の両国の関係を簡単に圧縮して整理すると次のようである。

遣唐使の派遣が廃止された九世紀末葉から、日本朝廷は閉鎖的な外交政策を採り中国と高麗に対して公式の外交関係を樹立しなかった。すなわち、高麗王朝は後三国を統一した翌年の九三七年（太祖二十、承平七）以来、約一世紀の間、幾度か日本に修交を要請したが、日本朝廷は受け入れなかった。

このような時期にも、高麗および日本との国際貿易に従事した宋の商人らを通じて、麗・日両国の非公式の接触と文物交流がある程度成り立っていた。これに伴って、北東アジア三国の僧侶の求法と伝道のための往来もあった。その後、十一世紀中葉から十二世紀中葉にかけて、日本商人らが高麗に進出し、「進奉」と表現された一種の朝貢貿易を行った。このような日本商人の韓半島への進出を制度的に整備するための措置として、十二世紀後半から十三世紀後半までの約一世紀にかけて、高麗は大宰府もしくは、その管轄下にあった対馬島の間に前述の進奉と呼ばれる朝貢体制を樹立したのであった。

十三世紀初、モンゴル帝国は彼らに隷属する高麗に日本を招諭するよう求め、一二六七年（元宗八、文永四）から一二七二年まで四次にかけて使臣団を派遣した。それでも日本が屈服しなかったため、モンゴルは一二七四年（忠烈王即位年、文永十一）より二次にわたって日本遠征を断行したが失敗した。戦争の後遺症がひきつづくうちでも、日本の商船が高麗に到着しており（一二八六年）麗・日両国、または麗・日・中の三国間にそれなりの貿易が成り立っていたことが分かる［張東翼二〇〇四年 第一章第三節・二〇一〇年］。

ところがそれに先立って、三別抄の抗争が激しく展開しているさなか、日本遠征直前の時期の一二七二年（元宗十三、文永九）七月、倭船が金州（現慶尚南道金海）に到着し(7)、日本との通交をモンゴルに知らされるのを恐れた慶尚道按撫使（按察使）曹子一が本国に送還した。高麗に駐屯していたモンゴル軍の指揮官の洪茶丘はこの事実を把握し、曹子一を苛酷に鞠問しながら、このことをクビライに馳報した。だが、洪茶丘は彼の妹夫を介した元宗の釈放要請にもかかわらず、曹子一を殺してしまった[8]。

洪茶丘の措置は、彼自身の高麗に対する悪感情の発露とすることもできるが[9]、彼がこれをクビライに報告したことからみると、高麗と日本の通交を遮断しようとするモンゴル側の意図もそこに反映されていただろう。以後、モンゴルの強い圧制下に置かれていた高麗政府は、従来それなりの関係を維持していた日本に対して、本意ではなかったが外交断絶に出ざるをえなかったのだろう。

しかし、当然のことながら地理的に隣接している以上、日本船舶は中国へ赴くのに韓半島の沿岸を経由せざるをえなかった。そのさい、日本の船舶が高麗によって拿捕される場合も多かった。すなわち、一二八六年（忠烈王十二、弘安九）八月、韓半島の東海岸の杆城（現江原道杆城）に日本人が来泊すると、高麗はこれを逮捕してすぐにモンゴルに押送した（№4）。また、一二九二年（忠烈王十八、正応五）五月、日本商船が耽羅に漂着すると耽羅人がこれを追って、二人を逮捕して開京に送り、高麗政府はこの事実をモンゴルに報告した（№6）[10]。この二例はモンゴルの圧制下で高麗の対外関係が彼の隷属下に置かれていたことを示す事例であり、この結果、日本との独自交渉が不可能になったことが分かる。

ところで当時、モンゴルは日本遠征の準備をしながらも、これとは関係なく日本との貿易を許した。たとえば、一二九二年の場合のように（№6）、五月に高麗から逐された日本商船がその一ヶ月後、慶元路に到着して互市を要請した。また同じ年、十月武装［甲仗］を備置した日本船舶が四明に到着して互市を要請している[11]。また、江南商人［湾商・宋商］らが、宋代の伝統そのままに高麗を経由して日本に往来し国際貿易に従事していた。その代表的事例として、一三二三年（忠粛王十、元亨三）数多くの物資を積載した貿易船が日本に向かう途中、韓半島の新安近海で沈没したという事実がある。

ところがこの時期は北東アジア三国の間において敵対関係が解消されていなかったため、相互の軍事的の侵入、または倭寇の略奪に対処するため、海防が厳格に実施されていた［張東翼 二〇〇七年b］。麗・元間の人的・物的交流が緊密であったことに比べ、麗・日、もくしは日・元間の接触・交渉・交流は大きく制限されていた。

ただし、三国すべて仏教を崇尚したため、社会的に優過されていた僧侶らのごく少数が求法のために商船の往来に便乗し、厳しい海防の防禦網を通過できた。僧侶らが十四世紀前半に麗・日両国を往来した事例はほとんど見つけられないが、日本僧鉗公は一三〇七年（忠烈王三十三、徳治二）以後のある時期、江浙行省の杭州路にある径山を訪問しようとしたが、高麗に到着して第三次宣諭使（最後の高麗宣諭使）として日本に派遣された金有成（No.5）の死を伝えている（No.7）[12]。

商船に便乗し日・元間を往来した僧侶の例としては、大智（一二九〇～一三六六、No.8）[13]、清拙正澄（一二七四～一三三九）[14]、遠上人（No.9）[15]、如聞（No.12）、南海宝洲（一三三三～八四、No.13）[16]などが知られる。このうち元の僧侶であった清拙正澄を除き、高麗の領域に漂着して逮捕・拘留されたのち帰還させられたり、現地人の攻撃を受けて死を迎えることになったりした。

とはいえ、その以前の時期とは違って、モンゴルに押送されたり奴隷におとされることなく、すべての僧侶が帰国措置された。この点、日本遠征が以後、日・元、麗・日の敵対的感情がたじに緩和されつつあったなかで可能だったのだろう[17]。また、難破した船舶を修理して帰国させたという事例（No.8・9）では、高麗政府が日本人を一時拘禁し海賊［倭寇］かどうかを判別した後、適切にもろもろの生活用品を提供して帰還せしめた[18]。高麗の地方官である金州府使または慶尚道按察使が、前例と同様に公文書を整えて、日本の対馬島守護または大宰府守護に漂流民を送還させたのだろう。

ようするに、十四世紀前半、高麗と日本に公式の関係が樹立されておらず両国人の人間的接触および文物の交流はほとんど成り立たなかったと見られる。ただし、例外的に日・元間の商人や僧侶らの往来にかかわって漂流民が発生し、その送還の機会を通じてきわめて一部の人物らが接触することになった。このようにわずかなルートを通じて、両国間の窓と情報がつながれていた[19]。

三　麗・日両国人の交流の諸相

十四世紀の前半、麗・日両国の接触はほとんど閉鎖されており両国人の交流はきわめて制限的だった。高麗初以来、間歇的に起こった小規模な日本海賊の奇襲的侵入〔倭寇〕といった様相が一三五〇年（忠定王二、観応一）二月以降大きな変化を見せた。すなわち、「あきすねらい」・「こそ泥」のような存在であった倭寇の侵入が以後は継続的になるだけでなく、大規模な集団をなし、かくは長期間にかけて韓半島の広い地域を焦土化させることとなった〔庚寅年以来の倭寇[21]〕。

変貌をとげた倭寇の侵入が始まって一年九ヶ月、一三五一年十月大都で高麗国王に冊封された恭愍王にとって急務の一つが倭寇への備えであり[22]、このため随従臣の金鏞を派遣して講究策を用意させた[23]。ところが、倭寇はすでに西南海を北上して、開京の外港の碧瀾渡につながる漢江河口の喬桐に進出しており、短時日では大きい効果を得にくかった。

以後の倭寇討伐も、様々な事件によって順調に進まなかった。これより先、モンゴルが高郵で叛乱を起こした張士誠を討伐するために徴兵を要求すると、これに応じて精鋭将帥四十余人と軍士二千人を派遣した（一三五四年）。そのため、国防費の増加と戦力の弱化をまねいた。つづいて紅巾賊の侵入に備えるため、軍事力の多くを西北地域に集中配備したが（一三五八年）、一年後の紅巾賊の第一次侵入を防禦できず、西北地域は焦土化された（一三五九年十一月～一三六〇年四月）。さらに、その六ヶ月後、紅巾賊の第二次侵入によって開京が陥落し、北緯三七度線以北の韓半島は、すべて賊によって蹂躪された（一三六一年十月～一三六二年一月）。

これにくわえて、元は彼らの勢力範囲から抜け出そうとする恭愍王の反元自主政策を膺懲するため、王を廃位させて新しい国王を擁立しようとした（一三六二年十二月）。この時、新王の赴任と即位を後援するため元の軍隊が派遣されたが、高麗はこれを阻止せんとして再び大規模の軍事力を動員して西北地域に配置した[24]。かくて、高麗の国防力は大きく消耗し沿岸および南部の一部地域で「撃って逃げる盗賊集団」とされた倭寇を効果的に防禦できず、全国が蹂躪される惨禍を受けることになった[25]。

当時、倭寇侵入の渦中でも、一三五九年（恭愍王八、延文四）に中国に入ろうとしたが風浪によって高麗に到着した日本僧の中菴守允（一三三三～？）は逮捕・拘禁されずに開京に留まり、李穡以下の官僚らと交遊することができた（№14）。また、一三六二年（恭愍王十二、貞治二）三月、「倭国」と表現された日本が、被虜人三十余口を送りかえした[26]。絶え間ない倭寇の侵入により政治・経済的に多大の危難に直面した高麗には大きい朗報に違いなかった。

この時、「倭国」と表現された被虜人を刷還させた日本側の正体は具体的に分からないが、日本の室町幕府または幕府の指揮下にあった西部地域の在地有力勢力［守護］であった可能性が高い。また、高麗から僧侶中菴守允が帰国し、高麗のありようを日本側に伝達した結果かもしれない。このことが高麗により日本への使臣を派遣の要因として作用したことは否定できない。

かくて、被虜人が刷還された三年後の一三六六年（恭愍王十五、貞治五）、高麗は日本に使臣を派遣した。この時期は、恭愍王による第二次改革のさなか、すなわち辛旽が執権していた時期（恭愍王十四年、一三六五〜二十年、一三七一）に該当する。この時、高麗の外交政策に大きい変化があったようだ。とりわけ、日本に使臣団を派遣したことは、従来の倭寇武力討伐を主とした方式から外交的に解決する懐柔策への転換と理解される［張東翼二〇〇七年］。

これによって、一三六六年（恭愍王十五、貞治五）八月と十一月の二次にかけて、倭寇禁止を要請する使臣団が日本に派遣され、翌年には迂余曲折をへて京都に到着すると、公家側［日本朝廷］は懐疑的だったが、武家側［足利幕府］は将軍が直接使臣団を面談し歓待した。また、武家側は返書を僧録春屋妙葩（一三一一〜八八）の名義で送るとともに、天龍寺の僧侶二人を派遣して答聘せしめ、また同じ年七月に再次使臣団を高麗に派遣した。[27] このような武家側の動向に応じて、対馬島も高麗に使臣を送って親善的態度を標榜した結果、高麗から経済上の反対給付を受けたりもした（No.17・18）。

しかし、麗・日両国の外交的の接触は、公式の外交関係の樹立のまでは発展しなかった。外交的接触にもかかわらず倭寇の侵入は終息されなかったし、倭寇を禁止させえない日本の公家および武家の状況を認知した高麗が、外交的接触の効果を期待しなかったためであろう。また、日本との接触を主導した執権者の辛旽も、反対派の攻撃を受けて失脚した（一三七一年七月）。

結局、外交接触は倭寇終息の役に立たないと判断した高麗は、一三七三年（恭愍王二十二）十一月から倭寇に対する討伐作戦を変更した。沿海州郡の関防要処に軍士を配置して倭寇にそなえる従来の防禦態勢から、船舶［捕倭船］を建造し海に出て倭を掃蕩する攻勢的な方針に転換した。同時に、軍事力をより確保するために都摠都監を設置し、あわせて開京の編戸を再編成して編戸ごとに一人ずつを差出して倭寇を防禦するようにした。[28] 翌年には、各種地方軍司令官らに「捕倭万戸」・「追捕万戸」などの職責を兼職せしめ倭寇討伐にむかわせた。このような戦術の変更がいかなる効果をもたらしたのかは定かでないが、明への貢馬の問題で済州道を討伐するために軍事力を集中しなくてはならなかったし、また恭愍王も同じ年九月弑害されてしまった（一三七四年）。

そうこうするうちに、一三七五年（禑王一、北朝応安八）以後、倭寇の侵掠がより一層熾烈化するようになり[29]、同じ年二月に日本が使臣を派遣してくると、ただちに答聘のため羅興儒が派遣された[30]。以後、高麗末までほとんど毎年、両国の使臣団が往来したと推測される。これ以後、麗・日間をむすぶ主な航路である京都—博多—壱岐島—対馬島—金州（現金海市）の線上では、倭寇が出没できないほど安静であったようだ。

転じて、当時の高麗の使臣団は博多を経由して京都に上ったようだが、室町幕府はこれら高麗の使臣団と日本側の答聘使の往還にともなう措置を講究し[31]、また使臣を高麗に派遣して被虜人を送還させつつ通交に努めた。それにもかかわらず、倭寇は終息されず、高麗政府は九州探題今川了俊（今川貞世、一三二六〜?）と中国地域の大内義弘（一三五六〜九九）にも使臣を継続派遣して、倭寇の禁圧を要請した。幕府側に幾度か使臣を派遣した結果、幕府の政令は九州・中国地域に貫徹されないということを認知した結果だと理解される。

ところで、当時の社会で「人臣は外交が出来なかった［人臣無外交］」のにもかかわらず、高麗政府が今川了俊［九州探題、大隅・薩摩守護］、大内義弘［周防・長門・豊前守護］などの在地有力勢力［守護］と接触をはかったことは、倭寇問題がどれくらい深刻だったかを端的に示す一つのめやすになるだろう。しかしながら、今川了俊・大内義弘のほうは、彼らが高麗と接触していることを幕府に伝えられるのを憚ったようだ。一三七八年十一月、「九州節度使」と表記される今川了俊麾下の僧侶信弘は倭寇討伐に参加していたが、今川了俊の管轄下にあったとおぼしき博多の使臣が蔚州（現蔚山市）に着くと、虚偽の事実を伝えて彼らを帰国させた（No.22）。

当時、倭寇禁圧という幕府の指令が貫徹されないことを認知した高麗政府は、幕府を始めとして様々な地方の有力者らに使臣を派遣し、数多くの使臣団が両国を往来していたようだが、高麗側の年代記にはこれらの事実がまともに反映されていない。

ともかく、十四世紀後半期には倭寇の禁圧と関連して、麗・日両国の使臣団の往来がそれ以前の時期に比べても頻繁に行われた。これに伴って、両国人の接触がある程度活撥化するようになったが、ここで両国人の交流を簡単に整理すると、次の**〈表8〉**のようになる。

〈表8〉 十四世紀後半の麗・日両国人の交流

	時期	主な人物	主な資料と内容
ⓐ	一三五九年	中菴守允⇕ 李穡・李行	『牧隠詩藁』一、雪梅軒小賦為日本釈允中菴作号息牧叟 『牧隠文藁』一二、息牧叟讃一三・跋黄蘗語録 『陽村集』二一、中庵所画李周道《李行》騎牛図 →日本僧中菴守允（寿允、一三三三～?、号息牧）が元に入ろうとしたが風浪によって高麗に到着して開京に留まりながら李穡・李行などを始めとした官僚らと交遊する。
ⓑ	一三六七年	金龍⇕ 春屋妙葩	『智覚普明国師語録』六、送高麗使万戸金龍帰等四首・巻八、宝幢開山智覚普明国師行業実録

			『本朝高僧伝』三五、京兆万年山相国寺沙門妙葩伝 ↓高麗使臣団金龍など二十五人が西山天龍寺に留まりながら春屋妙葩から皆が受戒を受けて弟子の礼を行なう。これら使臣団一行が帰国する時、春屋妙葩が詩文を作って贈呈した。
ⓒ	一三六八年	慶菊⇕ 李崇仁	『陶隠集』二、送日本使者慶菊侍者請号上特賜禅師時対馬島主崇宗慶因慶菊献方物故末句及之 ↓対馬島の崇宗慶の使者である僧侶慶菊が李崇仁と交遊する。
ⓓ	一三七六年	正宗・経松・全寿⇕ 元天錫	『耘谷行録』二、丙辰閏九月日本諸禅徳来此…… ↓日本使臣団の僧侶正宗・経松・全寿などが関東地域を遊覧しながら原州の元天錫を訪問して詩文を唱和する。
		中菴守允⇕ 普愚	『太古和尚語録』下、中菴寿允、息牧叟 ↓太古普愚が日本僧中菴守允の請によって偈頌を作る。
		志性・石翁・□□雄⇕ 普愚	『太古和尚語録』上、示日本志性禅人・巻下、寄日本石翁長老、送日本□雄禅人遊江南 ↓この時期に太古普愚が高麗に到着した日本僧志性・石翁・□雄などと交遊する。その中で□雄禅人は高麗を経て江南に行こうとする。
ⓔ	一三七七年	万峰⇕ 李穡・鄭公権	『牧隠詩藁』六、万峰為惟一上人題日本人也時奉使其国 『円斎集』中、題日本僧万峰詩巻

			→この時期に日本僧惟一上人・万峰などが使命を受けてきたが、万峰が李穡・鄭公権などと交遊する。
ⓕ	一三七八年	大有天祐⇕李穡・李崇仁・韓脩・権近	『牧隠詩藁』八、送日本釈有天祐 『陶隠集』三、日本有天祐上人饋赤城紫石硯以詩為謝・巻四、送日本国釈大有天祐上人還同序 『柳巷集』、贈日本僧天祐 『陽村集』二、送日本釈大有還国 →七月、鄭夢周が博多で帰還する時、東福寺の僧大有天祐も共にきて李穡・李崇仁・韓脩・権近などと交遊しながら石硯を贈ったりした。
		中菴守允⇕李穡	牧隠詩藁九、中菴允上人見過 →七月頃、日本僧中菴守允が李穡を訪問する。
ⓖ	一三七九年	尹思忠⇕春屋妙葩	『本朝僧宝伝』下、日本国智覚普明国師塔銘並序 →是年に日本に派遣された尹思忠が禑王の名義で春屋妙葩に金縷大衣を贈って、彼の図像を描いて行って胆礼したという[32]。
ⓗ	一三八一年	中菴守允⇕李集・李崇仁	『牧隠詩藁』三一、遁村来過云将与陶隠守歳霊隠寺 →李集・李崇仁が日本僧中菴守允が居住している霊隠寺で年末をともにすごそうとする。
ⓘ	一三八四年	弘慧⇕李穡	『牧隠詩藁』一二、日本釈弘慧求詩、送日本釈因有所感

			→九月、日本僧弘慧が李穡に詩文を要請する。
ⓙ	一三九〇年	永茂⇕鄭夢周・鄭道伝	『圃隠集』二、日東茂上人恵以石硯以詩為謝、次牧隠先生詩韻贈日東茂上人、贈品房日本僧永茂 『三峰集』二、次韻題日本茂上人詩巻 →是年に日本僧永茂が開城の石房寺に留まりながら鄭夢周・鄭道伝などと交遊しながら五台山を遊覧しようとする。
ⓚ	時期不明	梅竹軒⇕絶海中津・鄂隠慧奯	『蕉堅藁』梅竹軒贈高麗僧 『南游稿』送僧帰三韓 →絶海中津と彼の弟子鄂隠慧奯が日本で三年間修行して帰国する高麗僧梅竹軒に詩文を贈呈する。

まず、麗・日両国の公式的接触が成り立つ前の一三五九年（恭愍王八、延文四）、元に入ろうとしたが風浪によって高麗に到着し、開京に留まりながら李穡・権近・李行などの官僚および高僧らと交遊した中菴守允（一三三二〜?、寿允）が見られる[33]（ⓐ）。彼は、高麗王朝と日本の武家［足利幕府］の接触をもとめた人物と推定され、以後一三七六年、一三七八年に高麗にふたたび派遣されて太古普愚・李穡などと交遊した（ⓓ、ⓕ）。一三八一年には、開京管内の霊隠寺に居住しながら、李集・李崇仁などと交遊した（ⓗ）。一三九二年、将軍足利義満の命によって高麗に派遣された点（№34）を見ると、足利幕府につながる人物として「幕府の使臣」の資格として高麗に派遣されたようだ。

また、一三六八年、対馬島主の使臣として派遣され李崇仁と交遊した僧侶慶菊（ⓒ）、一三七六年ころ使臣団として派遣され関東地域（現江原道地域）を遊覧したのち原州（現江原道原州市）に隠居していた元天錫を訪問し詩文を唱和した僧侶正宗・経松・全寿ⓓ、太古普愚から詩文を受けた志性・石翁・□雄禅人ⓓ、一三七七年ころ日本の使臣として派遣され李穡と交遊した惟一上人と万峰ⓔ、一三七八年（禑王四、永和四）報聘使の鄭夢周に扈従して李穡・韓脩・李崇仁・権近などと交遊した東福寺の僧侶大有天祐ⓕ、一三九〇年（恭譲王二、明徳一）開城の石房寺に留まりながら鄭夢周・鄭道伝などと交遊し、五台山を観光しようとした僧侶永茂などⓙが挙げられる。

こうした日本使臣団と交遊した高麗の官僚らの中には、儒仏交替期を迎え斥仏論者となった鄭夢周・鄭道伝などの性理学者も含まれていたが、とりわけ鄭道伝は斥仏論の先頭に立っていた人物である。このような人物らが、自身の性向とはかかわりなく使臣団として派遣されてきた僧侶らと交遊していたことは、その当時、倭寇の問題が非常に深刻だったという一つのあらわれでもある。また、高麗が日本に派遣した使臣団はきわめて稀れに歓待を受けたりもしたが、多くの場合、在地有力勢力［守護］から冷遇どころか、スパイと疑われて命もあやういものもいた。このような日本側の高麗使臣に対する待遇を改善するために、高麗側は日本の使臣団を歓待して、反射利益［反面教唆］を得ようとした点もなくはないだろう。

日本使臣団のみなず日本僧侶が高麗と頻繁に往来することになり、逆に高麗の僧侶も日本に進出しようとした場合もあった。すなわち、高麗末期に日本地域を遊覧した後、中国の江南に求法しようとした僧侶の莫莫自休[34]や復菴[35]などが挙げられる。彼らは、鎌倉時代以来、中国の仏教を積極的に受容して思想的な発展を重ねた日本仏教を実見・観光しようとする目的があっただろう[36]。

また、この時期に高麗僧梅竹軒（堂号で推測される）は、日本で三年間修行して帰国するさい、彼と交遊していた絶海中津（一三三六～一四〇五）とその弟子鄂隠慧奯（一三五七～一四二五）から詩文を贈呈された。梅竹軒は、一三七六年十月、羅興儒が博多から帰還するおり、共に帰国した「倭僧」と表記される晉州出身の僧侶良柔の場合（No.20）と同様、日本で修行した高麗僧の一人と推測される。このように、十四世紀後半に高麗の僧侶が日本に到来し、鎌倉仏教の影響を受けながら修行した事例を通観すると、麗・日両国の仏教界もそれなりの交流をしていたことが分かる。

ひるがえって、一三五一年（至正十一）五月以来、中国の江南地域は潁州（現安徽省阜陽県）の白蓮教徒（紅巾賊）劉福通・蘄水（現湖北省浠水）の徐寿輝などの叛乱を契機として各地で反元民衆蜂起が起きることになった［天下兵起］[37]。また、北方での戦乱と西南海（黄海、東シナ海）での倭寇の蠢動により高麗と江南地域の通路が途絶することになり、江南の先進文物がその以前の時期に比べて活潑に受容されなかくなった。その間、海上勢力の張士誠・方国珍との使臣往来が一部おこなわれたりしたが文物交流は限定的だった。

このような状況下、江南の文物が日本を通じて韓半島に伝えられたりもした。その一事例として、一三六三年（至正二十四、恭愍王十三）、高麗の使臣田禄生・金汝用（金方砺）が明州［浙東］の方国珍を聘問したおり、金元素・張翥・劉仁本などがこれら高麗使臣団と交遊しながら詩文を贈与した。この時、劉仁本が金汝用に贈った詩文とは、以後日本を通じて高麗に伝えられ、劉仁本の『羽庭集』に収録された「贈東韓金築隠」であったという[38]。これは日本を通じて江南で刊行された書籍が高麗に将来された一つの事例だが、これを通じてみる時、江南→日本→高麗のルートを通じて文物の伝受が成り立っていたことが分かる。また、その逆の可能性も十分に類推できる。

こうした両国人の交流が活潑に展開した時期、日本で高麗の文物［文化財］が商取引され寺院と神社［寺社］に寄進されていた事例が見られるが、それを整理すると次のようになる。

①一二八二年（弘安五、忠烈王八）十月九日

これより先に高麗から運搬される途中に肥前国の鍾崎で海に沈没したと言われる鐘が、この日和泉国隆池院の鐘楼に懸架された（『和泉久米田寺文書』「和泉隆池院鐘縁起」、『鎌倉遺文』一九）。

②一三五七年（北朝延文二、南朝正平十二、恭愍王六）十月十八日：大蔵経種が一二四五年（高宗三十二）晋陽府が鋳成した□昌福寺の飯子を対馬島南側豆観音堂（現長崎県対馬市厳原町に位置）に献納した（「昌福寺飯子追銘」[39]）。

③一三五七年（北朝延文二、南朝正平十二、恭愍王六）十二月二十五日：前大宰少弐兼築後守少弐頼尚が一三四〇年（忠恵王一、北朝暦応四）高麗で筆写された金字妙法蓮華経を太宰府天満宮に捧げた（「佐賀県立博物館所蔵妙法蓮華経題記」[40]）。

④一三六七年（北朝貞治六、恭愍王十六）三月十五日：僧侶性心・智足が銘文がない高麗鐘［朝鮮鐘］を周防州（周防国）三井庄賀茂神社（賀茂霊祠、現山口県光市大字三井賀茂に位置）に寄進した（「賀茂神社所蔵鐘銘追記」、坪井良平一九七四年b 一一九～一二〇頁）。

⑤一三七二年（北朝応安五、恭愍王二十一）八月一日：長州路（長門国）豊西郡福慧山万寿禅寺の住持寂延が鐘銘がない高麗鐘を奉安した（「大寧寺所蔵鐘銘追記[41]」）。

⑥一三七四年（北朝応安七、恭愍王二十三）十月一日：宗順が雲州雲樹寺（現島根県安来市清井町に位置）に新羅鐘を寄贈した（「雲樹寺所蔵鐘銘追記」、坪井良平一九七四年b 六一頁）。

⑦一三七四年（北朝応安七、恭愍王二十三）十一月某日：僧侶妙賢が一〇二六年（顕宗十七、太平六）九月高麗巨済島河清部曲北寺で作られた鐘を勝楽寺（現佐賀県唐津市半田に位置）に施納した（「北寺鐘銘追記[42]」）。

⑧一三七五年（北朝永和一、禑王一）十二月某日：義堂周信が高麗の銅鐘を購入して鎌倉報恩寺（現神奈川県鎌倉市西御門に位置）に懸架して、その鐘銘を作った（『空華集』二〇、相陽南陽山報恩護国禅寺鐘銘并叙）。

⑨一三七九年（北朝康暦一、禑王五）四月五日：僧侶浄阿が伯耆国会見郡富田下郷に位置した増輝禅院に新羅時代の鐘を寄贈した（現島根県大原郡加茂町大字大竹二九二光明寺所蔵）（「光明寺所蔵鐘銘追記」[43]）。
⑩一三七九年（北朝永和五、禑王五）四月某日：長門国厚東郡宇部郷（現山口県宇部市）に位置した普済禅寺に一〇三〇年（顕宗二十一、太平十）十二月に作られた高麗鐘が寄贈された（現在大阪市大淀区長柄浜通一～三九鶴満寺所蔵）（「鶴満寺所蔵太平十年鐘銘追記」：坪井良平 一九七四年b 八九～九一頁）。
⑪一三八〇年（禑王六、北朝康暦二）二月一日：筑前国山鹿庄小嶽山安養寺（現福岡県北九州市若松区小竹に位置）の院主の僧侶鎌秀が高麗鐘を奉安した（「安養寺鐘銘追記」：坪井良平 一九七四年b 一〇八～一〇九頁）。
⑫一三八一年（北朝永徳一、禑王七）十一月二十日：駿河守伊東祐満が日向国穆佐村悟性寺（現宮崎県東諸県郡高岡町に位置）に高麗鐘を献納した（『三国名勝図会』五六、日向国諸郡県穆佐悟性寺[44]）。
⑬一三九一年（北朝明徳二、恭譲王三）十二月十二日：僧侶良賢が一三一〇年（忠宣王二）五月淑妃（忠宣王妃）の発願によって製作された水月観音図を鏡神社（現佐賀県唐津市鏡町大字鏡に位置）に寄贈した[45]。
⑭一三九四年（明徳五、太祖三）六月一日：これより先に高麗商人が船舶で銅鐘をのせて薩摩州市来院の山寺にきた時、僧侶定範・道金・了円などが買って、この日奉安して銘を作った（『薩摩地理拾遺集』上、薩摩国市来大口寺鐘銘：『日本史料』七～一応永元年雑載[46]）。

その他、十四世紀後半に倭寇によって略奪された文化財として、一三五一年（忠定王三）四月七日（乙酉）に倭賊が鶏林府感恩寺に侵入して盗み出した飯子を始めとして[47]、現在日本に所蔵されている高麗時代製作の高麗仏画一六〇余点を含め、数多くの文化財が含まれている可能性が多い。

これの文化財のなかで⑭を除くと、大部分がどのように日本に伝えられたかを判明する記録はないが、これらの大多数が猖獗をきわめた倭寇によって略奪され日本に送られたと推測される〔李領 二〇〇八年b・c〕。なお⑭の場合、「高麗商人」が船舶に銅鐘をのせ、九州の南端地域の薩摩州市来院の山寺にきたという。

これにしるされる「高麗商人」は、韓半島から日本に渡った商人〔朝鮮商人〕とも考えられるが、この時期、倭寇の横行により海上交通路がほとんど遮断されており朝鮮商人の往来は不可能だろう。それならば、これらは韓半島に往来した日本商人[48]、または商人を装った倭寇である可能性が高い。当時、日本商人が韓半島に自由に往来できる状況ではなかったので、これは倭寇であることが明らかであろう。倭寇の背後には、対馬守護の少弐頼尚（一二九三～一三七一）・守護代宗経茂などのような在地有力勢力[49]があったし〔李領 二〇〇九年〕、またこれらから掠奪品を引き取って日本の様々な地域に販売した商人組織が存在していたことが分かる。

かと言って、叙上の文化財が全部倭寇による掠奪物だと断定するには困難がなくはない。その中の一部は高麗側の寄贈、または正当な手続によって購買されて日本に渡っていって商去来された可能性もなくはない。すなわち、一三六八年（恭愍王十七、貞治七）以来、麗・日両国の外交的接触が行われ、往来した大多数の日本使臣団は僧侶で構成されていた。彼らが高麗の高官または高僧と自由に交遊していた点を勘案すると、彼らによって日本に搬入された可能性も排除できない。また、倭寇の禁圧と被虜人を刷還した両国の接触過程で、日本側の大蔵経の要求に応じて一緒に送られた物、または高麗側による日本側への土物、または被虜人刷還について反対給付として日本に送られた可能性もなくはないだろう（No.30・34・37[50]）。

おわりに

以上でモンゴル帝国が東アジアに強い影響力を及ぼしたのち北に押し出された時期、すなわち、十四世紀に行われた高麗と日本の接触と交流について検討した。これを簡単に整理して結論にしたい。

一二七四年以来、二次にわたる麗・元連合軍の日本遠征〔モンゴル襲来〕の後遺症により、十四世紀前半の麗・日両国の関係は完全に断絶された。そして、後に続いた倭寇の本格的侵入（一三五〇年の庚寅倭寇）により両国の関係はほとんど敵対的な状況に変わってしまった。

これによって、両国ともに相手の攻撃に備えて徹底的な海岸警戒〔警固〕を行ったが、地理的に隣接していたため〔一衣帯水〕モンゴル帝国へ向かう貿易船の往来や僧侶らの求法過程で起きた遭難事件を契機に不可避に接触をせざるを得なかった（十四世紀前半）。そうするうちに、十四世紀後半、モンゴル帝国の勢力弱化を機会を利用して独自的な国家運営が可能になった高麗は、この時期に大展開した倭寇を掃蕩するため、武力的討伐を推進するとともに、日本に使臣を派遣して外交的に倭寇問題を解決しようとした。

ところが伝統的で政治的実権を握れなかった日本の公家〔朝廷〕は、変化した国際情勢を認知できず、いかなる対策も用意できなかった。これに比べ、新生の足利幕府〔武家〕は従来の鎌倉幕府がモンゴル・高麗に対して敵対的な外交姿勢を取ったこととは違って、宥和的政策を採択して高麗との接触をこころみるとともに、高麗側の要求事項を受容した。しかし、公式の外交関係を樹立したのではなく、みずからの政権に関聯する仏教教団の僧侶らを前に出して使臣と派遣したり、国家によって認定された僧職〔僧録、国師などの名称〕を起用して外交文書を代筆せしめた。

このような幕府側の意図は、非公式の外交関係下で両国の接触を維持する目的が内在されていたと推測されるが、これを通じて幕府が外交権を掌握することになる一つの契機になったと理解されている。

これに比べて、高麗は数次にわたる使臣派遣を通じて幕府の政令が全国的に貫徹されておらず倭寇の禁圧が出来ない事情を認知したようだ。そこで、高麗は倭寇の根拠地であった九州・中国地域の在地有力勢力［守護］を利用して倭寇の侵入を解消しようとしたし、それに応じた今川了俊・大内義弘の協力のもとに漸進的に倭寇の侵入に対処していくことができた。高麗が頻繁な倭寇の侵入を弱化させたことは、基本的に火砲のような新兵器の開発と海軍力の拡充を基盤として倭寇の通路である海路に進出して掃蕩戦を展開したためだ。

このような倭寇の討伐過程で麗・日両国は公式の外交関係を樹立しなかったけれど、それに準ずる交渉を維持しながら倭寇の禁圧に相互協力した。その結果、使臣らの頻繁な往来があったし、これを通じて両国の文人が交遊しながらお互いに必要な情報を提供したり、発展させた文物を伝受したりもした。

このように十四世紀後半に倭寇の禁止のための麗・日両国の共同努力によってモンゴル帝国下で断絶された両国の交渉が再開されることになったし、これに伴って両国の人的交流および文物交流が行われるようになった。このような交流を基盤として十五世紀の韓・日両国の外交関係はより一層緊密になったし、これを通じて両国の友誼と文物発展はより進展されることになっただろう。

注

（1）高麗王朝がモンゴル帝国に屈服したのは一二五九年（高宗四六、モンゴル憲宗九）だが、彼らの支配秩序下に編入されて社会全般にかけて大きい変化を持ってきた時期は一二七一年（元宗十二、至元八）の三別抄の抵抗が鎮圧された以後だ。以後漸進的に元の諸侯国で格下げされて一二九九年（忠烈王二十五、大徳三）征東行省平章政事で赴任してきた闊里吉思の強圧によって諸侯国での改変が完全でなかった文物制度が一三〇一年五月に完全に格下げされることになった。このような体制は一三五六年（恭愍王五、至正十六）反元自主化が実施される時まで五十五年間にかけて維持された。

（2）このような高麗王朝の政治的の立場を勘案して従来には漠然ににモンゴルの隷属国、駙馬国などで命名したが、これでは独立国家で存在した高麗国の性格をまともに説明できない。最近にはモンゴル帝国の冊封国家で比定する見解も提示されたが［李益柱 二〇〇九年a・b］、これもまた問題点がなくはない。

（3）十四世紀の麗・日関係について研究が［佐伯弘次 二〇〇九年］あるが、これは編輯者によって発表抄録をそのまま論文化したもので補完しなければならない部分がたくさんある。

（4）これは一三六七年足利幕府が卜部兼凞によって草案されて、僧録である春屋妙の名義で高麗に送った答書［返牒］に「賊船が異国を侵犯して掠奪を行したのはみんな四国・九州の海賊が行ったことで、帝都から厳刑を与えることもできなくて……」と記録したのを（『太平記』三九、高麗人来朝事）通じてわかる。

（5）以下の典拠で史は『高麗史』、節要は『高麗史節要』、牧隠は『牧隠文藁』、善隣は『善隣国宝記』であり、これらの日付は事件が発生した日付と同じ場合は省略した。これら記事のより具体的の典拠は張東翼 二〇〇九年の該当時期を参照することを望む。

（6）崇宗慶は宗宗慶の誤字と推測されて、当時対馬守護少弐頼尚の代官［守護代］であった宗経茂（?～一三七〇あるいは一三七二）が一三六一年（康安一）頃出家して宗慶だと称した［長節子 一九八七年 三九～四〇頁］。

（7）金州は高麗の日本について交渉窓口であり、ここには日本人のための客館が設置されていた。また麗・日両国の交渉で文書往来の対等な礼［抗礼］で接触した官署または官職は金州府使⇕対馬島島司（守護所）、慶尚道按察使⇔大宰府摠管（守護所）、尚書都省（国初は広評省）⇔太政官だった。

（8）『高麗史』二七、世家二七、元宗十三年七月八日（甲子）、十月十四日（己亥）、巻一三〇、列伝四三、洪福源。『高麗史節要』一九、元宗十三年七月条。

(9) 洪茶丘は彼の父洪福源が永寧公と対立してモンゴル官人によって被殺された事縁により高麗を強く怨望していた(『高麗史』一三〇、列伝四三、洪福源。[張東翼 一九九九年])。

(10) この船舶が同じ年の六月九日、元の慶元路に到着して互市を要請した日本船舶と推定されるが、航海途中に風によって三舟が破壊されて一舟だけが到着したという(『元史』一七、至元二十九年六月九日〔己巳〕)。また、同じ年十月一日にも日本の船舶が四明に到着して互市を要請したが、この舟中に甲仗が備置されていて略奪[異図]の憂慮があり、都元帥府を設置して海道を防備するようにしたという(『元史』一七、至元二十九年十月一日)。

(11) 注(10)に同じ。

(12) この時、鉗公は高麗を経て元の径山に留まっていた虚谷和尚を訪ねたと推測される(清拙正澄、『禅居集』、鉗蔵主再参径山虚谷和尚)。

(13) 大智は一三〇四年(延祐一、正和三)に江浙行省平江路(現江蘇省蘇州市)に留まっていた古林清茂(一二六二〜一三二九)のところに行って仏法を習って十年ぶりに帰国するところだった(高泉性、『続扶桑禅林僧宝伝』三、祇陀大智継禅師伝)。

(14) 清拙正澄が日本に行く時、中峰明本の門下で修行した日本僧無隠元晦(?〜一三五八)も同じ船舶で帰国した(卍元師蛮、『延宝伝灯録』五、京兆南禅無隠元晦禅師)。清拙正澄が高麗の領域を通過する時、作った題詠があったと言われているが(永璵、「清拙大鑑禅師塔銘」、『続群書類従』九、伝部四一、巻二三〇所収)、彼の文集の『禅居集』(上村観光編、『五山文学全集』一所収)では確認できない。清拙正澄についての研究で西尾賢隆 一九九九年(初出一九八四年)がある。

(15) □遠上人は元が同じ年七月十六日(戊午)日本僧瑞興など四十人を還国させた時(『元史』三十、泰定三年七月十六日)、共に帰還措置された可能性がある。

(16) 卍元師蛮、『延宝伝燈録』三三、京兆東福南海宝洲禅師。卍元師蛮、『本朝高僧伝』三三、東福南海宝洲禅師。そして南海宝洲が高麗に漂着した時は一三四二年(忠恵王復位三、至正二)から一三四五年までの間、すなわち鉄木児達識が中書平章政事になった時と推測される。当時日本人海商百余人が高麗に漂流してくると、すぐに高麗がこれを没入して奴婢にしようとして元に表を上げて許諾を要請すると、鉄木児達識がモンゴル帝国時のはかない口号の一つの「一視同仁」を前に出してこれらを帰国させた事実と同じことと推測される（黄溍、『金華黄先生文集』二八、勅賜康里氏先に塋碑、『元史』一四〇、列伝二七、鉄木児塔識）。

(17)　これは麗・元連合軍の日本遠征［モンゴル襲来］を前後した時期、一三〇七年（大徳十一）日本商人による慶元地域の焚掠と一三三四年〜三五年頃の倭寇の侵入（『元史』九九、兵志二、鎮戍、至大二年七月条）などのような事件が発生した時、一時元に進出した日本僧侶らが逮捕・拘禁されたりもした［榎本渉 二〇〇七年］。その以外には城内の出入が禁止されただけで寺刹では自由な状況で求法活動に専念した事例（中巖円月『東海一漚別集』「真源大照禅師行状」、無等以倫編『黄龍十世録』「龍山和尚行状」）を通じて読むことができる。

(18)　これは一三六六年（恭愍王十五、貞治五）金龍が日本に持っていった征東行省の咨文を通じて知ることが出来る（「日本与本省所轄高麗地面、水路相接、凡遇貴国飄風人物、往々依理護送」［張東翼 二〇〇七年］）。

(19)　その一例で一三〇四年（忠烈王三十、大徳八、嘉元二）十月、元が高麗の宰相呉祈および千戸石天輔などを治罪する時、石天輔は「日本に逃げることを図謀した」という罪目で笞刑に処して安西に流配させたのを（『元史』二一、大徳八年十月二十日）上げられる。

(20)　このような倭寇の侵入はすでに新羅時代からあったし、高麗初期の九九七年（成宗十六、長徳三）にも日本朝廷が鶏林府（現慶州）に侵入して犯罪を犯した人物［倭人］について処罰を大宰府に命令して、このために長門国にも命令書［官符］をおりた事例がある（藤原行成『権記』、長徳三年十月一日）。以後、小規模だが倭人による高麗沿岸地域への侵入は持続的につながった［張東翼 二〇〇四年 第一章］。

(21)　倭寇は基本的に一三三五年（建武二）鎌倉幕府の北朝一族勢力が新興足利氏側との闘争［中先代の乱］による武家側の争覇戦と公家側の南北朝の対立による所謂「六十年戦争」の副産物だった。この時期に大きく起きた倭寇は『太平記』三九、高麗人来朝事に言及されているように欲心が強盛な無法者［悪党、溢れ者］らが連中［一党］を集めて様々な浦口と島嶼の盗賊を制圧して駅路と関所を掌握して数千の船舶を集結させ、元と高麗の浦口に踏み込んで略奪を恣行した海賊らだった。そうするうちに南北朝の争覇戦が展開する中で九州の菊池氏の根拠地である隈部城［隈府］に西征府を建設した南朝の懐良親王（後醍醐の子）の麾下軍士らが当時に一般的に行われた戦時掠奪の延長線上で韓半島に渡ってきて海賊行為を恣行したことと推測される［李領 一九九九年・二〇〇八年a、太田弘毅 二〇〇二年 第三・四部］。このような倭寇と南朝勢力との連繫説について否定的見解を提示した論文もある［橋本雄・米谷均 二〇〇八年］。

(22) 恭愍王が即位する七十日前の一三五一年（忠定王三）八月十七日（癸巳）前宰相李権が海に出て行って倭を捉えるようにした王命に逆らって固辞しながら出陣しないほど（『高麗史』三七、忠定王三年八月十七日）、当時の王権が大きく墜落したのも倭寇を防禦できない一つの遠因になっただろう。

(23) 『高麗史』世家三八、恭愍王即位年十月条、巻三八、恭愍王一年二月二日（丙子）。

(24) その他にも双城摠管府の高麗人出身の残党と連結されていた遼東地域の納哈出・女真の三善・三介（李成桂の内外従兄弟）などの侵攻、済州道のモンゴル人牧胡の反乱などが持続的につながっていた。そして一三七五年（禑王一）には北元が恭愍王の後継者として瀋王脱脱不花（瀋王暠の孫）を高麗王に冊封すると、これを防禦するためにまた再び大大的に軍隊が動員された。このような王位継承戦に関する問題は王室の存立と関係があるため、人民を侵奪する水準の倭寇を心配する余裕がなかっただろう。

(25) この時の状況を恭愍王は「西では紅賊を憂え、東で倭奴を心配して、沿辺の百姓が安やすらかに生きていけない」と言った（『高麗史』三九、恭愍王七年三月二十六日）。

(26) 『高麗史』世家四〇、恭愍王十二年三月九日（己酉）。

(27) これら使臣団の目的が何か分からないが、同じ年五月に京都にモンゴルの侵入があるという風聞があったと言われるが、それとの關連性も考慮してみることもできる（『愚管記』、応安一年五月十六日、二十五日。『後愚昧記』、応安一年五月二十一日）。

(28) 『高麗史』四四、恭愍王二十二年十一月条、巻八二、兵志二、鎮戍、恭愍王二十二年閏十一月条。このような措置は同じ年に明が総兵官にとって海に出て行って積極的に倭寇を防禦するようにしたこと［出海巡倭、出海討倭、出海捕倭］というな戦術に該当する（『明太祖実録』八〇、洪武六年三月二十二日、巻八三、七月二十二日、巻八六、十一月一日、巻一〇三、洪武二十三年八月五日条］。

(29) 倭寇の侵入が猖獗した時期は一三七五年（禑王一、北朝永和一）から一三八三年（禑王九、北朝永徳三）までの十年だが、この時期はほとんど全面戦を遂行するのと同じだった。このように大規模の倭寇が猖獗したことは単純な海賊集団と比定するには困難があって、南朝の軍糧米確保過程で南朝軍が組織的に攻撃してきたという注目される見解［李領 一九九九年・二〇〇八年ａ］を傾聴しなければならないだろう。また倭寇の猖獗が小康状態に入る一三八三年に南朝の征西将軍懐良親王が死亡したこと（五十四歳）と関連がある可能性もある。

(30) この時、典校令鄭習仁が使臣で選抜されたが、日本使臣団の僧侶が彼が仏教を排斥する人物であることを分かって交替を要請したという（『牧隠文藁』二〇、草渓鄭顕叔伝。『高麗史』一一二、列伝二五、鄭習仁）。これは当時麗・日の関係がある程度緊密だったため相対国について情報をよく把握していた一つの事例になるだろう。

(31) 足利幕府は一三七五年以来両国の使臣団の往還にともなう諸般経費を捻出するために領主および寺社の荘園に催促状をおろして附課税を徴収するとともに警戒を頼んだ［張東翼 二〇〇四年 第三章第一節 資料二四］。

(32) これは高麗末に春屋妙葩の弟子である周棠が遊覧のために高麗にきた時、王が画工に妙葩の画像を描くようにさせ、李穡に賛を作るようにさせて周棠が帰国する時、寄贈したといった事実（『世宗実録』一八、四年十一月十六日）とある関連があるだろう。

(33) 中菴守允は元に入って中峰明本（一二六三～一三二三）から仏法を習って、一三五〇年（忠定王二、観応一）日本に戻った龍山徳見（一二八四～一三五八）の弟子という（洞院公賢、『円太暦』、観応一年四月十四日、来朝宋僧交名事）。また龍山徳見は□道長老とともに元に入って中峰明本を師匠にむかえて得道して江南兜率寺の住持でいて帰国途中に大都に留まるとすぐに諸山門が尊敬したと言われて、李穡もこれを聴取したことがあったという（『牧隠文藁』一三、跋黄蘗語録）。そして守允（寿允）が高麗に漂着したことを倭寇が礼成江に侵入してきて撃破された事実（『高麗史』三九、恭愍王八年五月五日）と関連付けて漂流された倭船が倭寇と誤認された事例で見る見解もある［榎本渉 二〇〇七年 一八七～一八八頁、初出二〇〇二年］。

(34) 莫莫自休は一三七八年七月頃に日本を遊覧した後、中国江南に行って求法しようとした（『牧隠詩藁』九「送曹渓大統領選挙自休遊日本因往江南求法」、『円斎集』中「送莫莫上人自休游日本将之江南」、『圃隠集』二「送自休上人遊日本」）。

(35) 李崇仁『陶隠集』二「送復菴游日東求法」。

(36) これは一二二四年（高宗十一、貞応三）高麗の僧侶智玄・景雲などが宋に進出して日本僧道元に会ったことがあったが、このような交流を契機で高麗の僧侶らが宋で商船について日本に進出できた与件が造成されたようだ。その結果一二四七年（高宗三十四、宝治一）に高麗の僧侶了然法明が宋の径山無準師範を訪ねて行って商船について日本に渡っていって京都・鎌倉地域を遊歴した。また、彼は四年後の一二五一年（高宗三十八、建長三）出羽国善見村に玉泉寺を開創したし、続いて北越（越前地域）に留まっていた道元を訪問して彼の仏法を継承したりもした。また、この時期以後に高麗水精寺の空室妙空が日本に渡っていって高峯顕日（一二四一～一三一六）の薫陶を受けて鹿山に永らく留まりながら慶芳（?～一三八一）のような人物を育成して帰国したりもした。このような経験を土台に麗・日間の交渉が再開された高麗後期に僧侶らが日本に進出しようとしたようだ。

(37) 『元史』四二、至正十一年五月三日（辛亥）、『庚申外史』、至正十一年、『明太祖実録』二、乙未年。

(38) 権近『陽村集』一五、「贈金仲顗方砺詩序」。この詩文は『四庫全書』別集四（影印本一二一六冊）の『羽庭集』には収録されていない。

(39) この資料は［坪井良平 一九七四年a・一九八四年］、［岡崎譲治 一九七四年］に収録されている。この飯子が倭寇によって掠奪された可能性について検討で［李領 二〇〇八年b］がある。

(40) この資料は［菊竹淳一・吉田宏志監修 一九八一年］に収録されている。この写経が倭寇によって掠奪された可能性について検討で［李領 二〇〇八年b］がある。そしてこの資料のような写経が佐賀県名護屋博物館にも所蔵されている［秦弘燮 一九九二年］。

(41) この鐘は一六三七年（寛永十四）に大寧寺（山口県長門市湯本に位置）に移された（「第二追記」）［坪井良平 一九七四年b、一三三～一三四頁］。

(42)　この鐘と原銘の銘文も同一な鐘が隣近の恵日寺（佐賀県唐津市鏡町に位置）にもあったというが、両者が別個のことで推測されている［坪井良平　一九七四年ｂ　八六〜八九頁］。
(43)　この鐘は一四〇八年（応永十五）に隣近の報徳寺に売却されて（「第二追記」）、一四九二年（明応一）に現在の光明寺に移された（「第三追記」）［坪井良平　一九七四年ｂ　六四〜六五頁］。
(44)　この鐘は一八七七年（明治十）の西南戦争時に破壊され、絵・記録と文書だけ残っているという［瀬之口伝九郎　一九二六年、坪井良平　一九七四年ｂ　二二八〜二二九頁］。
(45)　この仏画は一三五八年（恭愍王六）九月二十六日（戊戌）倭が昇天府興天寺に入ってきて忠宣王と韓国公主の真影を取って行く時、一緒に盗み出したと推測されている［李領　二〇〇八年ｃ］。
(46)　この鐘は薩摩州市来院の山寺（現鹿児島県日置郡東市来町大日寺）に存在しなくて、この追記だけが残っているという［坪井良平　一九七四年ｂ　二六三〜二六四頁］。
(47)　「感恩寺飯子銘文」。
(48)　これは宋・日本の間の国際貿易に従事したと理解されている「日本商人」は日本人でなく、宋人または博多に居住していた宋人であったという見解［榎本渉　二〇〇七年　第一部第二章］に依拠してみる時、韓半島を往来していた日本商人であることが明らかである。
(49)　倭寇らの強請によって韓半島に来て、一三八〇年（禑王六）九月智異山で射殺された賊将、すなわち高麗軍によって児只抜都［阿只撥都、十五〜十六歳の勇敢な幼い将帥］と呼ばれた人物がそういう存在であろう（『高麗史』一三四、禑王六年九月条、『龍飛御天歌』七、五十章）。
(50)　筆者がこのような見解を提示したからといって倭寇の海賊行為の弁明をするつもりはないし［海津一朗　二〇〇四年］、倭寇の構成成分の一部を高麗人［朝鮮人］に転嫁させようとする偏狭な見解に首肯するつもりでもない。倭寇の構成成分に関心を持った学者は海賊に被虜された良人が海賊の一党にならないわけにはいかなかった与件を見せてくれる『小右記』に収録されている「賊虜女内蔵石女等申文」を注意深く吟味することを望む。

終章　今後の課題

近代史学が始まって現在に至るまで、ユーラシア大陸にわたる世界帝国を建設したモンゴル帝国についての研究の中心は、日本学界にあったといっても過言ではないだろう。その一方、中国・韓国からもモンゴル帝国の支配秩序の下に置かれていた自国史の研究を一国史的観点から抜き出して、北東アジア史を念頭に置いた研究が進められた。

このような雰囲気の下で、モンゴル帝国史について研究をより深め、これを北東アジアの各国史として連携させるためには、新しい資料の発掘と分析、そして史料論が優先的に要請される。新しい資料について接近と情報の共有、そして学制間の研究が必須的であることは言うまでもないが、これをより具体的事例を通じて論及すると、次のようである。

資料について接近と情報の共有においては、現実的に多くの障害がある。モンゴル帝国に関連する既存の典籍資料は、さまざまな種類の言語で作成され世界各地に散在している。これを一人一人が全て渉猟して整理・分析するのは不可能であり、専門学者らの共同の作業を通じた資料の総体的結集が必要である。

また、今まで知られていなかった新しい資料が続々発見されているが、これら資料はモンゴル帝国の当時、または当時と近い後代の時期に作られたものでなく、モンゴル帝国から遠く離れた時期に作られたものである。これは歴史の堆積が後代にも続いて、ある時期に再編集されて整理されたものである。このため、まずモンゴル帝国史の専攻者が後代に作られた尨大な資料を渉猟しなければならないが、そのように出来ない場合、自身の関心事を該当時期の専攻者に知らせて、助けを乞うようにしなければならない。

最近では、産業の発達に伴って、各種土木工事が盛行し、起耕地ではないところが盛んに掘鑿されている。私たち人文学者にとっては、これが開発なのか、自然破壊なのか判断に困るが、この過程で金石文・木簡など新しい資料が多く出土している。こうした金石文・木簡などの資料はまずは収拾または占有した学者・研究機関によって長時間にわたって独占的に研究され、公開されない場合が多い。研究成果の質よりは、量を重視する定量的評価が行われがちな現実に起因するものである。この結果、資料に対する正しい判読と理解がそこなわれる場合もあり、また他の資料との比較・検討も行われず、無理な結論を導き出すこともあるだろう。

以上のような点を考慮する時、たとえ特定地域または特定国家で発見された資料であっても、同じ文化圏の学者に共有され、相互の協力の下に研究する必要性があるだろう。

次に挙げられることが学制間の共同研究である。典籍資料を主に扱う文献学者も金石文・古文書・書画など実物資料について鋭意注視しなくはないが、まま自身の研究領域に没頭して最新の考古学的発掘成果には等閑視する場合もなくもない。また、考古学者も一つの資料でも遺失させずに発掘を進めるために、数多くの努力を傾注している。発掘の対象が歴史考古学の遺跡である場合、該当時期の文献学者を参与させ、相互協力の下で発掘の成果を整理・分析しなければならないが、既往の発掘報告書を読んでみると大多数がそうではない。これによって、その結果が当時の事情と全く違う方向で叙述されることもあり、読者にとって失笑を禁じえない場合もたくさんある。

これに比べて、考古学的発掘成果が古今の文献学者にとって長い間難解であった文字の判読を一挙に解決した事例もある。すなわち、一二二四年（貞応三、元仁一）一月、越後国白石浦に漂着した異国船に乗船していた高麗人と推測される人物の銀簡には文字四字のかたちがそのまま描かれていたが、長い間にこれが判読出来なかった。(1) 一九三〇年代に、この文字を女真文字とする見解が提示されたが［稲葉岩吉 一九三四年］、疑問が多く残ったままであった。ところが一九九七年、ロシア沿海州のシャイギン［寒加］城址で同じ文字が彫られた銀牌が発見され、この銀簡は「パイザ」と呼ばれる女真文字で記された金代の通行証［路引］であることが分かった［川崎保 二〇〇二年・藤田明良 二〇〇七年］。

これは考古学と文献学の学制的連結によるささやかな成果である。これと類似する事例としては、元代金石文を分析した東洋史研究者の業績［太田弥一郎 一九九五年］を通じて、一二七一年（至元八、文永八）モンゴルの使臣趙良弼が大宰府に到着した時、日本の支援を受けるためにこちらに来ていた高麗人（三別抄軍と推定）および宋の使臣がこれを阻止しようとしたことが分かったことがある。これは元代史専攻者にとっては細かい金石文の分析に過ぎないかもしれないが、当時の北東アジア関係史の立場から見れば、モンゴル帝国の勢力膨脹に対抗して、宋・高麗（三別抄軍）が日本に連帯を要請したことを知らせる、重要な資料の一つである。この点は同じ文献学者の間で時間的・空間的に研究の対象が違っても、学制的連帯が必要であることを物語る好例である(2)。

このような事例は今でも多く現れているが、いまだ文献学者によって北東アジア関係史の研究資料として生かされない場合がある。また埋蔵文化財が新しく発見されるたびに、同じ範疇の史料が活用できるわけで、考古学的発掘成果に鋭意注視する必要性がある。ところで新しい資料の利用には留意しなければならないことがある。それは発掘者が個人の欲心または国家的の理解と関連して、金石に彫られた銘文または木簡に書かれた文字を人為的に変改(3)、または抹殺したり、発掘された遺物を隠匿する場合がなくもないからである(4)。また観光客の誘引、商業的利益など、不純な動機によって銘文が彫られた模造品を製作する場合もなくはない。これを克服するためには、所蔵者側が提示する写真や映像物に依存せず実物調査を行うべきである。

以上のような点を考慮してみる時、典籍を中心にして文献史料を主な研究対象する歴史学者も、考古学・美術史・金石学・木簡学などの他分野・他時期の専攻者との交流を通じて、学問研究を追求しなければならないのである。合わせて最新の科学的媒体をモンゴル帝国の下の北東アジア関係史の研究に、どのように活用できるかという方法論的摸索も、考慮せざるを得ないだろう[5]。

注

（1） 鎌倉幕府編『吾妻鏡』二六、元仁元年二月二十九日条。著者不明『百練抄』一三、貞応三年四月十一日条。江戸幕府編『続本朝通鑑』九一、元仁元年二月条。

（2） これとは違って、学制間の協力が行われなかったために起きた誤った事例を一つ取り上げてみよう。韓国のある大学博物館には一二一三年（金、崇慶二）三月に鋳造された「行軍万／戸傍字／之印」の鉄製印章が所蔵されている。この印章を金の年号を使用した高麗王朝が鋳造したことにし、これより四十余年後にモンゴル帝国によって設置された万戸職を、この時に高麗が設置したものと理解し、『高麗史』の撰者の誤謬を指摘した（国立中央博物館、『高麗時代に行く』、二〇〇九、一一一頁）。ところが同じ時期に金の礼部が鋳造した「都統所印」が韓半島で発見された（『成宗実録』一一八、十一年六月十八日）。これとの比較によって、この印章は金の礼部で全国の軍官職の印章を改鋳する時、同時に鋳造されたものであることが分かった。金代の官印制度については、［片岡一忠 二〇〇八年 一六六～一七九頁］、［高橋學而 一九九八年］の研究がある。

（3） 個人によって金石文が変改された事例で、一九一九年八月に書かれた羅振玉（一八六六～一九四〇）の「賈玄賛殯記跋」（『羅雪堂先生全集』初集二、『永豊郷人稿』丙稿、『雪堂金石文字跋尾』三、文華出版公司、一九六八、五六七～五六八頁）を上げられる。

（4） 特に該当資料が国家間の関係に関連するものである場合には、一層そのような可能性が高い。これは特定国家の対外関係は国益に基づいて行われるために、対外関係の諸現状もただ国益の観点から理解しなければならないという点を考慮せざるを得ない［Thomas A. Bailey 一九八〇年 二頁］。

（5）最近中国の正史を始めとした各種資料がCD-ROMで作られて補給されているが、これらの資料は現在の活字体に変えて収録したものではなく、元来の版本をそのまま影印したことなので、字体が少しでも変形されていると、検索ができない。また探そうとする検索語に誤字・脱字がある場合もあって、同じ用語を別に表記した事例もあることで正確な検索ができないのである。したがって探そうと思う資料をCD-ROMだけに依存する安易な考えは捨てるべきだろう。これの一つの事例で一〇九四年（献宗即位年）六月十九日（戊子）高麗に来た宋都綱徐祐が十四年後の一一〇八年（睿宗三、遼乾統八）十一月十二日（戊午）に遼に使臣で派遣されたと見た見解（［榎本渉 二〇〇七年 第一部第二章八二頁］を上げられる。これは氏名が同一だという理由で推測した考えで、当時の情況を考慮しない推測に過ぎない。

附録

第一章　京都大学所蔵の開仙寺址石燈記の拓本

I

筆者は、一九九九年以来二度にわたって、京都大学の各種図書館および研究所に所蔵されている韓半島に関係する古典籍資料について、調査してみたことがあった。[1]その過程で何種類かの注目されるべき資料を発掘したりもしたが、韓国史学界に対して何らかの役に立つような情報を持つ資料は、捜し出すことができなかった。そのため二年以上の長期間にかけて所属学科の席を外していたことについては、同僚教授らに慚懼の心を禁ぜざるを得ずにいた。

今回、筆者の専攻ではない分野であるが、「開仙寺址石燈記」の拓本について、簡略に紹介することで、同僚教授らが筆者に与えてくれた好意についての感謝の微意にかえたい。

「開仙寺址石燈記」の拓本は、京都大学工学部建築学科の図書館に所蔵されている。この図書館は京都大学の吉田キャンパスに位置する建築学科建物の地上一階と地下一階にある。こちらには韓半島関係の故典籍は所蔵されていないが、戦前に日本人らによって作られた、韓半島に関する各種統計年報および建築関係の資料が若干、所蔵されている。その中で注目されるのは、この学科の教授であった天沼俊一が、[2]一九〇一年七月から一九六六年四月頃までに拓本をとって収集した、韓・中・日三国の金石文一一二〇余種である。これらについての簡単な目録[3]によれば、日本のものが九十六件、韓半島のものが二十五件、そして中国の居庸関についてのものが四件とされているが、実際はそれ以上のものが含まれている。

この中・韓半島関係の拓本を目録の順序によって整理してみると、次頁の〈表9〉の通りである。

これらの拓本は、巻き物の簇子形で褙接・表具して保管されているが、長時間放置されていたために、その一部は紙が固まってしまっていて、広げてみることができなかった。

なお、これらの資料の大多数は、『朝鮮金石総覧』を始めとした様々な金石文資料集に収録されているが、これらの資料集は編纂が短時間になされたために、多くの誤字・脱字があるだけでなく、文字の配列にも問題点があるようである。将来、修正してより完璧な資料集が出刊される時には、ここに取り上げる資料群も参考資料として役に立つはずである。(4)

〈表９〉　京都大学工学部建築学科図書館所蔵の韓国遺物拓本

番号	拓本番号	拓本名	拓本時期	遺物の所在地
1	朝鮮81	通度寺大雲堂碑(正面)[(5)]	1932､9､1	慶尚南道梁山郡
2	朝鮮86	通度寺大雲堂碑(裏面)	1932､9､1	慶尚南道梁山郡
3	朝鮮82	通度寺国長生石標	1932､9､1	慶尚南道梁山郡
4	朝鮮83	通度寺舎利塔文様	1932､9､22	慶尚南道梁山郡
5	朝鮮84-1	通度寺鐘銘[(6)]	1932､9､22	慶尚南道梁山郡
	朝鮮84-2	通度寺鐘銘	1932､9､22	慶尚南道梁山郡
	朝鮮84-3	通度寺鐘銘	1932､9､22	慶尚南道梁山郡
6	朝鮮85	海印寺大寂光殿鐘銘	1929､4､17	慶尚南道陜川郡
7	朝鮮87	龍門寺重修記	1933､9､22	慶尚北道醴泉郡
8	朝鮮88-1	安心寺石鐘碑(裏面)	1931､9､13	平安北道妙香山
	朝鮮88-2	安心寺石鐘碑(正面)	1931､9､13	平安北道妙香山
9	朝鮮89	普賢寺碑文(正面)	1931､9､12	安北道安辺郡北薪峴面
10	朝鮮90	廃法泉寺智光国師玄妙塔(上層部)	1929､3､27	江原道原州郡論面
11	朝鮮91	華厳寺鐘銘	1929､4､13	全羅南道求礼郡
12	朝鮮92	華厳寺鐘銘	1929､4､13	全羅南道求礼郡
13	朝鮮93	廃開仙寺石燈	1933､9､18	全羅南道潭陽郡
14	朝鮮94	成仏寺事蹟碑銘	1932､9､8	黄海道黄州郡南面
15	朝鮮95	羅州邑内石燈竿[(7)]	1932､9､6	全羅南道羅州郡(総督府博物館)
16	朝鮮96	釈王寺応真堂額[(8)]	1932､9､16	咸鏡南道安辺郡
17	朝鮮97	心源寺事蹟碑銘	1932､9､12	黄海道黄州郡亀洛面
18	朝鮮98	神勒寺菩済舎利石鐘銘(正面)	1930､9､10	京畿道驪州郡
19	朝鮮99	神勒寺菩済舎利石鐘銘(裏面)	1930､9､10	京畿道驪州郡
20	朝鮮100	神勒寺塼塔[(9)]	1932､9､11	京畿道驪州郡
21	朝鮮101	高麗時代石棺文様	1927､10､7	朝鮮総督府博物館
22	朝鮮102	桐花寺釈迦如来舎利塔重修碑銘	1930､9､15	慶尚北道大邱
23	朝鮮121	永川銀海寺碑[(10)]	時期未詳	慶尚北道永川郡
24	日本14	俗離山法住寺鐘銘[(11)]	1927､10､6	日本長野県

Ⅱ

全羅南道潭陽郡南面鶴仙里にある宝物第百十一号の開仙寺址石燈[12]の銘文は、諸種の金石文資料集に収録されていて、これについての研究および注釈もあり、私たちには十分よく知らされているものである[13]。

それにも拘らずこれを紹介しようと思うのは、かつて天沼俊一が『石燈籠』でこれを検討したことがあったというものの〔黄寿永 一九六七年・旗田巍 一九七二年〕、この冊は簡単に求めて見ることが出来ないものであり、彼によって収集された拓本が注目に値すると思われるからである。また従来の研究では判読できなかった何種類かの文字を、比較的早い時期に作られたこの拓本を通じて確認できる可能性があるためである。すなわち日帝強占期に行われた調査〔『朝鮮金石総覧』一九一九年・鮎貝房之進 一九三四年〕と、一九六〇年代以後の調査〔黄寿永 一九六七年〕では、銘文の順序および字の判読に差異が生じているのである。不充分な調査の結果なのか磨耗によるのかは分からないが、京都大学の所蔵本は比較的拓本の状態が良好なので、脱字およびその他の文字について再検討するだけの価値があり、その点でも注目できると考える。

一九三三年九月十八日、天沼俊一が拓本した開仙寺址石燈は、「一、花袋刻銘五枚」、「一、笠手一枚」、「一、中台蓮弁一枚」などで、全五点であった。その中「花袋刻銘五枚」は石燈基壇の上にのせている八角形とされた火舎の柱〔柱身、火舎石[14]〕の五個に陰刻で彫られている銘文を、「笠手一枚」は笠〔笠、屋蓋石〕の紋様を、「中台蓮弁一枚」は中台石の蓮花を、各々拓本にとったものである。ここでは五枚とされている拓本の銘文を右行から左行への順で記すと次のようになる。

① 文懿皇后主大娘主願燈立」
景文大王主」

② 継月光前国子監卿沙干金」
炷唐咸通九年戊子中春夕」

③ 中庸送上油糧業租三百石」
僧霊□判□□□建立石燈」

④ 一百碩畓乎比所里公書俊休二人」
龍紀三年辛亥十月日僧入雲京租」

⑤ 土南池宅土西川」東令行土北同」奥畓十結畦土南池宅土」八東令行土西北同」
常買其分石保坪大業渚畓四結畦土二」□反□一」

※以上の翻字では、細字は二行となっているが組版の都合で一行に整理し、字体は通行のものに変えた。□は判読が困難な文字であり、③の判以外の右上段の添字は筆者が判読した文字であるが、確定するのは難しい。

この開仙寺址石燈の銘文は、旗田巍が『朝鮮金石総覧』・『続金石遺文』［一九六七年］に収録された内容[15]を通じて、左行から右行に読んでこそ順序が正しくなると述べている［一九七〇年］。その後、鄭早苗が現地調査をおこなっての検討の結果、これを再確認して、八角火舎の柱［柱身、火舎石］の西面から南面を回って東面に至る、すなわち時計廻りの反対方向で読むのが正しいと述べ［一九八三年］、この見解が後続の研究に受け入れられた［崔鉛植 一九九二年］。

これによって右記の資料を並べ替えて再整理すれば次の通りになるであろう。

① 景文大王主」
文懿皇后主大娘主願燈立」

② 炷唐咸通九年戊子中春夕」
継月光前国子監卿沙干金」

③ 中庸送上油糧業租三百石」
僧霊□判　建立石燈」

④ 龍紀三年辛亥十月日僧入雲京租」
一百碩畓乎比所里公書俊休二人」

⑤ 常買其分石保坪大業渚畓四結□反□一」畦土二」
東令行土北同」土南池宅土西川」奥畓十結八東令行土西北同」畦土南池宅土」

Ⅲ

次に開仙寺址石燈の銘文を正しい理解するために、既往で成り立った判読と研究を念頭に置いて、京都大学所蔵本を土台にして、筆者の考えを簡単に述べてみようと思う。

①の第一行と第二行の判読については、既往の諸研究成果でも異見がないように、京都大学所蔵本を通じても差異

点を探せなかった。

②の第三行と第四行には、終わりにもう一文字あるのかないのかが問題なのであるが、草創期の判読および研究では、一字ずつあるものの判読不可能であると処理された〔『朝鮮金石総覧』一九一九年・鮎貝房之進 一九三四年〕。その後、旗田巍が実物を確認しないまま『朝鮮金石総覧』と黄寿永の判読〔一九六七年〕を比較しながら①〜③の銘文は文脈上で判断し、判読不明の字を削除した後者の判読が正しいとした。また、実物の調査を再度おこなってこの資料についての研究水準を一段階高くした鄭早苗によれば、その自身による拓本と趙東元の拓本資料集〔一九七九年〕の第二行と同じように、十一文字になっている可能性があるとしているが、その下に文字の痕迹を認めるには困難があるとも言っている。

ところで、京都大学所蔵本には『朝鮮金石総覧』の内容と同じように第三行に□記、第四行に□千と、同じ一文字になっているものが多く見られた。このように同じ文字が他にもあって、文脈の解釈に困難がある場合に、これをどのように受け入れるべきか、判断するのが難しかった。そこで筆者が二〇〇六年一月十七日に実物を調査した結果、これら銘文はみんな八角火舍の角がある柱〔柱身、火舍石〕に左右二行に彫られており、その終わりは火窓の門の敷居世間ずれしていた。門の敷居で基壇上部までは十二センチメートル程度の空間があって、字を刻むことはできたが、刻字の痕迹を探してみるのが難しかった。拓本に現れる字の跡は、火舍石面の脱落によるものだと推測される。『朝鮮金石総覧』の編纂者は、実物を見ずに拓本を通じて判読不明の字があることにより判断したようだ。

③の場合、第五行と第六行の順序が他の場合とは違って、第五行の右側に第六行の字が彫られていて異色である。これは、銘文の刻者が、紙に二行ずつで記録されていたと推測される原稿を元に、左側の柱身〔火舍石〕から刻んで、その後なんらかの錯誤によって右行を先に刻んだものと推定される。これについて、既往の諸調査では何の言及もな

かった。

第五行は、既往の判読と特別な差異はみられない[16]。第六行については、七文字目が記録されているので、最後の字の燈の位置は、十一個の字が書かれた第五行の十番目の字である「百」字の位置と同一する。また三番目の字である「□判」の次には三字程度の間隔があるが、これには字が彫られていない。ところで三番目の字である「□判」の場合、字が彫られているのは確かであると思われるものの判読には困難があったが〔趙東元・鄭早苗〕、京都大学所蔵本によれば「判」字である可能性が高い。筆者が実物を調べた結果、この字は磨滅が激しく判読に困難があり、さらには「林」字または「艸」字にも判読できそうであった。

④の第七行は、既往の諸判読でもすべて一致を見ているように、特別に問題なところはない。第八行の四番目の字は既往の業績では、「烏」字〔『朝鮮金石総覧』〕、またはこれと似た字〔鄭早苗〕、でなければ判読不能として処理している〔黄寿永〕。ところが、京都大学所蔵本によれば、この字は「沓」字と判断できる。現在、趙東元の拓本によれば、「沓」字の中の「水」の左側が脱落していて、「田」の書き順で四番目・五番目の画順である「|」と「一」が脱落していたことを確認することができる。また七番目の字である「所」の場合は、鄭早苗が指摘したように「所」の古字であることを確認することができた。

⑤の第九行、第十行にある「大」字は、既往の業績で整理された結果と京都大学所蔵本の内容が一致する。双行で彫られた細字は、現在の「開仙寺址石燈記」で磨滅が最も激しい部分だが、京都大学所蔵本を通じていくつかの字をさらに判読することができた。第九行の終わりの字は、「□反□一」畦土二」と判読することができた。左側の三字の「□反□一」では、最初の字の「反」は「五」字とも判読でき、二番目の字は判読できず、三番目の字は「一」字が判読できた。右側の「畦土二」のなかでは、「畦」字は既往の業績でも判読できた字であるが、「土」字は「田」字

『朝鮮金石総覧』〕、「上」字で〔黄寿永・鄭早苗〕判読した二つの見解があった。筆者が拓本および実物を調査した結果、この字は「土」の字であることが分かった。どうやら黄寿永・鄭早苗が「上」字と判読したのは画の一部が脱落していたのを認知できなかったためのようだ[17]。

第十行については、上側の細字については既往の判読と同一であり、下の文字の左側は「八東令行土西北同」、右側は「畦土南池宅土」と判読できた。左側の最初の八文字は、従来、判読不可能な文字とされてきたが、趙東元の拓本を通じても八字であることを予測でき、筆者の実際の調査でも、八字であることを再確認した。

これら細字の判読は、今までの開仙寺址石燈の銘文解釈で異見となっていた点を解決する糸口となる。すなわち旗田巍によって疑問を残された第十行上段部の「土」、下段部の「畦田」についての解明〔一九七二年、一八三頁〕と、この疑問が実物を確認するならばある程度解決できるという見通しを提示していた。相変らず疑問を残したままの鄭早苗の見解〔一九八三年、一五八頁〕も、これによれば解消できるであろう。このことを説明するために、旗田巍と鄭早苗が利用した銘文を引用して、彼らの見解を整理してみることにしよう。

ⓐ旗田巍の判読と解釈

（第九行）　常買其分石保坪大業渚畓四結畦□□」□□□」

（第十行）　土南池宅土西川」東令行土北同」　奥畓十結畦田南池宅土」□東令行土西北同」

旗田巍の判読は実物を確認しておらず、『朝鮮金石総覧』および黄寿永の判読を机上で組み合わせて整理したものである。これをもとにして、この銘文には三種類の土地について面積と四方の境界〔四標、四至〕が記録されているといって、四結（彼によれば第一の土地）および十結（第三の土地）で記載されている土地は面積が提示されていることに比べて、第十行の上段の細字の土地（第二の土地）は面積が記録されていないので、四方の境界だけ記録されていると述べた。それで四方の境界の前のほう、第九行の末尾に「畓（あるいは田）某結」という文字が本来にはあったと見た。また第九行の土地の四結（第一の土地）は四方の境界が「畦」字だけ読むことができて、他は欠落していて分からないといった。また第十行の上段部の細字の土地（第二の土地）は最初の字である「土」字は四方の境界を現わすのではなくて、「南」字以下の字が境界を表示するといった。十結の土地（第三の土地）は冒頭の字である「畦田」も四方の境界を現わすのではなくて、「南」字以下の字が境界を表示しているといった［一九七二年、一八三頁］。そして四方の境界［四標、四至］の前面に記載された「畦田」・「土」は、土地の形状を現わしているのか、その他のものを表示するのか、分からないといって、今後の研究課題とした［一九七二年、一八四頁］。

ⓑ鄭早苗の判読と解釈

（第九行）　常買其分石保坪大業渚畓四結畦□□」□□□」

（第十行）　土南池宅土西川」東令行土北同」奥畓十結畦上南池宅土」□東令行土西北同」

鄭早苗は、実物の調査をおこない、旗田巍の解釈大体は首肯しながらも、判読で差異が見える字については、自身の見解を整然と提示した。

彼は旗田巍が第九行・十行の細字が第一・第二・第三の土地の四方の境界［四標、四至］であると見たが、火舎石（火窓石）の長さと拓本を比べてみる時、「畓（あるいは田）某結」という文字が使われる空間がないといった。それで細字は四結（第一の土地）・十結（第二の土地）について四方の境界を表わすということであると述べた。また「畦土」については「畦上」と判読して、旗田巍が実物を見たとすればこの程度の疑問は解決されるべきではないかとしながら、これをもとに四方の境界についての新しい解釈を試みた。それにも拘らず、彼の「畦上」について解釈は、よく処理されなかった。また彼は、李泰鎮が『朝鮮金石総覧』の判読に依拠して「畦田」が新羅時代の水稲作法を類推するある史料で利用されていることに言及し、この字は「畦田」では判読できないという見解を提示した［一九八三年、一五七～一五八頁］。

以上のような旗田巍と鄭早苗の判読と解釈は、彼らが着目して調査した銘文の内容について、最新の見解を駆使した結果であるが、判読が不可能な文字がまだ残り、若干の問題点がなくはない。これを補完するために、筆者が追加で確認した文字を土台にして、足りない点についての所見を述べてみようと思う。

ⓒ筆者の判読と解釈

（第九行） 常買其分石保坪大業渚畓四結□反□一」畦土二」

（第十行） 東令行土北同」土南池宅土西川」奥畓十結八東令行土西北同」畦土南池宅土」

第九・十行に記載されている細字は、鄭早苗が指摘したように四結（第一の土地）・十結（第二の土地）の土地の性格とそれらの大きさ［数字］、そして既往の業績ですでに明らかになった四方の境界［四標、四至］を表示したと理解される。すなわち第九行の四結以下の六字の「□反□一」と「畦土二」は渚畓四結［第一の土地］の土地の性格とそれらの大きさ［数字］を表わし[18]、第十行の上段部はこの土地の四方の境界を表示したと理解するのが正しいであろう。また第十行の下段部は、奥畓十結（第二の土地）について土地の性格とそれらの大きさ［数字］、そして四方の境界を表示したと理解するのが正しいであろう。この読み取りの順序は、右行の「畦土」の二字を先に読んで、左行の八字を読んだ後、次は右行から順に読んで、はじめて文脈の意が通じることになる[19]。

このような方式に依拠して、これを解釈してみれば「石保坪大業にある渚畓四結（反□が一つ、畦土が二つだが、東側は令行の土地で、北側も同じことで、南側は池宅の土地で、西側は川だ）・奥畓十結（畦土が八つなのに、東側は令行の土地で、西側と北側も同じで、南側は池宅の土地だ）」で解釈できるだろう。

次に、これら細字の判読で特別に注目せざるを得ないのは「土」字であるが、土地の四方の境界を表わす時の「土」字は鄭早苗が指摘したように「土、」字と似ているように刻んでいる。ところで「畦土」であるが、京都大学所蔵拓本には「土」が「土冫」になっていて、四方の境界を表わした「土、」字とは差異を見せている。[20] それならばこの字は、『朝鮮金石総覧』で判読したように「田」字で読むことはできないだろうか。もし「田」字で読むことができるならば、⑤の「畦土」は「畦田」と理解でき、第九行の細字は「□反□田一」「畦土二」と、後者は「畦田二」と理解でき、さらにいえば、前者は「反田一」と推測できるであろう。[21]

以上と同じ判断を適用して、この銘文を既往の諸業績を踏まえてもう一度解釈してみるならば、次の通りになるであろう。

> 景文大王様と文懿皇后様、そして大きい公主［長女？］様が火を燈す石燈をたてることを願われた。唐咸通九年戊子年（八六八）陰暦二月［仲春］夕に、月の光をつなぐようにしようと前国子監卿・沙干金中庸が（燈をともす）油の経費として三百石を送り、僧侶霊□判が石燈を建立した。
>
> 龍紀三年辛亥年（八九一）十月某日、僧侶入雲が京租一百石畓で乎比所里の公書・俊休の二人から、彼らが持っている石保坪大業にある渚畓［川辺の土地］四結（反田が一つ、畦田が二つなのに、東側は令行の土地で、北側も同じことで、南側は池宅の土地で、西側は川だ）および奥畓［山谷に近い土地］十結[22]（畦田が八つなのに、東側は令行の土地で、

西側と北側も同じで、南側は池宅の土地だ）を購入した。

Ⅳ

以上、京都大学の建築学科図書館に所蔵されている、一九三三年に建築学科の教授であった天沼俊一が拓本した「開仙寺址石燈」の銘文を検討してみた。

筆者は、この資料を二〇〇四年八月中旬に、一年間の日本生活を終わらせて帰国を準備した忙しい日程の中で調査したので、誤謬があるかもしれない。(23) 当時筆者は畦田について、注目に値する研究業績である〔李泰鎮　一九八六年〕を通じてこの資料の重要性を知っていたが、具体的調査・検討と注釈〔鄭早苗　一九八三年・崔鉛植　一九九二年〕に、何の知見も持っていなかった。また写真撮影および複写が不可能であったので、拓本の調査は『朝鮮金石総覧』の資料を持参して原文を対照する程度に終わった。

九世紀後半に彫られた「開仙寺址石燈」の銘文は韓国古代の金石文および石燈の編年解明などにおいて大きい比重を占めているだけでなく、似た事例を探すのに難しい土地売買文書の田券、その痕迹を類推するに大きい困難がある当時の農業技術問題について、重要な糸口を提供するはずである。したがって、将来この銘文の判読で問題に提起された文字の解読のために、科学的方法が施行されなければならないであろう。また、国内に所蔵されるこれら諸拓本と共に、京都大学所蔵本がより精密に対照・研究されなければならないであろう。

【参考事項】京都大学の所蔵本には細字の中で、土地の四方の境界を表示する時の「土」字は圡、畦田を意味する

「畦土」の場合、「土」字は⿱巛土と見えた。

注

（1）これについての整理は「京都大学に所蔵されている韓国古典籍資料の整理と解題」、『日本所在韓国史資料調査報告』Ⅲ（『海外史料叢書』十五、国史編纂委員会、二〇〇七年十二月）である。
（2）彼が一九三〇年八月三十日より三週間にわたって金山寺・神勒寺・桐華寺などを調査した報告で、『続朝鮮紀行』京都、一九三二である。
（3）これはノートに簡略に整理したもので、参照には適さない。
（4）以上は注（1）の報告書に具体的な内容を追加したものである。
（5）題銘は「逍遙門人友雲堂真熙大師」である。
（6）内容は「康熙二十五年丙寅四月日、慶尚道梁山郡鷲栖山、通度寺大鐘鋳成記」となっている。
（7）これは状態不良で確認できなかった。
（8）これは「応真堂康熙二十四年乙丑十二月日造」である。
（9）これは状態不良で確認できなかった。
（10）これは状態不良で確認できなかった。
（11）これは一八〇四年（純祖四、嘉慶九）に作られた忠清北道報恩郡法住寺の鐘であるのに、目録を作る時に日本で間違えて整理されたようである。
（12）これは、光州湖の上流にある歌辞文学館の向い側の小路を二、三キロメートル程度上がって、光州湖慰楽団地を通過したところにあり、後の水田と畑［田畓］の中に位置している。
（13）『石燈籠』六冊、スズカケ出版部、一九三三。天沼俊一はこれに拓本の写真版を収録し、『朝鮮金石総覧』に収録されている銘文の順序を正しく整理しようとしたが、完全にはできなかったという（旗田巍『朝鮮中世社会史の研究』、一九七二、二〇四〜二〇五頁の補注）。筆者は日本にいた間には「開仙寺石燈記」の重要性を認知できず、『石燈籠』を読むには至らなかったが、今後これについて検討したい。

[追記]『石燈籠』年表、附図五に判読された開仙寺石燈記の内容は次のようである。

・其一　（一）文懿皇后主大娘主願燈二」景文大王主」

（二）継月光前国子監卿沙干金」炷唐咸通九年戊子中春夕」

（三）霊判□□□建立石燈」中庸送上油糧業租三百碩」

・其二　（一）土南池宅土西川」東令行土北同」奥畓十結畦土南池宅土」八東令行□西北同」常買其分石保坪大□渚畓四結畦□□」□《石》□□」

（二）一百碩□[与?]□比所里公書俊休二人」龍紀三年辛亥十月日僧入雲京租」。

（14）この石燈の部材について、黄寿永は火舎柱身、鄭早苗は火窓石と判断しているが、鄭永鎬の石燈についての説明によれば火舎石である（『韓国民族文化大百科事典』一二、一一一頁）。

（15）『朝鮮金石総覧』では④の銘文を「龍紀三年辛亥十月日僧入雲京租」一百碩畓乎比所里公書俊休二人」」の順序で引用していたが、筆者が実物を調査したところ、間違って編輯されたものであることがわかった。

（16）そのうち『朝鮮金石総覧』で「黄租」と判読されたところは、鄭早苗が指摘したように「業租」が適当である。

（17）黄寿永・鄭早苗の場合、拓本のみを見て判読したようで、再び実物を確認しなかったことが推測される。このことは、黄寿永の場合、④と⑤の順序をひっくり返して整理していることと第六行で僧字が陥ったことなどから知ることが出来る。

（18）このように解釈をすることになれば、旗田巍が研究課題で残した四方の境界［四標、四至］の前面に記載された「畦田」・「土」は、土地の形状を現わすことなのかほかのものを表示するのかを［一九七二年　一八四頁］充分に説明できるであろう。さらに李泰鎮は、『朝鮮金石総覧』の判読に依拠して、「畦田」ということば［単語］が奥畓十結（第二の土地）に対する細註の説明であると見ているが、渚畓四結（第一の土地）では「田」字が脱落したものの同じ表記が見えると述べている。また、これの意味は畓の形態や耕作方式に関することだとみられると述べているが［一九八六年 六二頁］、彼の予想が的中している可能性は高いであろう。

(19) このような細注を現わす細字の記載形態は、高麗時代の金石文や朝鮮時代の古文書でも類似事例が見られる。

(20) この点について鄭早苗は、「畦土」を「畦上」と判読し、四方の境界を表示する「土」字、すなわち「土、」と比べて字形が少し違うからであると述べている［一九八三年 一四六～一四七頁］。また第九行と第十行は東側の柱身［花窓石］に彫られている細字であるため、日が当たる朝早くに調査する必要がある。筆者は午後に現地に到着したため正確に判読することができなかった。今後専攻学者による精密な再調査がまたれる。

(21) 金石文でも古文書を判読する際には字の原形をそのまま再現することが原則かもしれないが、この解釈では前後の関係を考慮して、その字が何を意味するかという視点も念頭に置かなければならないだろう。李泰鎮教授による稲作の方式によれば、反田とは陸田を耕し返して水田にした耕地をいい、畦田とは一年おきに休閑とする同質の作法による耕地をいう［一九八六年 三四九頁、六七頁］。

(22) この資料での渚畓［川辺の土地］と奥畓［山谷に近い土地］の意味は、李泰鎮の見解に依拠した。現在、開仙寺址石燈の下の方に光州湖があり、後方に無等山麓があることを勘案すれば、さらに説得力があるであろう［一九八六年 六二頁］。

(23) 私はできるだけはやく建築学科の図書館の資料を調査したかったのであるが、招請教官の推薦書・建築学科長の許可など、必要手続きに手間取り、調査開始が遅れた。これらの拓本は、各種調査報告書・図版などと共に地下一階の鉄網内に置かれており、外部への搬出が不可能であった。また、折悪しくこの時期に建物の一部が桂キャンパスへの移転準備にかかっており、蒸し暑い地下室のホコリだらけの中で、急いで調査をするほかはない事情があった。

第二章　一五七五年日本使臣団にかかわる古文書資料の検討
——足利学校遺蹟図書館所蔵『続資治通鑑綱目』の褙接紙調査——

はじめに

最近、多くの研究者が、海外に散らばっている朝鮮半島関係の資料を収拾して資料集として刊行し、学界の発展に大いに寄与している。筆者もこのような作業に参加して、海外の資料に収録されている高麗時代に関わる資料を収集・整理したことがある。その過程で、朝鮮時代に作られた多くの重要な資料が、所有者の不注意によって失われつつある現状を目の当たりにした。様々な理由でこれらの資料の全てを複写したり影写したりすることはできなかったが、文献学的に重要だと判断した何種類かの資料は収拾することができた。今回、それらの資料を紹介したいと思う。

これから紹介する資料は、一五七五年（宣祖八、天正三）十二月ごろに再装幀された木版本『続資治通鑑綱目』の褙接紙に残っている、日本の使臣団に関わる古文書の残片である[1]。この本の幾つかの版本は、現在、朝鮮半島にもたくさん残っているが、書誌学的に整理されたことはない。また、足利学校遺蹟図書館に所蔵されている『続資治通鑑綱目』も、研究者によって何度か調査されているが、綿密な検討は行われてこなかった。すなわち、この本の製本の際に装幀に使用された褙接紙に、当時の貴重な古文書残片が収録されていることが、見逃されてきたのである。このことを勘案して、今回発見した古文書資料の精査を通じ、『続資治通鑑綱目』の持つ書誌学的意味を検討すると同時に、この時期に成立した日本使臣団の来往について、新しい資料を通じた見解を提供したい。

一　資料の所在

『続資治通鑑綱目』が所蔵されている足利学校遺蹟図書館の各種の図書についての調査は、数回にかけて行われた。そのうち、善本九十八種についての書誌学的調査報告によれば[2]、朝鮮王朝で刊行された図書は〈表10〉のようになる。

〈表10〉足利学校遺蹟図書館所蔵の朝鮮本[3]

番号	図書名	板本・冊数	刊行時期	匡廓規格
足27	三峰先生集	木版・四	成化23跋	四・一五×五・三強
足34	古今歴代十八史略	銅活字・一〇	景泰2跋	五・五×八・二
足35	須渓先生校本韋蘇州集	銅活字・三	中宗～宣祖	五・一五×七・七五
足35	（劉向）新序	木版・二	朝鮮時代	四・八五×六・一強
足36・37	五朝名臣言行録	庚子字覆・一六	燕山君8	四・九×七・〇五
足41	青坡集	木版・一	正徳	四・三五×五・七
足42	四書輯釈章図通義大成	銅活字・一二	宣祖2	五・六×七・四弱
足49	少微家塾点校附音資治通鑑節要	乙亥字覆・一六	中宗～明宗	五・五五×七・五
足51	古今歴代標題註釈十九史略通攷	再鋳甲寅・八	万暦10跋	五・六弱×八・四
足54～56	性理大全書	木版・二三	中宗～明宗	五・五五×七・八五

以上のように、足利学校遺蹟図書館には十種の朝鮮本が所蔵されているという。ところで足50の『続資治通鑑綱目』の場合、版本の形態や紙質を見通すと明刊本であることが明らかであるが、筆者が調査した結果、この本は朝鮮のある重要官府に備置されていたものが日本へ伝来したことが分かった。すなわち、以前の調査者も「（調査番号）三二、続資治通鑑綱目、明弘治十七刊、十三冊、足五十（図版）六十、広義序尾木記及三要手識、縦六・三　横五・五五」と説明しており、[4]この本が明刊本であることは明らかである。また、この本の板式をみると、魚尾の上下が皆下向になっている点、上版口の花口題が「続通鑑綱目巻△」とされている点、下版口が黒口になっている点などと、書体・傍点・竹紙であることなどが、これを傍証している。

さて、『続資治通鑑綱目』二十七巻十三冊について述べよう。この本は朝鮮王朝前期に作られた他の書籍と同じように、一般楮紙による線装の冊子になっているが、後世、日本で装幀を新しくした際に日本の紐が用いられた。また、第一冊の冒頭についている附箋紙には「東照公所賜続綱目通鑑十三冊、三要本」という記録がある。これによれば、徳川家康が下賜した書籍ということであり、[5]閑室元佶（一五四八〜一六一二、別号は三要）[6]がかつて所蔵していたことが分かる。また、すべての冊の末尾に「寄附足利学校印章［閑室元佶］」という墨書と閑室元佶の印章が捺されていることから、閑室元佶がある時に足利学校に寄贈していたことが推定される。[7]

『続資治通鑑綱目』は明尚輅が編纂し、周礼が意味を明らかに解き［発明］、張時泰がその意味を広くしたこと［広義］で、宋初期から大モンゴル国末期までの事実を扱った史評である。この本は朱熹の『資治通鑑綱目』の編纂方針に依拠して、宋・遼・金・大モンゴル国の四朝の事実を扱ったもので、一四七六年（成化十二）十一月十五日に完成した。この冊の書誌事項として、一四九〇年（弘治三、庚戌）一月に、蜀人劉武臣による刊行跋文が残っており、一四九八年（弘治十一、戊午）八月十日「浙江杭州府余杭県儒学曾某および広生員援例冠帯臣周礼謹上表」という名前の

「進続資治通鑑綱目表文」も残っている。なお、現存の最古本としては一五〇四年（弘治十七、甲子）一月［孟春］に刊行された慎独斎新刊本が知られている。[8]

『続資治通鑑綱目』は、一四九〇年（弘治三、成宗二十一）三月に正朝使として明に派遣された尹孝孫が求得して国王に復命する際捧げたということからみても、[9]中国で刊行されてまもなく朝鮮にもたらされたようである。その後、この本が朝鮮でどのように流布したのかは定かではないが、一五七五年（宣祖八）三月頃、各種儒教経典の刊行が行われたとき、『続資治通鑑綱目』も共に刊行された可能性がある。[10]

それから三年後の一五七八年（宣祖十一）七月十二日（辛酉）、司憲府が「校書館の官員が書冊を印出する時、丁寧に扱わなかったため多数の紙が損失しましたので、『綱目』を引き受けて印出した官員を罷職させて下さい」と建議し、宣祖がこれを許諾したという記事がある。[11]この時の『綱目』が『資治通鑑綱目』なのか『続資治通鑑綱目』なのかは明らかではないが、これを通じてみると、『続資治通鑑綱目』もこの時に刊行されたことが推測できる。また、この本が印出されたとき、足利学校遺蹟図書館に所蔵される『続資治通鑑綱目』と同じものが底本に使用された可能性もある。

二　資料の原文

足利学校遺蹟図書館に所蔵されている『続資治通鑑綱目』二十七巻十三冊は、二巻を一冊に装幀されており、そのうち第七冊は巻十三・十四・十五の三巻が一冊に装幀されている。大きさは縦二四・六cm、横一四・三cm、半廓は一九・六cm×一三・六cmであり、版心題は二十六巻の場合、「続通鑑綱目二十六巻、元文宗至順元年」とされている。

また冊表紙は「続綱目」とされている。この本を製本するときに使用された褙接紙に収録される各種古文書の残片の内容を順に記すと、次のようである。(12)

・**資料1**：第三冊（巻五、六）前面の内表紙

告目」

郡守主教是府開以下切断

去乎、詮次以」

告課向教是事」

万暦三年十一月二十以下切断

・**資料2**：第三冊（巻五、六）後面の内表紙

以上切断用良釜山浦銅鉄看以下切断

・**資料3**：第四冊（巻七、八）後面の内表紙

以上切断□察惶瞿不宣」

大護軍 橘調秀

大護軍 宗元長

十二月初三日　司　猛 新元長

司 猛 親満
司 猛 虎松
貞宗使送 望古泗文」

・**資料4**：第五冊（巻九、一〇）前面の内表紙

謹奉呈上」
東萊府令公尊大人足下」
伏言上日之先攸拝納糧米伍石也、已在館」
之日久而絶糧、願又毎一人糧米伍石」
給下則歟、然且上京之日限」

・**資料5**：第五冊（巻九、一〇）後面の内表紙

軍官 金琅□」

・**資料6**：第七冊（巻一三、一四、一五）後面の内表紙

釜山浦雖水軍僉節制使為起送以下切断
倭館開市次以軍官色吏起送以下切断
然於施行、□□□□照験施行須至関者」

右　　関」

東　莱　府」

・**資料7**：第八冊（巻一六、一七）前面の内表紙

右伏准為審事　行県監主教是式暇以□□不及?」

氷匠人成冊上送事次〃」　使開到

莱府使主　処分」

万暦三年十一月二十日」

・**資料8**：第九冊（巻一八、一九）前面の内表紙

梁山郡守為到付事倭人以下切断

使員以到彼事開字到付以下切断

照験施行、須至牒呈者」

右　牒　呈」

・**資料9**：第十冊（巻二十、二十一）前面の内表紙

以上切断教是去乎詮次以」

黄山察訪許 手決」

・**資料10**：第十冊（巻二十、二十一）後面の内表紙

以上切断

卜西山」

卜阿比留」

卜清水」

卜川原」

上栈原」

伴人」

　卜又左衛門」

卜弥右衛門」

上小三郎」

卜源右衛門」

卜七郎右衛門」

卜新八」

卜与四郎」

上近八郎」

以下切断

・**資料11**：第十一冊（巻二十二、二十三）前面の内表紙

記官李　手決」
色吏李　手決」

・**資料12**：第十一冊（巻二十二、二十三）後面の内表紙

以上切断
一金海金山路」
上官景轍東堂」
副官守閑西堂」
侍奉祐誾」
都舡主橘康広」
船卜押物藤原調」
侍奉橘信広」
三舡主平調忠」
伴倘栈原伴人弥右衛以下切断
近八郎藤五郎」
一密陽閒慶路」

二舡主藤原康□」
三舡主平調忠」
□□船卜押物平貞永」
以下切断

・**資料13**：第十二冊（巻二十四、二十五）前面の内表紙

国主使臣宴享催促事及　使開内今年幷」
白臥乎事右件伏乞」
　　機張」

・**資料14**：第十二冊（巻二十四、二十五）後面の内表紙

梁山郡守為到付以下切断
照験施行、須至牒呈以下切断
右　牒　呈」
東 萊 都 護 府」
万暦三年十一月二十日」
　　到付」

・**資料15**：第十三冊（巻二十六、二十七）　前面の内表紙
国王殿三次宴享前期起以下切断
郡守朴 手決」

以上のように、『続資治通鑑綱目』二十七巻十三冊の再装幀に使われた各種古文書の残片に記録されている資料は都合十五件に達する。

三　資料の内容検討

『続資治通鑑綱目』に収録されている十五件の古文書の残片のうち、文書の書式が分かるものは次の通りである。

資料1：一五七五年（宣祖八、天正三）十一月二十一日、発給された郷吏などの下級官人が管轄地域が分からない郡守（以下不明の官府は□□で表記した）に報告した告目。
資料6：□□官府が東萊都護府に送った関。
資料7：一五七五年十一月二十一日、□□地域の郷吏などの下級官人が東萊府使に報告した文状。
資料8：梁山郡守が発給した牒呈。
資料14：梁山郡守が十一月二十一日、東萊都護府にあげた牒呈。

その他、**資料3**は十二月三日に受職倭人に推測される大護軍橘調秀を始めとする六人が□□官府にだした書状、**資料4**は倭館と推測される場所で上京を待つ倭人が東萊府使に糧米を要請する書状、**資料9**は梁山郡に位置する黄山察

訪が発給した文書、**資料10**は韓半島に渡ってきて上京を待つ倭人らの名簿が書かれた文書[14]、**資料11**は倭人たちを分散し上京させるための行路の書かれた文書、**資料13**と**15**は「国主使臣」という名前がつけられた倭人使臣団のために開かれた宴享に関わる機張県監および□□郡守の文書などと推測される。

そして、これら資料に現れる地域は釜山浦（**資料2・6**）、東萊都護府（**資料4・6・7・14**）、梁山郡（**資料8・14**）、梁山郡黄山駅（**資料9**）、機張県（**資料13**）などである。

以上のような内容を見たとき、これら文書が、一五七五年（宣祖八、天正三）十一月二十日から同年十二月三日にかけて、東萊都護府管内に位置する倭館（釜山浦、現釜山市釜山鎮区草梁洞と推測）に留まっていた、倭人使臣団の上京に関連するものであることが分かる。このことから、私たちは二つ注目すべき事実を見出すことができる。

まず、足利学校遺蹟図書館に所蔵される木版本『続資治通鑑綱目』二十七巻十三冊は、版本の形態および紙質からみて、さらに第十三冊の末尾の刊記の

弘治甲子孟春
慎独斎新刊本

と同じことからみて、一五〇四（弘治十七、甲子）に刊行された明刊本である[15]。ところが、この本の褙接紙から考えると、この本は朝鮮半島で再装幀されたもので、その時期は褙接紙に記載されている様々な文書の発給時期のうち、最も遅い時期である一五七五年（宣祖八、天正三）十一月二十一日、十二月三日以後のある時期であるということを知ることが出来る。また、この冊は一五七八年（宣祖十一、天正六）七月頃に校書館で印出する『綱目』[16]の底本になったものであると考えられる。

二つ目は、一五七五年（宣祖八、天正三）十一月に、大規模な日本使臣団が東萊府に到着していた事実である。当時

の年代記には日本使臣団が朝鮮に到着したという記録は全く見られないが、これはこの時期前後の年代記が、非常に疏略であったためであろう(17)。したがってこれら資料は、当時朝鮮と日本が外交的接触を維持していたことを伝えると同時に、年代記で簡略に扱われた使臣団の規模を明らかにすることができる重要な資料の一つである。

これらの資料は断片的ではあるが、もう少し詳しく検討してみよう。

先の**資料3**は一五七五年（宣祖八、天正三）十二月三日と推定される文書として、発給者が大護軍橘調秀、大護軍宗元長、司猛新元長、司猛親満、司猛虎松、貞宗使送望古洒文などであった。これらの人名は日本人であろうが、大護軍や司猛というのは朝鮮王朝の中央軍団の五衛に所属する武官職名で、各々従三品、正八品に該当する。このことからみて、彼らは朝鮮に往来していた受職倭人であることが分かる。そして「貞宗使送望古洒文」は貞宗の使臣「使送」である望古洒文と推測されるが貞宗というものがいかなる人物であるかはわからない。

この日本使臣団がどの官府にどのような内容の要求をしたのかは分からないが、上京のための周旋を付託していたことは、**資料4**のように倭館と推測される所で上京を待つ倭人が東萊府使に糧米を要請している内容から推測できる。**資料4**によれば、倭人らが東萊府使に上京する前、一人当りの糧米を要請しているが、このような事例は他の資料からも確認できる。

資料10は朝鮮半島に渡ってきて上京を待つ倭人らの名簿が書かれた文書、資料11は倭人たちを分散し上京させるための行路文書の一部で、互いに関連がある文書である。これは**資料10**の使臣団一行の上桟原と彼の伴人の卜右衛門が**資料11**で「伴桟原伴人右衛」と記載されていることから分かる。また**資料11**はこの時に派遣された使臣団構成の一面を覗かせる。これによれば、この使臣団は正使［上官、上官人］景轍東堂、副使［副官、副官人］守閑西堂を中心として都舡・二舡・三舡などの三隻以上の船団で編成されていたことが分かる。また各船団は舡主—船卜押物—侍奉—伴倘〔伴人〕というように構成階層は分かるものの、上京する人員の構成にすぎず、船団のすべての構成員ではないと思われる[18]。

また、**資料11**によって、この使節団は金海―金山路、密陽―聞慶路などの二つ以上の行路に分かれて上京するように編成されていたことが推測される[19]。そのうち三舡主である平調忠には二つの集団が同時に記載されているが、これは錯誤によるものと考えられる。その他に**資料13**と**15**は「国主使臣」という名前がつけられた使臣団の宴享と関わるもので、この使臣団が日本国王（実際は幕府の将軍）が派遣した使臣団の名目、すなわち日本国王使として朝鮮半島に渡ってきたことが分かる。

この使臣団が果たして上京をしたのかどうかの可否は年代記の記録に全く見られないので断定するのは難しい。ただ、この時の正使〔上官〕景轍東堂は[20]、一五五六年（明宗十一）十月、一五六三年（明宗十八）四月、一五六五年三月など三回にかけて日本国王使として上京した景轍西堂（あるいは景轍東堂）と同じ人物と推定されるので、この使臣団も上京した可能性が高い。また彼が、当時の将軍だった織田信長（一五七三～八二将軍職在位）によって派遣された日本国王使だったのか、あるいは対馬島が捏造して送った偽使であったのかも判然としない。

ところでこの時期の状況をうかがわせる資料としては、同年に国防担当の最高機関である備辺司が日本の軍事的動向を宣祖に報告したものがある。それによると、二月三十日（己亥）備辺司が倭館に居住していた受職倭人の信長の[21]「だます嘘〔謾詐之言〕」を信じることができないといって、防備を厳しくしなければならないと報告したこと。三月十七日（丙辰）備辺司の郎庁が対馬島主が送った書啓にかかれた、日本が船舶を修理し隣国を侵犯しようとする兆候が見えるという内容は、信長の話と一致するので、これについて対備をしなければならないと報告したこと等である[22]。

この二つの事実を勘案してみるとき、当時朝鮮は信長を通じて、倭人たちが韓半島を侵犯しようとする画策を図謀しているという情報を入手していたことが分かる。ところが、この年に派遣されてきた日本国王使から倭人の侵犯についてはいかなる情報もないことをあわせてみる時、これら使臣団は当時の執権者の織田信長が派遣した日本国王使である可能性はないであろう。つまり、これら使節団はこれより四年後の一五七九年（宣祖十二、天正七）に右武衛殿使という名称で派遣されてきた天荊と同じ、偽使であろう［米谷均 一九九八年］。

おわりに

以上、足利市昌平町に位置する足利学校遺蹟図書館に所蔵されている木版本『続資治通鑑綱目』の褙接紙の古文書の残片について検討した。これを簡単に整理して結論としようと思う。

『続資治通鑑綱目』二十七巻十三冊の製本の際の装幀に使用された褙接紙に、十五点の古文書残片が収録されていた。これらの大部分は一五七五年（宣祖八、天正三）十一月以降に、東萊府管内の釜山浦倭館に留まっていた日本使臣団に関連する資料であった。これらの資料を通じて、次の二つの事実を確認することができた。

第一に、書誌学的の面で、足利学校遺蹟図書館に所蔵されている明刊本の『続資治通鑑綱目』は、一五〇四年（弘治十七、甲子）に刊行された後、韓半島に輸入されたもので、一五七八年（宣祖十一）七月頃に校書館で刊行された『続資治通鑑綱目』の底本と同じ本であろうということである。

第二に、年代記を始め他の資料では見つけられなかった一五七五年（宣祖八、天正三）十一月の日本使臣団が東萊府に到着した事実が確認できたことである。この使臣団は正使景轍東堂、副使守閑西堂を中心とする都舡・二舡・三舡などの三隻以上の船団で編成されていた。またこれらは金海—金山路、密陽—聞慶路などの二つ以上の行路で分散して上京するように編成されていたようであるが、実際に上京したのはどれかは分からなかった。そして、これらが日本国王使の名目で到着したことと当時の形便を勘案してみる時、幕府の将軍だった織田信長によって派遣されたものではなく、当時流行していた偽使であった可能性が大きい。

[附記] この資料は、京都大学大学院文学研究科杉山正明教授主管の足利学校研究会の二〇〇四年七月資料調査の時に見つけたものである。この時、助言を与えてくれた杉山教授を始めとする研究会のメンバーおよび足利学校の関係者に、感謝を申し上げる。

注

（1）この資料は足利市昌平町二三三八番地に位置する足利学校遺蹟図書館に所蔵されていて、収蔵庫に保管されている本の保管函［書函］番号は足利学校伝来五十とある。

（2）千恵鳳「足利学校の韓国古典について」『書誌学』二、一九六九（長澤規矩也編『足利学校善本図録』、足利学校遺蹟図書館後援会、汲古書院、一九七三）。

（3）番号は収蔵庫の冊の保管函［書函］の番号で、匡廓規格の単位は尺（横×縦）であり、cmでの計測は千恵鳳の上記論文を参照されたい。

（4）長澤規矩也、前掲書、二頁。

（5）徳川家康が閑室元佶に書籍二百余種を下賜したことは一六〇一年（慶長六）六月であったという（足利学校遺蹟図書館『史跡足利学校』、一九六五。千恵鳳、上記論文、三二頁で再引用）。また一五九二年（宣祖二十五）壬辰倭乱時に倭将宇喜多秀家（一五七二～一六五五）は書籍金属活字などを始めとした数多くの文化財を掠奪し日本に持って帰った。その中に、銅と思われる大活字および小活字、そして印刷器具などがあったが、豊臣秀吉政権が崩壊した後、徳川家康に引き継がれて駿府城に保管されたという（岩月栄治「岡崎宿ゆかりの朝鮮通信使にかかわる対馬藩朝鮮方補佐役雨森芳洲について」『岡崎市史研究』二一、岡崎市教育委員会、二〇〇〇）。閑室元佶が徳川家康から木活字数十万を受けて伏見の円光寺で色々な典籍を刊行したといわれることから、この時期に『続資治通鑑綱目』も共に獲得していた可能性がある。

(6)　彼は安土桃山・江戸時代前期の臨済宗僧侶として足利学校の第九代校長［庠主］に在職（一五八六〜一六〇二）しており、後日徳川家康の参謀として活躍しながら、日本の出版文化に大きく寄与した人物である（前沢輝政『足利学校』、毎日新聞社、二〇〇三、二七二〜二七四頁）。

(7)　近世日本に所蔵されていた漢籍を纏めた森立之等編『経籍訪古志』には、この本についての紹介は見られない（長澤規矩也「経籍訪古志考」、『長澤規矩也著作集』二、汲古書院、一九八二所収）。

(8)　この本は韓国の奎章閣にも数種あるが、皆零本である。

(9)　『成宗実録』二三八、二十一年三月丙辰、「丙辰、正朝使尹孝孫来復命……、尹孝孫進中朝購得活民大略・続資治通鑑綱目・趙孟頫書簇二双」。

(10)　『宣祖実録』九、八年三月丙午、「上問于校書館、資治通鑑印出事如何、四書五経印出進上件、今幾何、館対曰、朱子語類大全及天文等書、巻数甚多、故通鑑件数、時未入啓　四書五経進上二十件内、大学・春秋・礼記已畢印、論語・詩伝今方印出、他書則刓張甚多、時方督刻矣」。

(11)　『宣祖実録』十二、十一年七月辛酉、「司憲府啓曰……、校書館官員等、印出書冊時、不為勤仕、紙地多数耗失、請綱目次知印出官員等罷職、上従之」。

(12)　原文は全て縦書で筆写されているが、便宜上これを横書に整理した。

(13)　この資料は『儒胥必知』の告目書式に依拠する。

(14)　これは対馬島の宗氏が韓半島に渡っていく日本使臣団に発給した渡航証明書の文引（路引）の一部を書き写したものであろう。

（15）長澤規矩也、前掲書、二頁。
（16）『宣祖実録』十二、十一年七月辛酉。
（17）一五七五年（宣祖八、天正三）の『宣祖実録』の一～三月までは比較的詳細であるが、五月～九月までは一～二日間の記録だけが、十月～十二月までは四～八日間の記録だけが残っている。これは壬辰倭乱により関連資料が湮滅された結果と推測される。
（18）田中健夫教授によれば遣朝鮮船の構成員は上官人・副官人・船主（都船主・副船主）・押物使・船軍・伴従人・通事・船夫などで編成されていたという（『中世海外交渉史の研究』、東京大学出版会、一九五九、七〇頁）。
（19）これは使臣団の往来にともなう駅路の疲弊によって世宗代以来二～三路に分けて上京させた措置の結果であろう（中村栄孝『日鮮関係史の研究』上、吉川弘文館、一九六九、四九九～五一四頁）。
（20）『明宗実録』二十一・十一年十月甲辰、巻二十九・十八年四月戊午、巻三十一・二十年三月壬子。また彼は一五八〇年（宣祖十三）に初めて朝鮮に派遣された景轍玄蘇（一五三七～一六一一）とは別の人物である（長正統「景轍玄蘇について」『朝鮮学報』二十二、一九六二、一三九～一四〇頁）。
（21）『明宗実録』十八、十年六月甲子。
（22）『宣祖実録』九、八年二月己亥、三月丙辰。

あとがき

筆者は三十代後半だった一九八八年年末に、博士学位の論文を準備するため京都大学を訪問し、関連資料を集めながら冬を送ったことがあった。この時、京都大学の附属図書館と文学部図書館に筆者の関心分野に必要な典籍がたくさん所蔵されていることを確認し、いつかまたきて、すべての本を読んでみたいと思った。その後、様々な事情によって志を貫徹させられないままいたが、一九九九年の後半期から三回にわたって、京都大学に滞在できることになった。

その過程で、高麗時代の対外関係史に関連した資料の研究書を四冊ほど出版したが、これらの出版のために投入した努力と経費ははかりきれないほど多大であった。潤沢な経済的基盤を持たない筆者には資料購入に必要な資金がなく、大多数の参考資料を複写によって確保した。

京都大学での名目上の身分は招聘教授だが、この職分は大学院生の立場より不便なものであり、研究室もないため図書館の閲覧室を転々としながら、いつも書架の傍らにいる、そのような身分であった。少しでも節約できるよう、大学構内で一枚十円する複写費を切り詰めるため、学生時代に山で木を採取した時のように本を詰めた大きな荷物を担って、百万遍［知恩寺の別称］という四つ角をすぎて十分あまり走った、一枚四円の複写センターを利用していた。また、夕方、本をたくさん詰めた大きな荷物を背負って家へ帰り、夜遅くまでかけて読破した後、翌朝には複写センターに行くという日々が続いた。

このような毎日の繰り返しのなか、生きるということはこんなにも苦しいものなのであろうか、自ら選択したことなのであるから幸福なのだろうかと考えたものであったが、それはいまだに判断し難い。途中で放り出すこともできないと考えて、遠く比叡山を見上げている、そんな日々であった。その上、今回は家賃を節約しようと大学から遠く離れた山村に寄居し、雨の降る日の朝、道で滑って膝に大ケガをしてしまい、結果的に長いこと苦労してしまった。常に正面突破、大路通行を強調した直線的性格の筆者であったが、捷径を選択して水の泡にした格好になってしまった。

この研究生活を経て、高麗時代の政治・制度史に関心を持っていた筆者は研究の方向を変え、対外関係史に関する資料を集めるようになった。その道のりは難しいことばかりであり、近しい知人たちさえ、筆者の努力に対して良い評価を与えてはくれなかった。これが、工具書の重要性を認識せず、二年も経過すれば表紙の色が褪せるような数篇の論文を集めた本にばかり執着している韓国学界の悲しい現実である。そこには、新しい資料の発掘による研究と視角の転換を通した独特な研究はほとんど見られず、何度も同じ資料を利用して適当に作文して変用することだけが続いている。

在職大学では比較的活潑に動くように心がけた筆者に、日本の生活は本当に大変で難しい毎日の連続だった。まわりの人たちは、また日本に行くのかと羨望し嫉妬もしたが、実のところ筆者はいつも出国日が近づくと恐怖に震えていた。最も難しいことは、資料の求得と複写費による経済問題であったが、そのうちの複写問題は、三回目の訪問以降は、招請教官の勝山清次・杉山正明教授のお蔭で、順次解決された。

筆者は長期にわたった京都生活にあって、助けを求めるところもなく苦労が多かったが、大きな困難に直面すると、いつも杉山正明教授に助けていただいた。勝山・杉山教授には頭を下げて感謝の気持ちを申し上げたい。また、内容的に未熟なこの論文を評価して、旧制による文学博士の学位を取得させてくれた杉山正明・吉本道雅・中砂明徳教授を始めとする京都大学文学研究科の教授の方々、そして、専攻分野が違いながらも背中から声援を送ってくれた夫馬進・金文京教授、学習院大学の鶴間和幸教授に、感謝の挨拶を申し上げる。また、この論文を書き上げるにあたって、様々な面で助けてくれた慶北大学講師李志淑、姜美鏡・助教安元基・金冷我・金至恩などにも感謝したい。

ともあれ、本書は筆者の数次にわたる京都大学への訪問過程で得られた資料による成果であり、その時その時簡単に整理したものの報告である。この中に注目されるほどの論文があるのかないのか。この判断は、高麗時代を眺める読者の目にかかっているであろう。多くの指導と声援とを心より願っている（二〇一〇年十月　京都市の北部に位置している山村でこの冊の出版を期待しながら）。

筆者は二〇一〇年の年末に韓国に戻って知人に冊子の発刊をお願いしたが、連絡がなく心配していた。そうするうちに二〇一四年年末に学習院大学を訪問することになった。そしてその際に、鶴間和幸先生のご紹介で、この出版が実現することになった。その過程で、文章表現の補正のための専門家の助力が必要になった。そんな折、今年の三月初めに神戸女子大学の山内晋次先生と知遇を得、全体の半分程度の文章整理を行って頂くことが出来た。これに準じる形で残りの部分は汲古書院の小林詔子女士の文章整理を受けた。また、詩文の訓読と訳文については、旧くからの友人である鶴見大学の金文京教授が、転職による多忙の中にもかかわらず引き受けて下さった。筆者はこれまで日本で多くの困難を経験してきたが、その都度助力を得て目的を達成することができた。これまで筆者を助けて下さった皆様に、もう一度深く感謝の意を表したい。ありがとうございました。

二〇一五年五月十日

張東翼　拝書

初出一覧

序章　研究対象と動向
第一部　蒙古・高麗・日本に関わる新しい古文書資料
第一章　一二六九年「大蒙古国」中書省牒と日本側の対応　（日本、『史学雑誌』一一四―八、二〇〇五年八月）
第二章　一三六六年高麗国の征東行中書省の咨文に対する検討　（日本、『関西大学研究所紀要』二、二〇〇六年十一月）
第二部　新しい資料を通じてみた高麗人と元の文人との交遊
第一章　新資料を通じてみた忠宣王の元での活動　（韓国、『歴史教育論集』三五、一九九九年二月）
第二章　李斉賢及び権漢功、そして朱徳潤
第三部　日本遠征の指揮官――金方慶と洪茶丘、そして戦争以後の麗・日関係――
第一章　金方慶の生涯と行蹟　（韓国、『退渓学と韓国文化』四〇、二〇〇七年二月）
第二章　モンゴルに投降した洪福源および茶丘の父子　（韓国、『歴史批評』四八、一九九九年八月）
第三章　十四世紀の高麗と日本の接触と交流
終　章　今後の課題
附録
第一章　京都大学所蔵の開仙寺址石燈記の拓本　（韓国、『歴史教育論集』三六、二〇〇六年二月）

第二章　一五七五年日本使臣団にかかわる古文書資料の検討
——足利学校遺蹟図書館所蔵『続資治通鑑綱目』の褙接紙調査——
（韓国、『歴史教育論集』三五、二〇〇五年八月）

［この章の後に学位論文では「第三章　京都大学に所蔵されている韓国古典籍資料の整理と解題」があったが、今回の出版では割愛した。これについて関心のある方は、『日本所在韓国史資料調査報告』Ⅲ（『海外史料叢書』一五、国史編纂委員会、二〇〇七年十二月）を参照されたい。］

引用資料目録

（日本資料）

江戸幕府 編『続本朝通鑑』：一六七〇年（漢装本）。

永璵「清拙大鑑禅師塔銘」：『続群書類従』九、伝部四一、巻二三〇 所収。

小槻顕衡「弘安四年日記抄」（「壬生官務日記抄」、「壬生家日記抄」）：京都大学文学部古文書室所蔵：国民精神文化研究所 編『元寇史料集』二（『国民精神文化文献』二）、一九三五：『正伝寺文書』所収。

圜心 編『聖一国師年譜』（『東福開山聖一国師年譜』）：『日本仏教全書』九五 所収

鄂隠慧奯『南游稿』：上村観光 編、『五山文学全集』三、一九〇八：『日本古典文学大系』八九 所収。

鎌倉幕府 編『吾妻鏡』（『東鑑』）：『続国史大系』四・五：『新訂増補国史大系』三二・三三、所収。『吾妻鏡』吉川本、国書刊行会、一九一三：『吾妻鏡』、寛永版影印、汲古書院、一九七六。

啓運日澄 編『日蓮註画讃』（『日蓮聖人註画讃』）：『続群書類従』九、伝部一三、巻二二〇 所収。

乾峰士曇『乾峰和尚語録』（『広智国師語録』）：玉村竹二 編『五山文学新集』別二、東京大学出版会、一九八一 所収。

小島法師 編推定『太平記』：『玄玖本太平記』、前田育成会、一九七五：『太平記』、国書刊行会、一九〇七：『日本古典文学大系』三四～三六、岩波書店 一九七七：『太平記』（影印本）、新典社善本叢書九、一九九〇 所収。

高泉性潡『扶桑禅林僧宝伝』：『日本仏教全書』一〇九 所収。

高泉性潡『続扶桑禅林僧宝伝』：『日本仏教全書』一〇九 所収。

近衛基平『深心院関白記』（『深心院基平公記』・『深心院殿記』）：陽明文庫 編『陽明叢書』二：『大日本古記録』所収。

近衛道嗣『愚管記』（『後深心院関白記』）：『続史料大成』：『増補続史料大成』：『大日本古記録』所収。

三条公忠『後愚昧記』(『後押小路内府公忠公記』):『大日本古記録』所収。
春屋妙葩『智覚普明国師語録』:『大正新脩大蔵経』八〇:『日本仏教全書』一一一所収。
恕中無慍『山菴雑録』:『日本続蔵経』一～二乙～二一套(二冊):一七九七年、日本刊本:『近世漢籍叢刊』五、中文出版社、一九八四所収。
瑞渓周鳳『善隣国宝記』:『続群書類従』三〇上、雑部三一、巻八八二所収。田中健夫編、『訳注日本史料善隣国宝記・新訂続善隣国宝記』、集英社、一九九五。
清拙正澄『禅居集』:『五山文学全集』一所収。
節海中津『蕉堅藁』:蔭木英雄『蕉堅藁全注』、清文堂、一九九八。
平経高『平戸記』(『経高卿記』):『史料大成』二四・二五:『増補史料大成』三二・三三所収。
竹崎季長編『竹崎季長絵詞』(『蒙古襲来絵詞』):複写本:『日本思想大系』二一所収。
中巌円月『東海一漚集』:玉村竹二編『五山文学新集』四、東京大学出版会、一九七〇所収。
著者不明「異国牒状記」:筆写本、京都大学文学部図書館所蔵本:『日本史料』六～二八所収。『弘安文禄征戦偉績』、史学会、一九〇五、「異国牒状事」。
著者不明『異国出契』:筆写本、国立公文書館内閣文庫・京都大学文学部図書館所蔵本。
著者不明『一代要記』:『史籍集覧』:『改正史籍集覧』:『新訂増補史籍集覧』所収。
著者不明『鎌倉大日記』:『増補続史料大成』五一所収。
著者不明『鎌倉年代記』(『北条九代記』):『続史料大成』:『増補続史料大成』五一:『続群書類従』二九上、雑部五、巻八五五:『改定史籍集覧』五所収。
著者不明『関東評定伝』(『関東評定衆伝』):『群書類従』三、補任部六、巻四九所収。
著者不明『鳩嶺雑事記』:『群書類従』一六、雑部一〇、巻四五五所収。
著者不明『五代帝王物語』(『五代記』):『群書類従』二、帝王部九、巻三七所収。

著者不明『帝王編年記』(『帝王編年集成』・『歴代編年記』・『扶桑編年記』):『新訂増補国史大系』一二 所収。

著者不明『南方紀伝』:『改定史籍集覧』三 所収。

著者不明『八幡愚童記』(異本は『八幡愚童訓』):『群書類従』一 所収。

著者不明『百練抄』(『百錬抄』):『国史大系』十四:『新訂増補国史大系』十一 所収。

著者不明『武家年代記』:『続史料大成』一八:『増補続史料大成』五一:『続国史大系』五 所収。

著者不明「蒙古来使記録」:「賜蘆文庫文書:称名寺文書」(一二六九年二月以来):金沢文庫 編『金沢文庫古文書』九、仏事篇、一九五六:『鎌倉遺文』古文書編一四、一九七八に引用されている。

洞院公賢 等編『皇代暦』(『歴代皇紀』・『歴代皇記』・『皇代略記』):『改定史籍集覧』一八 所収。

中原師栄『新抄』(『外記日記』):『続史料纂集』一、すみや書房、一九七〇:『続史籍集覧』一 所収。

中原師守『師守記』:続群書類従刊行会 編『史料纂集』所収。

中村恵迪 等編『本朝文集』:『新訂増補国史大系』三〇 所収。

広橋兼仲『勘仲記』(『兼仲卿記』):筆写本:『史料大成』二六〜二八:『増補史料大成』三四〜三六:『史料纂集』所収。

藤原経長『吉続記』(『経長卿記』):筆写本:『史料大成』二三:『増補史料大成』三〇 所収。

藤原行成『権記』(『行成卿記』・『権大納言記』):『史料大成』三五、三六:『増補史料大成』四、五:『史料纂集』所収。

卍元師蛮『延宝伝燈録』:『日本仏教全書』一〇八〜一〇九 所収。

卍元師蛮『本朝高僧伝』:『日本仏教全書』一〇二〜一〇三 所収。

三善為康 編『朝野群載』:筆写本:『新訂増補国史大系』二九上:『改定史籍集覧』一八 所収。

無等以倫 編『黄龍十世録』:玉村竹二 編『五山文学新集』三、東京大学出版会、一九六九 所収。

蒙巌祖応『旱霖集』:『続群書類従』一二、文筆部八、巻三二四:『日本古典文学大系』八九:『五山文学全集』一 所収。

嶺南秀恕 編『日本洞上聯燈録』:『曹洞宗全書』一六、史伝上:『日本仏教全書』一一〇 所収。

〈韓国資料〉

安軸『謹斎集』:『高麗名賢集』二、一九七三:『韓国文集叢刊』二、一九九〇所収。『国訳謹斎先生文集』順興安氏三派大宗会、二〇〇四。
『安東金氏族譜』(一九七九)。
『慶尚道営主題名記』:『慶尚道按察使先生案』、亜細亜文化社、一九八二所収。
権近『陽村集』:『韓国文集叢刊』七、民族文化推進会、一九九〇。『国訳陽村集』、民族文化推進会、一九七九〜一九八〇。
権近『東賢史略』:『陽村集』所収。
権漢功『一斎先生逸稿』:『永嘉世稿』所収。
元天錫『耘谷行録』:『韓国文集叢刊』五、一九九〇所収。
『高麗史』:影印本、東方研究所、一九七二。『訳註高麗史』、東亜大学、一九八二:『国訳高麗史』、東亜大学、二〇〇六以来。
『高麗名賢集』:影印本、大東文化研究院、一九八〇。
『高麗史節要』:影印本、亜細亜文化社、一九七三。『国訳高麗史節要』、民族文化推進会、一九七七。
崔瀣『拙藁千百』:『高麗名賢集』二、一九七三:『韓国文集叢刊』三、一九九〇所収。『国訳拙藁千百』、民族文化推進会、二〇〇六。
崔瀣『東人之文四六』:『高麗名賢集』五、一九八〇所収。
崔瀣『東人之文五七』:影印本、『季刊書誌学報』一五、一九九五。
『至正条格』:韓国学中央研究院、二〇〇七。
『新増東国輿地勝覧』:亜細亜文化社、一九七四。『国訳新増東国輿地勝覧』、民族文化推進会、一九六九〜一九七〇。
『成化安東権氏世譜』:影印本。
太古普愚『太古和尚語録』(『太古録』):大韓仏教曹渓宗修禅会、一九七四:白蓮禅書刊行会、一九九三:『韓国仏教全書』六、東国大学出版部、一九九〇所収。
『大東野乗』:朝鮮古書刊行会、一九〇九:慶熙出版社、一九六九。『国訳大東野乗』、民族文化推進会、一九八〇。

『朝鮮王朝実録』：国史編纂委員会、一九八六。

鄭公権『円斎集』：『韓国文集叢刊』五、一九九〇所収。

鄭道伝『三峰集』：『韓国文集叢刊』五、一九九〇所収。『国訳三峰集』、民族文化推進会、一九七七。

鄭夢周『圃隠集』：『高麗名賢集』三、一九七三：『韓国文集叢刊』五、一九九〇所収。

『東都歴世諸子記』：『慶尚道按察使先生案』、亜細亜文化社、一九八二所収。『国訳慶尚道先生案』、韓国国学振興院、二〇〇五。

『東文選』：影印本、慶熙出版社、一九六六。『国訳東文選』、民族文化推進会、一九七七。

白文宝『淡庵逸集』：『高麗名賢集』五、一九八〇：『韓国文集叢刊』三、一九九〇所収。

『朴通事諺解』：亜細亜文化社、一九七三：ソウル大学奎章閣、二〇〇四。

李穀『稼亭集』：『高麗名賢集』三、一九七三：『韓国文集叢刊』三、一九九〇所収。『国訳稼亭集』、民族文化推進会、二〇〇六。

李承休『動安居士集』：『高麗名賢集』一、一九七三：『韓国文集叢刊』二、一九九〇所収。『国訳動安居士集』、三陟市、一九九五。

李穡『牧隠集』：『高麗名賢集』三、一九七三：『韓国文集叢刊』三・四、一九九〇所収。『国訳牧隠集』、民族文化推進会、二〇〇〇。

李崇仁『陶隠集』：『高麗名賢集』四、一九八〇：『韓国文集叢刊』六、一九九〇所収。

李斉賢『益斎乱藁』：『高麗名賢集』二、一九七三：『韓国文集叢刊』二、一九九〇所収。『国訳益斎集』、民族文化推進会、一九七九。

『龍飛御天歌』：亜細亜文化社、一九七二：李潤石、『完訳龍飛御天歌』、暁星女子大学、一九九四。

了円『法華霊験伝』：『韓国仏教全書』六、東国大学出版部、一九九〇所収。


（中国資料）


『永楽大典』：東洋文庫：中華書局、一九五九～六〇：北京、中華書局、一九八六年（合綴七九七巻一六冊）：『重編影印永楽大典』七四二巻一〇冊、台湾、大化書局、一九八五。

袁桷『清容居士集』：『四部叢刊』集部：『四部備要』：『四庫全書』別集（影印本一二〇三冊）所収。

王沂『伊浜集』：『四庫全書』別集（影印本一二〇八冊）所収。

王惲『秋澗先生大全文集』(『秋澗集』):『四部叢刊』集部:『元人文集珍本叢刊』一・二 所収:『四庫全書』別集(影印本一二〇一冊)の『秋澗集』。

王惲『中堂事記』:『秋間先生大全文集』所収。

王称『東都事略』:『中国野史集成』七、巴蜀書店、一九九三:『四庫全書』別史類(影印本三八二冊)所収。

王逢『梧渓集』:『北京図書館古籍珍本叢刊』九五 所収。

欧陽玄『圭斎文集』:『四部叢刊』集部:『四庫全書』別集(影印本一二一〇冊)所収。

果満 編『廬山蓮宗復教集』:小笠原宣秀、『中国近世浄土教史研究』、一九六三。

夏文彦『図絵宝鑑』:『四庫全書』芸術(影印本八一四冊)所収。

危素『危太樸文続集』:『元人文集珍本叢刊』七 所収。

危素『危太樸雲林集』(『説学斎稿』):『元人文集珍本叢刊』七 所収:『四庫全書』別集五(影印本一二二六冊)の『説学斎稿』。

許謙『許白雲先生文集』:『四部叢刊』集部 所収:『四庫全書』別集、影印本一一九九冊)の『白雲集』。

龔璛『存悔斎稿』:『四庫全書』別集(影印本一一九九冊)所収。

虞集『道園学古録』:『四部叢刊』集部:『四庫全書』別集四(影印本 一二〇七冊)所収:『元人文集珍本叢刊』五の『道園類藁』。

掲傒斯『掲文安公全集』(『文安集』):『四部叢刊』集部 所収:『四庫全書』別集(影印本一二〇八)の『文安集』。

掲傒斯『掲曼碩詩集』:『新編叢書集成』初編七一 所収。

『元高麗紀事』:筆写本:倉聖明智大学、『広倉学窘叢書』甲類第二集:国学文庫四三、一九三七 所収。

『元史』:中華書局、一九八五。

顧嗣立 編『元詩選』:一八八八年(光緒十四)木版本:『四庫全書』総集(影印本一四六九冊)所収:『元詩選』、中華書局、一九八七。

呉師道『呉正伝先生文集』(『礼部集』):『元代珍本文集彙刊』所収:『四庫全書』別集四(影印本一二一二冊)の『礼部集』。

呉任臣『十国春秋』:『四庫全書』載記(影印本四六五・四六六冊)所収。

江蘇通志局編『江蘇金石志』：『石刻史料新編』一〜一三所収。

貢奎『雲林集』：『四庫全書』別集（影印本一二〇五冊）：『北京図書館古籍珍本叢刊』九三、九六所収。

黄溍『金華黄先生文集』：『四部叢刊』集部：『四庫全書』別集四（影印本一二〇九冊）の『文献集』。

『国朝名臣事略』（『元朝名臣事略』）：中華書局、一九九六：『四庫全書』総録之続（影印本四五一冊）所収。

「賛皇復県之記」：『北京図書館蔵中国歴代石刻拓本匯編』四八、中州古籍出版社、一九九〇所収。

『事林広記』：中華書局、一九九八：叡山文庫所蔵本。

持正録『天目明本禅師雑録』：『禅宗集成』一七、芸文印書館所収。

朱徳潤『存復斎続集』：『涵芬楼秘笈』七、上海商務印書館、一九一九所収。

朱徳潤『存復斎文集』：『四部叢刊』集部：『涵芬楼秘笈』五、上海商務印書館、一九一九所収。

周南瑞編『天下同文』：『国学叢刊』一〜、一九〇九年（宣統一）以来分載：『羅雪堂先生全集』三編、文華出版公司所収：『四庫全書』総集（影印本一三六六冊）の『天下同文集』。

徐東『運使復斎郭公敏行録』：『適園叢書』第五集第五八・五九冊：『北京図書館古籍珍本叢刊』二一：『中国古籍善本書目』、上海古籍出版社、一九九一：『宛委別蔵』四二、江蘇古籍出版社所収。

『松江府志』：『中国方志叢書』華中地方十、成文出版社所収。

沈翼機編『浙江通志』：『四庫全書』地理（影印本五一九〜五二六冊）所収。

『西天目祖山志』（『天目山志』）：『中国仏教寺誌叢刊』、江蘇広陵古籍刻印社、一九九二：『四庫全書存目叢書』史部二三三冊所収。

清欲『了菴清欲禅師語録』：『日本続蔵経』一—二—四（二八套）：芸文印書館、『禅宗集成』一九所収。

善住編『谷響集』：『四庫全書』（影印本一一九五冊）所収。

蘇天爵『滋渓文稿』：中央図書館景印旧鈔本：『四庫全書』別集（影印本一二一四冊）所収。

蘇天爵編『国朝文類』（『元文類』）：『四部叢刊』集部所収：『四庫全書』総集（影印本一三六七冊）の『元文類』。

宋褧『燕石集』：『四庫全書』別集（影印本一二一二冊）：『北京図書館古籍珍本叢刊』九二所収。

『宋元学案』：台北 正中書局、一九五四。

宋濂『宋学士全集』：『四部叢刊』集部：『金華叢書』所収：『四部備要』集部の『宋文憲公全集』：『四庫全書』別集（影印本一二二三・一二二四冊）の『文憲集』。

戴表元『剡源文集』：『四庫全書』別集（影印本一一九四冊）。

張雨『句曲外史貞居先生詩集』（『九曲外史集』）：『貞居先生詩集』：『四部叢刊』集部 所収：『四庫全書』別集四（影印本一二一六冊）の『九曲外史集』：『貞居先生詩集』（『武林往哲遺著』第二六冊上、清光緒中 銭唐丁氏 嘉恵堂 刊本）。

張伯淳『養蒙先生文集』：中央図書館景印旧鈔本：『四庫全書』別集（影印本一一九四冊）の『養蒙文集』。

趙孟頫『松雪斎文集』（『松雪斎集』）：『四部叢刊』集部 所収：『四庫全書』別集四（影印本一一九六冊）の『松雪斎集』。

陳基『夷白斎稿』：『四部叢刊』集部：『四庫全書』別集（影印本一二二二冊）所収。

陳樵『鹿皮子集』：『金華叢書』：『四庫全書』別集（影印本一二一六冊）所収。

陳旅『安雅堂文集』：中央図書館景印旧鈔本：『四庫全書』別集（影印本一二一三冊）の『安雅堂集』。

丁復『檜亭集』：『四庫全書』別集（影印本一二〇八冊）所収。

程文海『楚国文憲公雪楼程先生文集』（『雪楼集』）：中央図書館景印覆刻洪武本：『四庫全書』別集（影印本一二〇二冊）の『雪楼集』。

鄭元祐『僑呉集』：中央図書館景印旧鈔本：『四庫全書』別集四（影印本一二一六冊）所収。

田汝成『西湖遊覧志』：『四庫全書』地理（影印本五八五冊）所収。

鄧琛 編『黄州府志』：『石刻史料新編』三―一三 所収。

念常『仏祖歴代通載』：『四庫全書』子部（影印本一〇五四冊）：『大正新脩大蔵経』四九冊：『北京図書館古籍珍本叢刊』七七 所収。

貝瓊『清江貝先生文集』：『四部叢刊』集部：『四庫全書』別集（影印本一二二八冊）所収。

『明太祖実録』：『皇明実録』（漢装本）：『明実録』、台湾中央研究院、一九六二 所収。

明本『天目中峰和尚広録』：一六二四年 日本刊本、京都 中文出版社、一九八四：『大日本校訂大蔵経』第三一套：『仏教大蔵経』七三、仏書書局、台北、一九七八：『北京図書館古籍珍本叢刊』七七 所収。

明河『補続高僧伝』：一六二一年（天啓一）明刊本：『卍続蔵経』一三四、新文豊出版公司。
耶律楚材『湛然居士集』：『四部叢刊』集部：『四庫全書』別集（影印本一一九一）所収。
兪希魯『至順鎮江志』：『宋元方志叢刊』三所収。
余闕『青陽先生文集』：『四部叢刊』集部：『四庫全書』別集（影印本一二一四冊）所収。
姚燧『牧庵集』：『四部叢刊』集部：『四庫全書』別集四（影印本一二〇一冊）：『北京図書館古籍珍本叢刊』九二所収。
羅福頤編『満洲金石誌』：『石刻史料新編』一～二三所収。
李翥『玉岑山慧因高麗華厳教寺志』：木版本（一八八一年刊本）：『中国仏教寺志彙刊』一～二〇、台北、明文書局一九八〇所収。
劉基『郁離子』：漢装本、日本、一七三二年：『誠意伯文集』一七～一八所収（『四庫全書』別集、影印本一二二五冊）。
劉将孫『養吾斎集』：『四庫全書』別集（影印本一一九九冊）。
劉敏中『中庵集』（『中庵先生劉文簡公文集』）：『四庫全書』別集（影印本一二〇六冊）：『北京図書館古籍珍本叢刊』九二所収。

引用文献目録

（日本語）

相田二郎　一九八二年『蒙古襲来の研究』増補版、吉川弘文館

青山公亮　一九五五年『日麗交渉の研究』、明治大出版部

足利学校遺蹟図書館　一九六五年『史跡足利学校』

天沼俊一　一九三二年『続朝鮮紀行』（京都）

――　一九三三年『石燈籠』、スズカケ出版部

鮎貝房之進　一九三四年「潭陽開仙寺石燈記」『雑攷』六上

荒川秀俊　一九五八年「文永の役の終りを告げたのは台風ではない」『日本歴史』一二〇

――　一九六〇年「文永の役の終末について諸家の批判に答う」『日本歴史』一四五

池内　宏　一九三一年『元寇の新研究』、東洋文庫

石井正敏　一九七七年「文永八年来日の高麗使について」『東京大学史料編纂所報』一二

稲葉岩吉　一九三四年「日麗関係」『岩波講座日本歴史』四

今西　龍　一九一一年「朝鮮仏教史関係典籍解題」『仏教史学』一―三

――　一九七〇年以来「河合弘民博士蒐集書籍目録」『朝鮮学報』五四～六四

岩月栄治　二〇〇〇年「岡崎宿ゆかりの朝鮮通信使にかかわる対馬藩朝鮮方補佐役雨森芳洲について」『岡崎市史研究』二二、岡崎市教育委員会

植松　正　二〇〇八年ａ「至正条格出現意義課題」『法史学研究会会報』一二

――　二〇〇八年ｂ『元代政治法制史年代索引』、汲古書院

榎本　渉二〇〇七年『東アジア海域と日中交流』、吉川弘文館
大野修作二〇〇一年『書論と中国文学』、研文出版
太田弘毅一九九三年「文永の役、元軍撤退の理由」『政治経済史学』三二九
――二〇〇二年『倭寇――商業・軍事史的研究』、春風社
太田彌一郎一九九五年「石刻史料賛皇復県記にみえる南宋密使瓊林について」『東北大学東洋史論集』六
岡崎譲治一九七四年「対馬・壹岐の金工品」『仏教芸術』九五
岡田英弘一九五九年「元の瀋王と遼陽行省」『朝鮮学報』一四
海津一朗二〇〇四年「元寇、倭寇、日本国王」『日本史講座』四、東京大学出版会
片岡一忠二〇〇八年『中国官印制度研究』、東方書店
勝山清次二〇〇〇年『三重県の歴史』、山川出版社
金田章裕編二〇〇一年『京都大学所蔵古地図目録』、京都大学大学院文学研究科
川崎　保二〇〇二年「吾妻鏡異国船寺泊浦漂着記事の考古学的考察」『信濃』五四―九
川添昭二一九九六年『対外関係の史的展開』、文献出版
――一九七七年『蒙古襲来研究史論』、雄山閣出版
――一九八二年「今川了俊の対外交渉」『九州史学』七五
旗田　巍一九七〇年「新羅・高麗の田券」『史学雑誌』七九―三：『朝鮮中世社会史の研究』、法政大学出版局、一九七二年所収
魏　栄吉一九八五年『元日関係史の研究』、教育出版センター
菊竹淳一・吉田宏志監修一九八一年『高麗仏画』、朝日新聞社
北村　高一九八五年「高麗王王璋の崇仏」『東洋史苑』二四・二五合
北村秀人一九七三年「高麗時代の瀋王についての一考察」『人文研究』二四―一
京都大学文学部編一九五九年『京都大学文学部漢籍分類目録』

京都大学文学部図書室編　一九五九年　『今西文庫目録』
京都帝国大学文学部国史研究室編　一九三三年　『京都帝国大学国史研究室蔵史料集』
京都大学図書館編　一九三九年　『京都帝国大学附属図書館和漢書目録』
金　文京　二〇〇七年　「高麗の文人官僚李斉賢の元朝における活動」『中国東アジア外交交流史の研究』、京都大学出版会
黒板勝美　一八九六年　『徴古文書』甲集
栗原益男　一九五六年　「唐末五代の仮父子的結合における姓名と年齢」『東洋学報』一八―四
近藤成一　二〇〇三年　『モンゴルの襲来』、日本の時代史九、吉川弘文館
佐伯弘次　二〇〇三年　『モンゴル襲来の衝撃』:『日本の中世』九、中央公論新社
――――　二〇〇九年　「日本侵攻以後の麗日関係」『モンゴルの高麗・日本侵攻と韓日関係』、景仁文化社
佐藤健一　二〇〇八年　「九州探題今川了俊の召還と解任」『日本歴史』七一七
櫻井智美　一九九八年　「趙孟頫の活動とその背景」『東洋史研究』五六―四
――――　二〇〇二年　「日本における最近の元代史研究」『中国史学』一二
杉山正明　一九九〇、一九九一年　「元代蒙漢合璧命令文の研究」『内陸アジア言語の研究』五、六
――――　一九九〇年　「草堂寺闊端太子令旨碑の訳注」『史窓』四七
――――　一九九五年　『クビライの挑戦』、朝日新聞社
――――　一九九六年　『モンゴル帝国の興亡』下、講談社
――――　二〇〇二年　『逆説のユーラシア史』、日本経済新聞社
――――　二〇〇四年　『モンゴル帝国と大元ウルス』、京都大学学術出版会
杉山正明・村井章介　二〇〇一年　「世界史のなかでモンゴル襲来を読む」『歴史評論』六一九
鈴木　敬　一九八八年　『中国絵画史』中（元）、吉川弘文館
瀬之口伝九郎　一九二六年　「朝鮮鐘のゆくゑ二則」『考古学雑誌』一六―七

関　周一　二〇〇二年　『中世日朝海域史の研究』、吉川弘文館
総本山醍醐寺編　二〇〇〇年～　『醍醐寺文書聖教目録』一、二、勉誠出版
田中健夫　一九五九年　『中世海外交渉史の研究』、東京大学出版会
高橋学而　一九九八年　「遼寧省本渓市出土金総領提控所印について」『古代文化』五〇
竹内理三編　一九七一年～　『鎌倉遺文』古文書編一～四二、補遺編一～四、東京堂出版
――――　一九六四年　『大宰府・太宰府天満宮史料』、太宰府天満宮
長　正統　一九六三年　「景轍玄蘇について」『朝鮮学報』二一
長　節子　一九八七年　『中世日朝関係と対馬』、吉川弘文館
張　東翼　一九九三年　「高麗と元の間の経済交流」『学人』四
――――　二〇〇五年　「一二六九年「大蒙古国」中書省の牒と日本側の対応」『史学雑誌』一一四―八
――――　二〇〇七年　「一三六六年高麗国征東行中書省の咨文についての検討」『アジア文化交流研究』二、関西大学
――――　二〇一〇年　「高麗時代の対外関係の諸相」『東アジア海をめぐる交流の歴史的展開』、東方書店
朝鮮総督府編　一九一九年　『朝鮮金石総覧』上
坪井良平　一九七四年a　「朝鮮金鼓について」『仏教芸術』九八
――――　一九七四年b　『朝鮮鐘』、角川書店
――――　一九八四年　『歴史考古学の研究』、青燈書房
鄭　早苗　一九八三年　「開仙寺石燈記」『朝鮮学報』一〇七
東京大学史料編纂所編　一九〇一年以来　『大日本古文書』
――――編　二〇〇〇年　『東大史料編纂所写真帳目録』
東北亜歴史財団編　二〇〇九年　『モンゴルの高麗・日本侵攻と韓日関係』、景仁文化社
東洋文庫編　二〇〇四年　『日本所在朝鮮戸籍関係資料解題』

徳永洋介二〇〇四年「耶律鋳夫妻墓誌銘録文と訓読」『一三・一四世紀東アジア史料通信』一
奈良国立文化財研究所編一九八六、一九九六年『興福寺文書目録』一、二
中川憲一一九八五年「元季の書風について」『東洋芸林論叢』、平凡社
中村栄孝一九六五年『日鮮関係史の研究』上、吉川弘文館
中村淳・松川節一九九三年「新発現の蒙漢合璧少林寺聖旨碑」『内陸アジア言語の研究』八
長崎県鷹島町教育委員会一九九三～二〇〇五年『鷹島海底遺跡』Ⅱ～Ⅺ
長澤規矩也一九七三年『足利学校善本図録』、汲古書院
――一九八二年「経籍訪古志考」『長澤規矩也著作集』二、汲古書院
長澤孝三一九八一年「和刻本韓籍目録考」『村上四男退官紀念朝鮮史論文集』、凸版株式会社
西尾賢隆一九八五年「元朝における中峰明本とその道俗」『禅学研究』六四
――一九九九年『中世の日中交流と禅宗』、吉川弘文館
西上　実一九七八年「朱徳潤と瀋王」『美術史』一〇四
西山美香等二〇〇九年『日本と宋元の邂逅』、勉誠出版
野口善敬二〇〇五年『元代禅宗史研究』、禅文化研究所
野口周一一九八六年「元代後半期の王号授与について」『史学』五六―二
長谷川博史一九九八年「中世都市杵築の発展と地域社会」『史学研究』二二〇
橋本雄・米谷均二〇〇八年「倭寇論」『海域アジア史研究入門』（桃木至狼編）、岩波書店
藤田明良二〇〇七年「文献資料から見た日本海交流と女真」『北東アジア交流史研究』、塙書房
藤本幸夫一九七一年「河合文書の研究」『朝鮮学報』六〇
前沢輝政二〇〇三年『足利学校』、毎日新聞社
松川　節一九九五年「大元ウルス命令文の書式」『待兼山論叢』二九

三浦周行 一九八二年 『日本史の研究』新集一、岩波書店
溝川晃司 二〇〇三年 「文永の役・神風発生の有無について」『法政史学』六〇
南　基鶴 一九九六年 『蒙古襲来と鎌倉幕府』、臨川書店
宮　紀子 二〇〇三年 「モンゴルが遺した翻訳言語」『内陸アジア言語の研究』一八
―――― 二〇〇六年 『モンゴル時代の出版文化』、名古屋大学出版会
―――― 二〇〇八年ａ 「対馬宗家旧蔵の元刊本事林広記について」『東洋史研究』六七―一、二〇〇八
―――― 二〇〇八年ｂ 「叡山文庫所蔵の事林広記写本について」『史林』九一―三、二〇〇八
村井章介 一九八八年 『アジアのなかの中世日本』、校倉書房
―――― 一九九九年 『日本中世の内と外』、筑摩書房
村井章介等編 一九九八年 『対外関係史綜合年表』、吉川弘文館
森平雅彦 一九九八年 「高麗王位下の基礎的考察」『朝鮮史研究会論文集』三六
森本朝子 一九九三年 「長崎県鷹島海底出土の元寇関聯の磁器についての一考察」『はかた』二
森安孝夫 一九九九年 『モンゴル国現存遺蹟・碑文調査研究報告』、中央ユーラシア学研究会
矢野主税 一九五〇年 「唐代に於ける仮子制について」『史学研究記念論叢』、柳原書店
―――― 一九五一年 「唐代に於ける仮子制の発展について」『西日本史学』六
山内晋次 二〇〇三年 『奈良平安期の日本とアジア』、吉川弘文館
山口　修 一九六一年 「元寇の研究」『東洋学報』四三―四
山田安栄 一八九一年 『伏敵編』、『伏敵編』附録 靖方溯源、東京築地活版製作所
山本光朗 二〇〇一年 「元使趙良弼について」『史流』四〇
米谷　均 一九九八年 「中世後期、日本人朝鮮渡海僧の記録類について」『青丘学術論集』一二
―――― 二〇〇二年 「文書様式論から見た十六世紀の日朝往復書契」『九州史学』一三二

李　領　一九九九年　『倭寇と日麗関係史』、東京大学出版会
和田英松　一九〇五年　「異国牒状事」『弘安文禄征戦偉績』、史学会

（韓国語）

尹愛玉　一九九三年　「金方慶研究」、誠信女子大学碩士学位論文
禹仁秀　二〇〇九年　「十九世紀初自如道駅人の構成とその実態」『歴史学報』二〇一
韓国書誌学会編　一九九三年　『海外典籍文化財調査目録』――河合文庫所蔵韓国本――
金光哲　一九九〇年　『高麗後期勢族層研究』、東亜大学出版部
――　一九九六年　「一四世紀初元の政局動向と忠宣王の吐蕃流配」『韓国中世史研究』三
金庠基　一九六三年　「李益斎の在元生涯に対して」『大東文化研究』一：『東方史論叢』ソウル大学出版部、一九七四所収
金龍善　一九九三年　『高麗墓誌銘集成』、翰林大学出版部
権善宇　一九九九年　「高麗忠烈王代の金方慶誣告事件の展開とその性格」『人文科学研究』五、東亜大学
高柄翊　一九七〇年　『東亜交渉史の研究』、ソウル大学出版部
黄寿永編　一九七六年　『続金石遺文』、考古美術同人会、一九六七（プリント版）：『韓国金石遺文』、一志社
国史編纂委員会編　一九九六年　『韓国古代金石文資料集』三
国立中央博物館　二〇〇九年　『高麗時代に行く』
崔鉛植　一九九二年　「開仙寺石燈記」『訳註韓国古代金石文』三
崔承煕　二〇〇二年　『日本所在韓国古文書』、国史編纂委員会
周采赫　一九七四年　「洪福源一家と麗・元関係」『史学研究』二四
――　一九八八年　「元万巻堂の設置と高麗儒者」『孫宝基紀念論叢』
――　一九九五年　「イジルブカ瀋王」『黄元九教授停年紀念論叢』

秦弘燮　一九九二年　『韓国美術史資料集成』一、一志社
千恵鳳　一九六九年　「足利学校の韓国古典に対して」『書誌学』二
――――　一九九一年　「瀋王王璋発願の金字大蔵三種」『書誌学報』一
ソウル大学奎章閣編　一九七八～　『奎章閣韓国本図書解題』、保景文化社
高村龍平　二〇〇三年　「京都大学農学部所蔵韓国関聯資料の整理と解題」、国史編纂委員会資料調査報告書
池栄在　一九八〇年　「益斎長短句の成立」『中国文学報』四
――――　一九九八年　「益斎江南行詩の研究」『中国文学報』六
張東翼　一九九四年　『高麗後期外交史研究』、一潮閣
――――　一九九七年　『元代麗史資料集録』、ソウル大学出版部
――――　一九九九年ａ　「蒙古に投降した洪福源・茶丘の父子」『歴史批評』四八
――――　一九九九年ｂ　「新資料を通じてみた忠宣王の在元活動」『歴史教育論集』二三
――――　二〇〇〇年　『宋代麗史資料集録』、ソウル大学出版部
――――　二〇〇四年　『日本古中世高麗資料研究』、ソウル大学出版部
――――　二〇〇五年　「一五七五年日本使臣団に関聯された古文書資料検討――足利学校遺蹟図書館所蔵続資治通鑑の褙接紙調査――」『歴史教育論集』三五
――――　二〇〇六年　「京都大学所蔵の開仙寺石燈記の拓本」『歴史教育論集』三六
――――　二〇〇七年ａ　「金方慶の生涯と行蹟」『退渓学と韓国文化』四〇
――――　二〇〇七年ｂ　「高麗時代の対外交渉と海防」『韓・中・日の海洋認識と海防』張東翼ほか、東北亜歴史財団
――――　二〇〇七年　「京都大学に所蔵されでいる韓国古典籍資料の整理と解題」『日本所在韓国史資料調査報告』Ⅲ（『海外史料叢書』一五）、国史編纂委員会
――――　二〇〇九年ａ　「安珦の生涯と行蹟」『退渓学と韓国文化』四四

――― 二〇〇九年b 『高麗時代対外関係史綜合年表』、東北亜歴史財団
趙東元編 一九七九年 『韓国金石文大系』一、円光大学出版部
陳高華 一九九一年 「元朝与高麗的海上交通」『震檀学報』七一・七二合
鄭玉子 一九八一年 「麗末朱子性理学の導入に対する試稿」『震檀学報』五一
東北亜歴史財団編 二〇〇九年 『蒙古の高麗・日本侵攻と韓日関係』、景仁文化社
南仁国 二〇〇六年 「元干渉期金方慶の後裔とその存在様態」『歴史教育論集』二七
閔賢九 一九九一年 「蒙古軍・金方慶・三別抄」『韓国史市民講座』八
朴現圭 一九九一年 「李斉賢と元文士たちとの交遊攷」『嶠南漢文学』三
朴宰祐 二〇〇三年 「金方慶」『韓国史人物列伝』、石枕
朴真完 二〇〇四年 「京都大学附属図書館所蔵金石集帖資料現況」、国史編纂委員会資料調査報告書
民族文化研究所編 一九八八年 『嶺南文集解題』、嶺南大学出版部
村井章介 二〇〇九年 「モンゴル来襲と異文化接触」『モンゴルの高麗・日本侵攻と韓日関係』、景仁文化社
李益柱 二〇〇九年a 「高麗―蒙古関係史研究視覚の検討」『韓国中世史研究』二七
――― 二〇〇九年b 「十三～十四世紀 東アジアと高麗」(発表要旨)、東北亜歴史財団
李起男 一九七一年 「忠宣王の改革と詞林院の設置」『歴史学報』五二
李承漢 一九八八年 「高麗忠宣王の瀋陽王被封と在元政治活動」『全南史学』二
李相哲 一九八六年 「金方慶研究」、清州大学碩士学位論文
李泰鎮 一九七八年 「畦田考」『韓国学報』一〇:『韓国社会史研究』、知識産業社、一九八六年所収
李 領 二〇〇八年a 「高麗末倭寇の虚像と実像」『大丘史学』九一
――― 二〇〇八年b 「対馬島の豆酘多久頭魂神社所蔵の高麗青銅製飯子と倭寇」『韓国中世史研究』二五
――― 二〇〇八年c 「唐津鏡神社所蔵の高麗水月観音図の由来」第七二回韓国中世史学会研究発表会の発表抄録

―――― 二〇〇九年「庚寅年（一三五〇）～丙申年（一三五六）の倭寇と九州情勢」『韓国中世史研究』二六
柳善英 一九九三年「高麗後期の金方慶の政治活動とその性格」、全南大学碩士学位論文
（中国語）

袁　冀 一九七四年『元史研究論集』、商務印書館
王　儀 一九七〇年『蒙古元与高麗及日本的関係』、商務印書館
王建軍 二〇〇一年「走近李孟」『元史及民族史研究集刊』一四
王民信 一九八三年「蒙古入侵高麗与蒙麗聯軍征日」『中韓関係史論文集』
韓秀利 二〇〇九年「談元代蔵書家及蔵書文化」『東方人文学誌』八―一
魏栄吉 一九八五年『元日関係史の研究』、教育出版センター
許恵利 一九八七年「北京智化寺発現元代蔵経」『文献』一九八七年八期
高栄盛 一九九八年『元代海外貿易研究』、四川人民出版社
周　倜 一九九八年『中国墨迹経典大全』、京華出版社
蕭啓慶 一九八三年「元統元年進士録 校註」『食貨』一三
沈令昕 一九八二年「上海市青浦県元代任氏墓葬記述」『文物』一九八二年七期
宗　典 一九五九年「元任元発墓誌的発現」『文物』一九五九年十一期
陳高華 一九八三年「十四世紀来中国的日本僧人」『文史』一八
―――― 一九九一年『元史研究論考』、中華書局
張　帆 二〇〇八年「評韓国学中央研究院至正条格校注本」『文史』二〇〇八年一期
趙成山 一九九四年「羅振玉収蔵整理古代文献図籍述略」『文献』一九九四年三期
田　虎 一九九〇年『元史訳文証補校注』、河北人民出版社

羅振玉　一九六八年　『羅雪堂先生全集』初集、文華出版公司

劉　暁　二〇〇二年　「二十世紀九十年代的中国大陸的元史研究」『中国史学』一二

（英語）

Thomas A. Bailey, *A Diplomatic History of the American People*, 10th ed. Englewood Cliffs, N.J., Prentice-Hall, 1980.

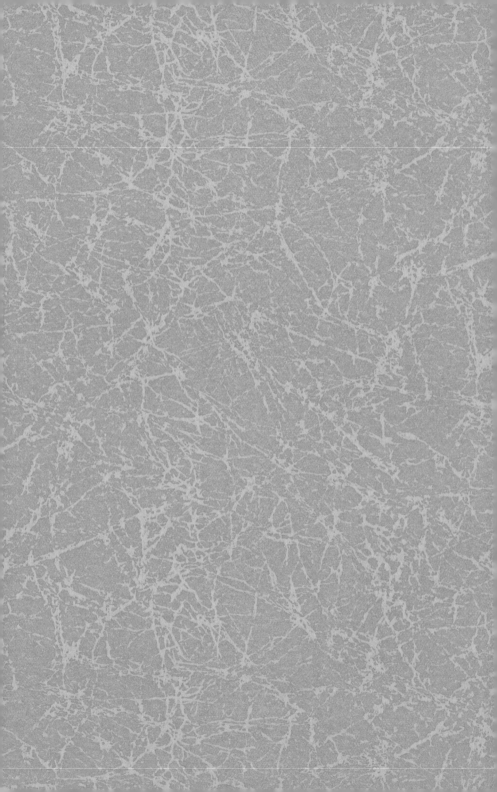

著者略歴

張東翼（ちゃん・どんいく　장 동 익）

1951年 韓国・慶尚北道漆谷郡北三面に生まれる。

1974年 慶北大学校師範大学歴史科卒業。

1992年 釜山大学校博士（文学）。

2006年 慶北大学校学生部長［学生処長］（１年）。

1999・2003・2009年 京都大学招聘教授（各１年）。

2010年 京都大学博士（文学、論文）。

2012年 国史編纂委員会 委員（３年）。

2014年 学習院大学客員研究員。

現在、慶北大学校師範大学歴史科教授。

著書　『高麗後期外交史研究』（1994、一潮閣）、『元代麗史資料集録』（1997）、『宋代麗史資料集録』（2000）、『日本古中世高麗資料研究』（2004、以上ソウル大学出版部）、『高麗時代対外関係史綜合年表』（東北亜歴史財団、2009）、『高麗史世家初期篇補遺』Ⅰ、Ⅱ（景仁文化社、2014）、『高麗史研究の基礎』（景仁文化社、2016）など。

モンゴル帝国期の北東アジア

二〇一六年二月二十五日　発行

著　者　張　東　翼

発行者　三　井　久　人

製版印刷　㈱　デ　ィ　グ

発行所　汲　古　書　院

〒102-0072 東京都千代田区飯田橋二-五-四

電　話　〇三（三二六五）九七六四

FAX　〇三（三二二二）一八四五

ISBN978-4-7629-6566-1　C3022

Summary

Northeast Asia of the Mongol Empire period

Chang Dong-ik

The body of this article is consisted of seven themes except for a supplement. In short, it is as follows.

The first theme is 'the Cheop (牒) of the Chushoshou chancellery (中書省) of the Mongol empire and Japanese reaction in 1269'.

This article is the first attempt to examine two Cheop (official letters to other organizations) to Japan issued in 1269 and the Japanese reaction to them ; the one was by the Chushoshou chancellery of the Mongol empire, the other by Kyungsangdo Anchalsa(慶尚道按察使, a local magistrate) of Koryo dynasty. Given that fact that no original form of Cheop has been known, these two documents are extremely important sources, particularly in terms of paleography.

As the Mongol Cheop contained some phrases and words such as 'Chushoshou chancellery under blessing of the Mongol Emperor' and 'Hulduck' (a name), it is difficult to imagine the falsification of the document. This document also clearly shows the roles of the chancellors of the Chushoshou chancellery, the highest office of the Mongol government. The officers consisted of one right chancellor, one left chancellor, two Pyungjngchungsas (平章政事), one Chungsowoosong (中書右丞), and one Chungsojasong (中書左丞).

The Cheop issued by the Kyungsangdo Anchalsa shows that the Kyungsangdo Anchalsa did not have the proper power of the office, as he was appointed from those in a lower status than those of other regions were. This document also referred the Mongol empire as to 'enorthern dynasty'. This indicates that even after the conquest of the Mongol empire, Koryo were reluctant to acknowledge herself as a subject state of the empire.

When we examine the contents of the two documents, the former stated that Japan should be a subject state of the Mongol empire, so that Japan would have taken an advantage just as Koryo did. And it also declared they were releasing to two Japanese who had been taken when the Mongol commissioners visited Tsushima at February 1269. Finally, it warned a possible war when their demand was refused. The last content is extremely valuable to revise the general understanding among the Japanese historians on the way in which Mongol asked their demand.

Enclosed with the former, the latter was issued Kyungsangdo Anchalsa in order to inform that Koryo was guiding the Mongol commissioners to Japan not by their own choice, but by the enforcement of the Mogol empire. It also was announcing that they releasing two japanese who were taken by Khizr. While we have no idea if Japanese government at that time made any response, but only a rough draft of answer exists. No mention on the being a subject state was expressed in that draft. But the draft criticised the Mogol threat to use their military power against Japan. Japanese government appeared committed not to be a subject state to the Mongol Empire. The answer form the head of Dazaihu to Kyungsangdo Anchalsa was written in more detailed form than the former. This might show that there was a fixed form of foreign relationship between two countries.

The second theme is 'A study of the 1366 Zhafu（咨文）of Koryo Choung-donghaengsung（征東行省）'.

The 1366 Zhafu（咨文）of Choungdonghaengsung（征東行省）and the materials concerning it are held in Daigo-ji Hoju-in（醍醐寺 宝聚院）in Japan. They are widely known in the academic community. This study supplements the illegible parts of them with the information from Ikokusyukkei（異国出契), and also studies the character and historical background of them. As a result, it comes to light that they consist of the following four materials. First is the Zhafu that a delegation comprising of ambassadors of Koryo made on the basis of the Yuan and submitted to a Japanese government office. The second material is the Yuan that Koryo Choungdonghaengsung sent to Japan. Third is the list of the ambassadors. Fourth, there are the records in which the reports from the ambassadors are written by the people who put these materials in order. On the basis of these findings, this paper points out that Koryo's placatory policy to Wako（倭寇）and a pushing on the anti-Gen freedom policy by King Gongmin（恭愍王), by which Koryo could freely come and go to foreign countries, were backgrounds of the birth of the Yuan and the materials concerning it.

The third theme is the activity of King Chungseon（忠宣王 , 1275 ~ 1325）through new materials in Yuan. Koryo Dynasty was subjected to political pressure from Yuan empire during a century after the late 13th century. King Chungseon was a outstanding figure that played an activity part in Yuan. He spent most of his life in Yuan as a daughter's son of Kublai Khan. He just attended to the duties of a king of Koryo in a year.

As a result, most his activities weren't reflected concretely in the various materials such as the chronicle of Koryo. Also, though he played an activity part in Yuan, his activities weren't reflected in The History of Yuan that was compiled in the beginning of the Ming. It was the result that the Chinese who came from the south of the Yangtze had a negative attitude to Koryo Dynasty and figures.

However, many materials about him were found in the collection of the literary man and the official document, the ancient documents and the epigraph in Yuan. According to these data, we recognize that King Chungseon made a ceaseless effort to intercourse with confucians and literary men after abdication from a king by force.

And in 1307, in the war of succession to the throne, he participated actively to enthroning of the Emperor Mujong（武宗）. Even though being raisied his political status, he worked in the field of thought such as Confucianism and Buddhism not the political world. It was conjectured that he wanted an influence in the background than embroiling in political strife.

The fourth theme is an analysis to the intercourse between confucianists like Lee Jehyun（李斉賢）of the latter part of Koryo and Chu Tehjun（朱徳潤）of Yuan.

I examine into the activity of King Chungseon（忠宣王）who appointed to a teacher of crown prince after Mujong（武宗）succeeded to the throne with his assistance in Beijing. Aeyukyeobalyeokpaldal（愛育黎拔力八達，仁宗）had close relationship with King Chungseon during 13 years from the period of his crown prince to the period of emperor's reign. But king Chungseon not participated in the political world, he was active in the world of thought like Buddism or Confusionism as a man of influence behind the curtain. At this moment, King Chungseon accomplished implementation of the state examination, selected confucianists from the south of the Yangtze, played a bridge role for the ruling class and the Buddhist order of the south of the Yangtze.

In this process, king Chungseon called many literary men and confucianists together to gain an academic footing through establishment of the Mangwondang（万巻堂）. The typical figures of Mangwondang were the retainers of Koryo, existing literary bureaucrats, literary men and

confucianists from the south of the Yangtze. He nominated for them as bureaucrat or appointed them to Wangbu（王傅）·Dansagwan（断事官）as the staff officer of Simyangwang's government or Koryo government. Among them, the figures that made conditions for accommodation of Neo-Confucianism in Koryo would be the young confucianists from the south of the Yangtze.

The distinguished scholars of King Chungseon's Mangwondang were Lee Jehyun（李斉賢）, Kwon Hangong（権漢功）and Chu Tehjun（朱徳潤）. The collections of Lee Jehyun and Chu Tehjun were reflected partly in the social intercourse with them. But it was difficult to distinguish the level of closeness. I were examined concretely the social intercourse with Lee Jehyun and Chu Tehjun through autographic poetry that I found lately.

These materials were contained the two poetries of Kwon Hangong and the four poetries of Lee Jehyun. It henceforth must be investigated the place of possession, the quality and the size of the materials but it would be the important material to consider the social intercourse with the literary men between Koryo and Yuan. In spite of the poetry's intercourse with the literary men between Koryo and Yuan, it has not been remaining in the existing collection of works. In particular, there were few the poetry of Koryo. But the collection of Chu Tehjun included his poetry to response of the poetries of Kwon Hangong and Lee Jehyun, which was judged useful to catch the academic intercourse more than the former materials.

And these materials as an autograph literature were the outstanding texts in the present circumstances that not remain the real trace in those days. In particular, the material of Kwon Hangong is the important thing to examine his literature and writing ability. Therefore, these materials would be held an important position in the research of the field of poetry and calligraphy in the latter part of the Koryo dynasty.

The fifth theme is an analysis to the Life and Career of Kim Bhangkyung (金方慶). The aim of this paper was to examine the life and achievement of Bangkyung Kim who was a Koryo minister in 13th century when the Koryo Dynasty was forced to become a vassal state to the Yuan Dynasty of China. As a soldier, Kim experienced various official posts either in the army and government. He became a minister in his late fifties, which was late in comparison to others.

Kim started his official career in the central government from his early age, and became a middle rank in his forties. Kim did not have a family background which could provide political assistance to his promotion. In compensation to this deficiency, Kim used a patronage system of the artificial father-son relationship as a base for his military career.

He was rapidly promoted to the high rank during the suppression of the uprising by the military and the Sambyolcho (三別抄). His promotion was greatly assisted by the contemporary politics which was increasingly controled by the Yuan Dynasty. Although he did not have any battle experience, but he was qualified as a high rank militaty officer, as he was a man of wisdom, trust, generosity, braveness and strictness.

Two political rivals of Kim were Yoo Chunwoo (兪千祐) and Cho Ingyu (趙仁規) who put temporally Kim in a difficult situation. Kim, however, showed his tolerance toward them when he was in power. Those such as Wie Ducyoo (韋得儒), Roh Ginui (盧進義) and Kim Bokdae (金福大) were in uneasy relation with Kim as they thought they were treated unfairly after the military expedition to Japan and they belonged to the Mongol party led by Hong Dagu (洪茶丘). Kim was in friendly relationship with Yoo Gyung (柳璥), a minister who defended Kim when he was in the political crisis.

Kim seems to have read most military and strategical books such as Sunzi bingfa (孫子兵法) and Zuo-zhuan (春秋左氏伝) and wide knowledge on the

Four Books and the Three Classics（四書三経）and Zhuzi Baijia（諸子百家）. He seems to have had a talent to judge political situation rightly. He attempted not to offend the military rulers when he was in the military government. But this does not mean that he did not attempted to restore the royal power.

In short, Kim Bangkyung was a military person who could wait opportunity with caution and quietness.

The sixth theme is an analysis to the father and the son, Hong bokwon（洪福源）and Hong dagu（洪茶丘）who surrendered to the Mongol. Hong bokwon surrenders to the Mongol in the early years of the 13th century when Koryo get in contact with the Mongol for the first time. And his son, Hong dagu is a commander of Dongrogun（東路軍）that was consist of Koryo nations in the Mongol. When the Allied Forces with Koryo and Mongol went on an expedition to Japan, he entered the war with Dongrogun. I examined their human character, image of treason and an aspect of the Hong family that surrendered to the Mongol and then settled down in Nursing in China. The style of writing is not academic, because it was asked for the planned thesis to praise and censure about historical figure. But this style is suitable for access to the truth of Hong dagu. Though it should be considered an excuse of historian to a wicked men, we could understand a peculiar point that the Hong family passed on an office of the prime minister of Yoyanghaengsung（遼陽行省）unlike the other Haengsung（行省）in the Mongol empire.

The seventh theme is an analysis to the contact and exchange between Koryo and Japan in 14th century. Since 1274, the relations between Koryo and Japan were broke off completely, because of aftereffect an expedition to Japan of the Allied Forces with Koryo and Mongol in the early years of the 14th century. After then, the two countries had changed to hostile to each

other, because of full-scale invasion of the Japanese raiders. First, I arranged the connected records to explanation of the relations between two countries in this time. On the basis of this, I examine thoroughly the contact between two countries in the early years of the 14th century. Next, I examine the diplomatic relations to management of the Japanese invasion and the cultural exchange between two countries.

資料名索引

タ行

ナ行

ハ行

マ行

ヤ行